A Explosão dos Bits

BLOWN TO BITS

Tradução
Silvia Schiros

EDITORA AFILIADA

Preencha a **ficha de cadastro** no final deste livro
e receba gratuitamente informações
sobre os lançamentos e as promoções da
Editora Campus.

Consulte também nosso catálogo
completo e últimos lançamentos em
www.campus.com.br

PHILIP EVANS
THOMAS S. WURSTER
The Boston Consulting Group

A EXPLOSÃO DOS BITS

BLOWN TO BITS

ESTRATÉGIAS NA e-CONOMIA

EDITORA CAMPUS

Do original:
Blown to Bits: How the New Economics of Information Transforms Strategy
Publicado por acordo com Harvard Business School Press
Copyright © 2000 by The Boston Consulting Group, Inc.

©2000, Editora Campus Ltda.

Todos os direitos reservados e protegidos pela Lei 5.988 de 14/12/73.
Nenhuma parte deste livro, sem autorização prévia por escrito da editora,
poderá ser reproduzida ou transmitida sejam quais forem os meios empregados:
eletrônicos, mecânicos, fotográficos, gravação ou quaisquer outros.

Editoração Eletrônica
Domus Design Gráfico

Copidesque
Isabel Cristina Rodrigues

Revisão Gráfica
Fátima Fadel
Luana Morena Jorge

Projeto Gráfico
Editora Campus Ltda.
A Qualidade da Informação
Rua Sete de Setembro, 111 – 16º andar
20050-002 Rio de Janeiro RJ Brasil
Telefone: (021) 509-5340 FAX (021) 507-1991
e-mail: *info@campus.com.br*
ISBN 85-352-0606-X
(Edição original: ISBN 0-87584-877-X)

CIP-Brasil. Catalogação-na-fonte.
Sindicato Nacional dos Editores de Livros, RJ

E93e   Evans, Philip, 1950–
       A explosão dos bits – blown to bits – estratégias na e-conomia
       / Philip Evans ; tradução Silvia Schiros.
       – Rio de Janeiro: Campus, 2000

       Tradução de: Blown to Bits
       ISBN 85-352-0606-X

       1. Tecnologia da informação. 2. Conhecimento –
       Administração. 3. Planejamento estratégico. I. Título.

00-0522   CDD 658.4038
                                 CDU 65.011.56

00 01 02 03   6 5 4 3 2 1

Este livro é dedicado a Jenny, Hayley e David
— Eles agüentaram a barra.

Sumário

Prefácio 9

Capítulo 1
  Quem avisa amigo é 15

Capítulo 2
  Informação e objetos 21

Capítulo 3
  Riqueza e abrangência 32

Capítulo 4
  A desconstrução 46

Capítulo 5
  A desintermediação 70

Capítulo 6
  A corrida pela abrangência 95

Capítulo 7
  A corrida pela fidelidade 116

Capítulo 8
    A corrida pela riqueza   135

Capítulo 9
    A desconstrução das cadeias de fornecedores   153

Capítulo 10
    A desconstrução da organização   173

Capítulo 11
    A rotina das manhãs de segunda-feira   196

Notas   203

Os Autores   215

Índice   217

Prefácio

Nossos clientes nos encorajaram a escrever este livro. Eles nos faziam perguntas que não sabíamos responder: perguntas relativas à expansão das redes eletrônicas e à "revolução da informação". Perguntas sobre *estratégia*. Dilemas sobre a gestão da transição para novos canais de distribuição. Reações a concorrentes novos e radicalmente diferentes. Formas de evitar a "comoditização". O receio de perder o relacionamento com o cliente. Debates sobre se devemos estabelecer um novo modelo de negócios que minaria as bases do modelo antigo e como implantá-lo. Perguntas sobre o que *fazer* do ponto de vista concreto e prático.

Dominar a tecnologia da Internet é o *mesmo* que dominar a tecnologia de computadores de grande porte e cliente-servidor? O comércio eletrônico é "simplesmente" outra revolução nos formatos de vendas a varejo ou é algo diverso em sua essência? A economia de rede fortalece marcas, alianças com fornecedores, relações com os clientes e o valor da informação ou aniquila esses aspectos? Independentemente dos desafios específicos, a corporação de grande porte administrada de forma devida é o veículo certo para lidar com eles ou existe, no meio disso tudo, uma ameaça à sua existência?

Nossos clientes falaram muito sobre a grande diferença entre os processos gerenciais, de raciocínio e de tomada de decisões nos "tempos da Internet". As limitações dos métodos de gerenciamento padrão. A aparente irrelevância do fluxo de caixa. A supremacia da tática com relação à estratégia em geral. A necessidade de gerentes com iniciativa própria e incentivos coordenados. Eles mostraram muita preocupação no tocante à capacidade de suas organizações de lidarem com as mudanças *na natureza da própria mudança*.

Tentamos solucionar algumas questões invariáveis desse mundo onde tudo acontece muito rápido, mas descobrimos que era muito difícil. Os "fatos" apresentavam uma meia-vida medida em meses. As previsões (inclusive as nossas) nada mais eram do que deduções inteligentes. Tentamos fugir do caos representado pela contradição de mês a mês por meio do raciocínio holístico de longo prazo. Criamos cenários. Mas concluímos que é difícil associar visões do futuro dotadas de coerência interna aos dilemas práticos e imediatos da estratégia de negócios.

Tentamos transformar a necessidade em virtude, voltando nosso raciocínio estratégico para os fatos da incerteza e da imprevisibilidade. Mais uma vez, a maior dificuldade foi chegar a implicações práticas. O "caos" pode ser um paradigma muito vigoroso para economistas, empresas que trabalham com alta tecnologia e investidores (*venture capitalists*) que se dedicam a apostar. Mas corporações são instrumentos para a distribuição estratégica de recursos e apresentam as vantagens inerentes a grandes organizações. Sem querer diminuir a verdadeira onipresença da incerteza, nos pareceu ser *essencial* que a estratégia se baseie naquilo que sabemos, não naquilo que não se pode saber. Aceitar o caos é admitir a derrota.

Assim, fomos forçados a adotar uma abordagem ultrapassada que ficava entre esses vários extremos. Concentramo-nos em um nível de abstração *superior* ao do fenômeno "da hora", mas *inferior* ao da visão de longo prazo. Reconhecemos que cada situação de negócios é única e, por isso, não existem receitas simples e universais. Mas nós nos esforçamos para identificar os princípios comuns necessários, mesmo que não sejam suficientes, para a sobrevivência entre os concorrentes. Concentramo-nos no que é estável e naquilo sobre o que temos conhecimentos, tentando acomodar as verdadeiras limitações impostas pela incerteza. Acima de tudo (e essa é a parte ultrapassada), nós nos concentramos na *vantagem competitiva* e no seu *caráter constante* como principais responsáveis pelo sucesso.

Acabamos tomando um rumo surpreendente. Logo descobrimos que muitos dos princípios estratégicos tradicionais, talvez até a maioria, se aplicam ao "novo" tanto quanto ao velho. Economias de escala, segmentação e posição dos custos continuam tendo validade. Mas os *objetos* desses princípios são diferentes. Descobrimos que os "objetos" da estratégia (por exemplo, unidades de negócios, indústrias, cadeias de fornecedores, relações com os clientes, estrutura organizacional e assim por diante) são unidos por uma espécie de "cola" composta basicamente de informações. As novas tecnologias dissolvem a cola, por isso tudo cai por terra. Mas os fragmentos resultantes continuam seguindo as mesmas regras de sempre. Vamos usar uma metáfora pretensiosa: é como se uma força (por exemplo, a força tênue que une partículas subatômicas) fosse abolida, mas as outras leis da física permanecessem inalteradas.

Isso nos levou à idéia de uma "nova economia da informação": não é um novo conjunto de *princípios*, mas uma redistribuição do equilíbrio de forças econômicas *existentes* quando uma delas (a cola das informações) é subtraída. Quando procuramos, vimos essa lógica dar certo onde jamais imaginamos. Quando a colocamos em prática, nós e nossos clientes vimos que ela é excelente para abordar dilemas estratégicos. Quando a experimentamos com nossos colegas do The Boston Consulting Group, ela sobreviveu (e nós também).

Publicamos essas idéias no artigo "Strategy and the New Economics of Information" (Estratégia e a nova economia da informação) da revista *Harvard Business Review*, edição de setembro-outubro de 1997. O retorno favorável que obtivemos com o artigo e a sensação de que tínhamos apenas abordado de forma superficial essa "nova economia" nos levaram a ser mais ambiciosos, tentando escrever um livro.

O livro

Este livro é voltado para três tipos de leitores. Nosso público-alvo principal é composto por executivos de empresas tradicionais. Eles estão a par dos acontecimentos, mas não são especialistas, temem que as antigas teorias de negócios não se apliquem mais e precisam entender como a nova economia muda as antigas empresas. Nosso segundo público-alvo é formado por empresários que nadam entre redemoinhos todos os dias e para quem a tática parece afetar a estratégia. A eles, oferecemos uma perspectiva mais ampla e estratégica dentro da qual é possível organizar as opções táticas. Nosso terceiro público-alvo é composto por acadêmicos, para quem damos as dicas (apenas as dicas) de uma nova dimensão da teoria estratégica.

Por serem públicos-alvo distintos, para nos dirigirmos a todos simultaneamente foi necessário fazer algumas concessões na hora de escrever e, em alguns casos, contamos com a compreensão do leitor. Aqueles que leram nosso artigo na *HBR* verão que recapitulamos alguns pontos, principalmente no Capítulo 1. Leitores familiarizados com a ampla bibliografia sobre a revolução da informação podem achar a explicação sobre a Lei de Moore redundante e até mesmo um pouco irritante (apesar de a termos resumido em dois parágrafos). Os mesmos leitores verão que alguns exemplos lhes são familiares. Fizemos isso de propósito: acreditamos que a lógica proposta por nós penetra profundamente a interação das forças competitivas e que exemplos familiares são a maneira mais eficaz de demonstrar isso. (Também incluímos alguns exemplos menos familiares.) Os leitores que esperam encontrar aqui as "Dez regras para o sucesso na economia da informação" ficarão desapontados: acreditamos que a tarefa de repensar a estratégia é responsabilidade de cada empresa e não é possível pegar um atalho com o uso de fórmulas simples. Além disso, descrevemos uma lógica, não todas as lógicas. Declarações absolutas exigem uma abrangência e totalidade de compreensão que ultrapassam nossos modestos talentos.

Agradecimentos

Nossa maior dívida é com colaboradores que não podemos identificar: clientes individuais com quem e para quem desenvolvemos essas idéias, trabalhando em sua implementação. As regras de sigilo devem prevalecer, por isso não podemos agradecer diretamente a maior dívida profissional que temos com eles.

Também nos beneficiamos da oportunidade de compartilhar nossas idéias com platéias de altos executivos em fóruns realizados pelo mundo. Seminários com grupos de altos executivos, conferências de gestão em geral, reuniões dirigidas a determinada indústria e oportunidades de conversar com alunos de mestrado e seus professores aumentaram e apuraram nossa compreensão.

Muitos colegas do BCG contribuíram para este trabalho. Chris Herman, Jeri Silberman Herman, John Soumbasakis, Aaron Tankersley e Jason Zajac pesquisaram os itens fundamentais com base nos quais grande parte deste livro foi escrita. Eles foram perseverantes, dispuseram-se a nos substituir e dedicaram-se ao projeto, muitas vezes indo além das obrigações habituais com os clientes, de maneira extraordinária. John gerenciou dois autores desorganizados em todo o processo doloroso de cumprir prazos.

Ben Burnett, Deborah Ellinger, Stuart Grief, Joshua Rymer e Lynn Segal contribuíram com seus profundos conhecimentos na área de serviços financeiros. Michael Hansen, Peter Lawyer e Alex Nesbitt corrigiram nossa visão inicial ingênua sobre planos de saúde. Ranch Kimball, Arnon Mishkin e Craig Moffett nos deram dicas úteis sobre as indústrias dos meios de comunicação. Neil Monnery, David Pecaut e Michael Silverstein compartilharam conosco seus profundos conhecimentos sobre o mercado varejista. Felix Barber, Stephen Bungay, Chris Keevil e Anthony Miles aperfeiçoaram nossas idéias iniciais sobre o impacto da economia da informação sobre a organização. Carlos Bhola, David Ritter e Stuart Scantlebury corrigiram nossos erros freqüentes sobre questões tecnológicas. Philippe Amouyal, David Edelman, Dieter Heuskel e Bob Howard nos ajudaram a ampliar a perspectiva inicial de nossas idéias.

Paul Basile, Willie Burnside, David Edelman, Tom Hout, Ron Nicol e Michael Silverstein leram este livro na íntegra antes da edição e nos deram sugestões valiosas sobre o conteúdo, a forma e o estilo.

Carl Stern patrocinou o projeto, nos deu coragem quando estávamos desanimados e cunhou a expressão "riqueza e abrangência". George Stalk, chefe do Innovation Marketing and Communication Group do BCG, nos apoiou para que tivéssemos tempo para escrever este livro.

Katherine Andrews e Steve Prokesch fizeram um trabalho competente na edição das versões iniciais, muitas vezes sob grande pressão para cumprir prazos. Sandy Rhee fez inúmeras transcrições e conseguiu marcar mais chamadas de teleconferência entre a costa leste e a costa oeste dos EUA do que gostaríamos de admitir. Marjorie Williams, da editora Harvard Business School Press, nos orientou na complexa tarefa de escrever e rever um livro com uma paciência à qual lamentavelmente fomos incapazes de corresponder.

Também temos uma dívida enorme com nossas esposas e famílias — Jenny e Hayley Edbrooke, e David Allen — pelo apoio, compreensão e paciência. Graças a eles, nossa conquista tem um significado e um objetivo.

Nenhuma dessas dívidas individuais absolve os autores de toda a responsabilidade pelos erros que passaram despercebidos.

Além dessas contribuições, temos também uma dívida menos específica, porém não menos profunda, com todos os colegas, atuais e antigos, do The Boston Consulting Group. É uma dívida por terem nos ensinado como raciocinar. Bruce Henderson, fundador do BCG, gostava de citar Arquimedes, dizendo que, se lhe dessem um ponto de apoio e uma alavanca suficientemente longa, ele poderia mover o mundo. Bruce acreditava que o raciocínio estratégico poderia mover o mundo. E ele foi um dos poucos especialistas em estratégia que conseguiu fazer isso. Não diríamos o mesmo de nós. Mas Bruce, e a extraordinária comunidade profissional que ele criou, nos ensinou a ter ambição.

1

Quem avisa amigo é

Em 1768, TRÊS GRÁFICOS ESCOCESES COMEÇARAM a editar um compêndio integrado de conhecimentos, a mais antiga e famosa enciclopédia do mundo. Eles a chamaram de *Encyclopaedia Britannica*. Desde então, a *Britannica* se aprimorou ao longo de quinze edições e, até hoje, é considerada a enciclopédia mais abrangente e confiável do mundo.

Em 1920, a Sears, Roebuck and Company, que atuava no mercado de vendas a varejo por catálogo, adquiriu a *Britannica* e transferiu sua sede de Edimburgo para Chicago. Em 1941, William Benton tornou-se seu novo proprietário, deixando-a em testamento, no início da década de 1970, para a Fundação Benton, uma organização de caridade cuja renda sustenta programas de comunicação da Universidade de Chicago. Sob a gestão dos proprietários americanos, a *Britannica* transformou-se em um empreendimento comercial sério, mantendo sua reputação de enciclopédia mais importante e abrangente do mundo. O conteúdo era revisto a cada quatro ou cinco anos. A marca ganhou novos produtos, como o atlas e o livro do ano. A empresa montou uma das equipes de vendas mais diligentes e bem-sucedidas do mundo. Ao voltar-se para famílias de classe média e dar enfoque àquilo que desejavam para seus filhos, desenvolveu-se uma proposta de marketing tão atraente quanto o conteúdo do produto.

Em 1990, as vendas da enciclopédia *Britannica* haviam atingido um recorde de cerca de US$650 milhões.[1] Participação dominante no mercado, crescimento estável ou até mesmo discreto, margens generosas e uma história de duzentos anos eram provas de uma marca extremamente poderosa e equilibrada. Entretanto, a partir de 1990, as vendas da *Britannica*, e de todas as enciclopédias impressas dos Estados Unidos, apresentaram uma queda de mais de 80%.[2] A *Britannica* foi afetada por um produto da revolução da informação do fim do século XX: o CD-ROM.

O CD-ROM surgiu do nada e acabou com o negócio das enciclopédias impressas. Enquanto o valor de venda da *Britannica* varia entre US$1.500 e US$2.200 (dependendo da qualidade da encadernação), as enciclopédias em CD-ROM, como a *Encarta*, a *Grolier* e a *Compton*, são vendidas por US$50-70. Mas poucos pagam esse valor: a grande maioria das cópias são dadas de brinde para promover a venda de computadores e periféricos. Com um custo marginal de fabricação de US$1,50 por cópia, o CD-ROM como brinde faz sentido do ponto de vista econômico. O custo marginal da *Britannica*, por sua vez, é de cerca de US$250 na fase de produção mais cerca de US$500-600 de comissão para o vendedor.

A julgar pela falta de iniciativa dos executivos da *Britannica*, parece-nos que, inicialmente, eles viam a enciclopédia em CD-ROM como algo irrelevante: um brinquedo de criança que estava apenas um nível acima dos jogos eletrônicos. Essa visão tinha sua razão de ser. A Microsoft havia obtido uma licença para usar, em seu produto, o texto da Funk & Wagnalls, cujo material era de terceira categoria, quase obsoleto, ocasionalmente vendido como item promocional em supermercados. A marca era considerada tão patética que a Microsoft decidiu trocar seu nome por *Encarta*. Foram incluídas ilustrações de domínio público e sons com péssima gravação, antigos demais para que ainda houvesse alguma obrigação referente ao pagamento de direitos autorais (portanto disponíveis a custo zero), não representando uma concorrência à altura da *Britannica* — ao menos era o que parecia.

Com a queda das receitas, ficou claro que, independentemente da lógica da questão, as enciclopédias em CD-ROM eram concorrentes de peso. Relutantes, os executivos da *Britannica* consideraram a criação de seu próprio produto em CD-ROM, mas depararam-se com uma restrição tecnológica: o conteúdo da *Britannica* era grande demais para ser colocado em CD-ROM. A *Encarta*, com sete milhões de palavras, cabia perfeitamente em um CD-ROM, sobrando bastante espaço para ilustrações e interatividade. A *Britannica*, por sua vez, tinha mais de quarenta milhões de palavras. Era impossível criar uma versão interativa dentro dos limites de capacidade de um CD-ROM. A tecnologia não estava pronta para o conteúdo, por isso os executivos da empresa decidiram esperar.

Passaram-se os meses. As vendas continuavam a cair vertiginosamente. Para reagir à situação, a empresa compilou uma versão em CD-ROM da *Britannica* somente com texto, o que resultou em outra crise: a revolta da equipe de vendas. Mesmo vendida a um preço bem superior ao da *Encarta*, uma versão em CD-ROM da *Britannica* jamais poderia gerar uma comissão de US$500-600. Na verdade, um produto em CD-ROM teria que ser vendido através de um canal totalmente diferente. Para evitar uma revolta da equipe de vendas, os executivos da *Britannica* decidiram oferecer o CD-ROM como brinde para quem comprasse a enciclopédia no formato tradicional. Quem quisesse comprar o CD-ROM separadamente teria que pagar US$1.000.

Essa decisão aplacou a ira da equipe de vendas por um tempo, mas de nada adiantou para impedir a queda contínua das vendas. Os prejuízos se acumulavam. Não havia uma estratégia aparente. Em maio de 1995, a Benton Foundation finalmente colocou a empresa à venda.[3] Durante quase dezoito meses, os bancos de investimento tentaram encontrar um comprador. A Microsoft recusou a oferta. Empresas de tecnologia, comunicação e informação também recusaram. Finalmente, em 1996, o financista Jacob Safra concordou em comprar a empresa, pagando menos da metade do valor contábil.

Moral da história

A história da decadência e do colapso da *Encyclopaedia Britannica* é mais do que uma parábola sobre os perigos da complacência. Ela ilustra o que chamaremos de *nova economia da informação*: como os novos recursos tecnológicos criados para compartilhar e usar informações podem transformar as definições de negócios e indústrias, bem como a vantagem competitiva. Ela mostra como a indústria mais estável, o modelo de negócios mais equilibrado e a marca mais forte podem ser reduzidos a cacos pela nova tecnologia da informação.

A história da *Britannica* apresenta morais para *todos* os negócios. A primeira é óbvia: o mais venerável pode ser o mais vulnerável. Novas tecnologias da informação podem surgir do nada e acabar com marcas e empresas estabelecidas há décadas, até mesmo séculos. Uma das maiores marcas do mundo da língua inglesa foi praticamente destruída, em apenas cinco anos, por um disco brilhante barato.

A segunda moral é um pouco menos óbvia: a história, os mitos, os valores compartilhados e os pressupostos básicos que definem uma cultura corporativa forte podem cegar os líderes de negócios de modo que eles não consigam enxergar eventos que não se encaixem na sua estrutura mental coletiva.

Inicialmente, os executivos da *Britannica* fizeram pouco da *Encarta* porque seu conteúdo era um item promocional vendido em supermercados. Contudo sabiam, através de uma pesquisa de mercado realizada pela própria empresa, que a enciclopédia tradicional é aberta menos de uma vez por ano quando o orgulho inicial resultante da aquisição do novo produto diminui. A equipe de vendas da *Britannica* sabia muito bem como vender uma enciclopédia com base na preocupação: pais que tentavam "fazer algo" por seus filhos. O fato de que os filhos nunca usariam o produto não importava; o complexo de culpa dos pais era aplacado.

Mas, hoje em dia, quando os pais sentem algum tipo de ansiedade relacionado ao pouco que fazem para ajudar, compram um computador. Talvez o novo PC nunca seja usado para mais do que entrar em salas de bate-papo e jogos eletrônicos, mas o complexo de culpa dos pais é devidamente aplacado. Acontece que o computador custa quase o mesmo valor que a *Britannica*. E junto com o computador vem uma unidade de CD-ROM. E junto com a unidade de CD-ROM vêm vários CD-ROMs gratuitos, um deles é uma cópia promocional da *Encarta*.

Em outras palavras, se a proposta fundamental de valor é aplacar o complexo de culpa dos pais, então o concorrente não é a *Encarta*, mas o PC. A *Encarta* é só a ponta do iceberg. Marcas de terceira categoria e conteúdo intelectual pouco têm a ver com isso. Mas, na cabeça dos executivos da empresa, imbuídos de uma cultura de valores acadêmicos e autoconfiantes devido a uma história de sucesso ininterrupto, é extremamente difícil entender a tempo que as definições convencionais da indústria se tornaram obsoletas.

A terceira moral da história é esta: mesmo que os executivos de empresas estabelecidas entendam bem o impacto das novas tecnologias e mesmo que eles consigam raciocinar além dos mitos e pressupostos corporativos, ainda enfrentam uma grande desvantagem competitiva resultante do fato de serem empresas tradicionais. As empresas tradicionais carregam em seus ombros ativos de legado que não se limitam a sistemas obsoletos para computadores de grande porte, mas abrangem também sistemas de vendas e distribuição, instalações físicas, marcas e competências essenciais. Diante da nova economia da informação, para concorrer é necessário canibalizar esses ativos ou até mesmo destruí-los. As empresas tradicionais hesitam em fazê-lo, em especial se ainda estiverem obtendo margens positivas. Em vez disso, fazem cálculos financeiros complexos e prendem-se a debates políticos internos. As empresas insurgentes não apresentam essas inibições.

A equipe de vendas da *Britannica* havia sido moldada durante décadas. Era uma base de vantagem competitiva invejada por toda a indústria. Estava obsoleta. Uma estratégia agressiva para lançar no mercado a enciclopédia em seu novo formato exigiria o fim daquela equipe de vendas. A empresa hesitou. A Microsoft não tinha motivos para hesitar.

É uma mudança real. Em grande parte das situações tradicionais de concorrência, *a vantagem é da defesa*. Porém, quando se trata dos movimentos da economia da informação, a vantagem é das empresas que estão surgindo justamente porque elas não herdaram sistemas, ativos, nem uma mentalidade. Não ter nada a perder passa a ser uma vantagem.

A desestabilização da vantagem competitiva pode ser uma oportunidade ou um risco. Depende apenas do ponto de vista dos estrategistas. Uma razão da obsolescência dos limites de indústrias e empresas é que as empresas, conforme a definição tradicional, estão livres para representar o papel de insurgentes de acordo com alguma outra definição.

Há ainda uma quarta moral nessa história: o jogo não termina em empate. O valor total dos concorrentes pode aumentar ou cair drasticamente. O jogo pode acabar em uma vitória "de lavada": nas vendas de livros a varejo, o valor total das ações aumentou muito. Mas o jogo também pode acabar em uma derrota arrasadora: no negócio de enciclopédias, o valor das ações caiu vertiginosamente, talvez para um décimo do valor original. Obviamente, a *Britannica* perdeu o jogo. Ainda não se sabe ao certo se a Microsoft ou outra empresa ganhou o jogo. Em dólares, as vendas de enciclopédias de todos os tipos caíram para um décimo das vendas efetuadas em 1990.[4] A Microsoft não atingiu o preço esperado. Raramente os consumidores fazem a atualização da versão promocional do ano anterior para a versão paga do ano seguinte. Os consumidores se beneficiam (quando usam o produto), mas a indústria foi destruída. Ainda não se sabe se alguém voltará a escrever trabalhos com erudição comparável às melhores edições da *Britannica*. Sabemos que a forma nunca será a mesma.

Mas a esperança é a última que morre. A *Britannica*, sob a nova administração, lançou um produto em CD-ROM de sucesso razoável.

Ela vai muito além dos concorrentes, não só em termos de qualidade e volume, mas ao vencer as limitações do CD-ROM e fazer uma conexão direta com a World Wide Web. O objetivo da nova *Britannica* é se tornar *o* portal para um universo de materiais de alta qualidade, objetivos e de nível acadêmico. A marca garante, como poucas o fazem, seriedade e confiabilidade do conteúdo. A empresa espera se destacar na multidão e ficar acima da mediocridade que se proliferou nos primórdios da Internet, criando algo novo e de valor permanente. A identidade desse "novo" e o desafio de lançá-lo tendo em vista os rumos inesperados das mudanças da economia da informação são os temas abordados neste livro.

2

Informação e objetos

A ATIVIDADE DA *BRITANNICA* ESTÁ RELACIONADA à informação, mas isso não a torna especial. A atividade de *todas* as empresas está relacionada à informação. Mesmo para empresas cuja atividade principal em termos gerais não está relacionada à informação, esta tem um papel essencial, por mais surpreendente que isso possa parecer. Por exemplo, cerca de um terço do custo dos planos de saúde nos Estados Unidos, ou seja, cerca de US$350 bilhões, corresponde ao custo de obter, armazenar, processar e recuperar informações: fichas médicas, contabilidade de custos e sinistros.[1] Sob esse aspecto, o setor de planos de saúde é uma indústria da informação maior do que a própria indústria da "informação".

O mundo físico da produção é moldado por informações. Um automóvel de alta tecnologia da Mercedes possui a mesma potência de computação que um bom computador pessoal.[2] A informação domina processos e produtos. É difícil imaginar como até mesmo fabricantes que usam pouca tecnologia poderiam concorrer sem funções que concentram tantas informações quanto pesquisas de mercado, logística e propaganda. Os estoques e produtos em processo de fabricação são apenas objetos físicos. Com informações precisas e oportunas, as fábricas poderiam operar com uma fração dos estoques atuais. Os estoques nada mais são do que a representação física da inadequação das informações.

Mais precisamente, as informações e os mecanismos usados para fornecê-las são a cola que mantém de pé a estrutura das empresas. Andrew Carnegie e Henry Ford trabalharam duro para arcar com os custos e lidar com as dificuldades da coordenação de operações complexas de grande escala. Eles resolveram o problema através de sistemas proprietários de informações e de controle hierárquico, dando origem à cadeia de valores integrada verticalmente, definida como a seqüência de atividades desempenhadas por uma empresa para projetar, produzir, comercializar, entregar e oferecer assistência para seu produto.

Desde a época de Alfred P. Sloan, as empresas desenvolviam sistemas de controle que permitiam a descentralização eficiente das operações, mas centralizavam a gestão daquilo que passou a ser chamado, mais tarde, de "sinergias" ou "competências essenciais". Esses sistemas serviram de molde para a corporação de várias divisões integradas horizontalmente, cuja unidade era mantida por uma lógica que transcendia a unidade de negócios. Essa lógica baseia-se essencialmente em informações: o fato de que certos tipos de informação podem ser compartilhados de forma mais eficiente *dentro* dos limites de uma corporação em vez de *através* deles.[3]

Por sua vez, as corporações se aliam para formar as cadeias de fornecedores que definem uma indústria. As cadeias de fornecedores fazem a ligação entre as corporações de fornecedores e clientes. Elas são moldadas pelo mesmo tipo de lógica das informações das cadeias de valores das empresas, mas de forma mais sutil. Quando duas empresas desenvolvem uma relação de longo prazo, elas criam canais para a comunicação da riqueza das informações. Esses canais podem ser contatos pessoais entre executivos ou equipes de compra e venda, entendimentos mútuos implícitos ou por meio de contratos escritos, um sistema dedicado de intercâmbio eletrônico de dados (EDI, *electronic data interchange*), a colaboração entre equipes de engenharia ou sistemas de produção sincronizados. De uma forma ou de outra, todos são canais de informação.

Um grupo de consumidores fiéis descreve de forma semelhante as informações proprietárias que uma empresa possui sobre seus clientes e que os clientes possuem sobre a empresa. As marcas são as informações (reais ou imaginárias, intelectuais ou emocionais) que os consumidores associam a um produto. E as próprias ferramentas utilizadas para promover marcas (publicidade, promoções, táticas de vendas, até mesmo a disposição das mercadorias nas prateleiras dos supermercados) são canais através dos quais a informação é passada.

A estrutura organizacional formal de qualquer empresa é basicamente um conjunto de canais para o intercâmbio de informações detalhadas entre os funcionários. Muitos aspectos informais das organizações, ou seja, as maneiras como as pessoas trabalham com base em linhas oficiais de comunicação, como elas desenvolvem acordos tácitos e negociam o capital moral, também são métodos de processamento das informações.[4]

Em todos esses contextos, o termo "informação" não se refere apenas a *dados*. Opiniões qualitativas, relações de fidelidade e emoções são passadas junto com as informações que trocamos, sendo sempre transmitidas quando compartilhamos números e fatos. A denotação e a conotação são inseparáveis.

Quando visualizamos cadeias de valores e de fornecedores, nossa tendência é imaginar um fluxo linear de atividades físicas. Mas são as *informações*, no sentido mais abrangente da palavra, que fluem entre essas atividades, unindo-as. Os fluxos de informação determinam de forma decisiva o que está dentro e o que está fora da unidade de negócios, da cadeia de valores, da cadeia de fornecedores, do grupo de consumidores fiéis e da organização.[5]

Vantagem competitiva

Nós vivemos, como todos sabem, numa economia em que as informações são cada vez mais concentradas; a contribuição das informações para o PNB é alta e está aumentando. Mais incrível ainda, porém, é observar como as informações contribuem de modo amplamente desproporcional para a vantagem competitiva.

Algumas das empresas mais admiradas de áreas que nada têm a ver com as chamadas indústrias da informação devem grande parte de seu sucesso à boa utilização das informações. A Toyota obteve grandes vantagens competitivas através da engenharia simultânea, do *kanban* e do controle da qualidade, que são técnicas de processamento das informações. A American Airlines usou seu controle do sistema de reservas SABRE para alcançar níveis melhores de utilização da capacidade.[6] O Wal-Mart explorou suas conexões EDI com os fornecedores e a técnica logística do sistema de entreposto para obter aumentos drásticos em termos de rotatividade dos estoques.[7] A Nike usou propagandas, declarações de celebridades e a microssegmentação do seu mercado para transformar tênis em mercadorias caras no mundo da moda. A Coca-Cola, uma das corporações mais admiradas dos EUA, é especialista em uma coisa: gerenciar a marca.[8] E as milhares de empresas que adotaram a

Gestão da Qualidade Total, fizeram a reengenharia de suas operações e alavancaram suas competências essenciais, optaram por definir suas metas gerenciais em termos de fluxos de informações.

Em suma, as informações e os mecanismos utilizados para transmiti-las estão por trás de boa parte daquilo que define as fronteiras de negócios, estabiliza as estruturas corporativas e industriais, molda a organização e determina a vantagem competitiva. Os conceitos de cadeia de valores e cadeia de fornecedores concentram nossa atenção, de forma muito útil, sobre as seqüências físicas que definem uma empresa ou indústria. Mas são as informações, que fluem por entre os interstícios dessas cadeias, que fazem a ligação e geram a maior parte da vantagem competitiva e do potencial de lucro. Como o ar que respiramos, a importância das informações às vezes é negligenciada por ser tão onipresente, diversa e óbvia.

A cola derrete

A informação é a cola que mantém unidas as cadeias de valores e as cadeias de fornecedores. Mas a cola está derretendo. A causa fundamental é a explosão de conectividade e dos padrões de informação que permitem um intercâmbio aberto e quase gratuito de um universo cada vez maior de informações detalhadas. Se o intercâmbio de informações detalhadas entre as pessoas for possível, os canais tradicionais e restritos de comunicação que uniam as pessoas simplesmente se tornarão obsoletos; assim como todas as estruturas de negócios que criaram esses canais ou que os exploram para obter vantagem competitiva.

A explosão da conectividade foi uma surpresa para a maioria. Quase todos os profissionais que trabalham com o conhecimento (*Knowledge Workers*) nos Estados Unidos têm computadores ligados em rede sobre suas escrivaninhas. Hoje em dia, cerca de 50% dos lares americanos têm computadores pessoais, e mais da metade desses computadores está conectada à Internet.[9] O número de usuários que visitam diariamente o site da Yahoo! é maior do que o número de telespectadores do programa de televisão mais assistido.[10] Até o ano 2000, a previsão é de que as famílias responsáveis por cerca de dois terços do poder aquisitivo da economia doméstica estejam conectadas à Internet de casa.[11]

Espera-se que as conexões de banda larga, como modems a cabo e tecnologias xDSL, que permitirão o uso de vídeo em movimento contínuo comutado (*switched full-motion video*), cheguem a 16 milhões de lares americanos até 2002.[12] Quando isso acontecer, as previsões indicam que dispositivos de informação que utilizam a Web (assistentes pessoais digitais, telefones, conversores de sinais de televisão, automóveis inteligentes e dispositivos de ponto de vendas) serão mais vendidos do que computadores pessoais. Até 2010, as previsões indicam que a relação entre as vendas desses dispositivos e de PCs será de dez para um.[13]

Esse fenômeno não ocorre apenas nos Estados Unidos. Em 1999, mais de 140 milhões de pessoas em todo o mundo tiveram acesso à Internet.[14] E há uma previsão que diz que, até 2005, esse número aumentará para um bilhão.[15] Muitos países europeus estão no máximo dois ou três anos atrás dos Estados Unidos em termos de penetração na Internet, sendo que os países escandinavos são os mais adiantados.[16]

Justificando essa expansão da conectividade e da inteligência eletrônica está a força extraordinária da Lei de Moore: Gordon Moore, na época presidente do conselho administrativo da Intel, observou que a cada dezoito meses é possível dobrar o número de circuitos de transistor de um chip de computador. Essa lei, ou alguma lei equivalente, vem se mostrando verdadeira durante os últimos cinqüenta anos.[17] Alguns dos principais especialistas do mundo acham que essa lei continuará se aplicando durante os próximos cinqüenta anos.[18] A Lei de Moore implica um aumento de dez vezes em termos de memória e capacidade de processamento a cada cinco anos, de cem vezes a cada dez anos e de mil vezes a cada quinze anos. É a taxa de avanço técnico sustentado mais impressionante da história.[19]

Esse avanço resultou em uma quantidade extraordinária de inovações. Nos últimos tempos, a capacidade de comunicação vem se expandindo de tal forma que faz com que até mesmo a Lei de Moore pareça conservadora. Melhorias em termos de compactação de dados, amplificação e multiplexação permitem que um único fio de fibra óptica leve 25 terabits de informações por segundo: 25 vezes mais informações do que a carga de tráfego média de todas as redes de comunicação do mundo juntas. Nos Estados Unidos, as empresas de comunicação estão implantando redes de fibra óptica a uma taxa de mais de 6.000 quilômetros de fios por dia. A largura de banda total dos sistemas de comunicação dos EUA triplica a cada ano.[20]

Essa onda de conectividade universal está derretendo a cola que une as atividades econômicas. E ela vai separar, de uma forma sem precedentes, o fluxo de informações do fluxo dos objetos físicos, permitindo que cada fluxo siga seu próprio rumo econômico.

A economia da informação e a economia dos objetos

A economia pura e simples de um "objeto" físico e a economia pura de uma informação diferem de modo fundamental.[21] Ao vender um objeto, o vendedor deixa de possuí-lo; ao vender uma idéia, uma melodia ou um projeto, o vendedor continua com sua posse e poderia vendê-la novamente. É possível fazer inúmeras cópias de informações por um custo ínfimo; objetos só podem ser replicados pelo custo de fabricação. Os objetos se desgastam: seu desempenho cai com o uso. As informações nunca se desgastam, apesar de poderem se tornar desatualizadas, obsoletas ou simplesmente incorretas. Um objeto existe em um local e, portanto, em uma jurisdição legal exclusiva. As informações (como os dublês de críticos e as autoridades fiscais estão descobrindo) não estão em lugar algum e estão em todo lugar.

Alguns objetos estão sujeitos a retornos cada vez menores: se duplicarmos a mão-de-obra de uma fazenda, não dobraremos a produção da terra. Alguns objetos estão sujeitos a retornos cada vez maiores: grandes fábricas apresentam custos mais baixos por unidade do que pequenas fábricas. As informações apresentam retornos que aumentam em ritmo *perfeito*: aplique seu dinheiro para aprender alguma coisa uma vez e esse conhecimento poderá ser reutilizado sem nenhum custo adicional para sempre; se você usar esse conhecimento duas vezes mais, o custo por vez que utilizá-lo cairá pela metade.

A economia dos objetos é consistente com mercados eficientes: campos e fábricas podem concorrer entre si na batalha pelos preços ditados por mercados competitivos. A economia da informação *exige* mercados imperfeitos: a menos que os responsáveis pelas informações tenham o poder de limitar o acesso de outras pessoas a essas informações (por meio de direitos autorais, patentes ou sigilo), nunca terão um retorno que justifique o investimento original. Se não houver uma forma de limitar o número de cópias feitas por terceiros, de nada vale ter informações. Se houver um limite, há um monopólio. De qualquer maneira, as informações não funcionam como campos ou fábricas.

Portanto, a economia dos objetos físicos e a economia das informações puras são diferentes dos pontos de vista fundamental e qualitativo. Mas enquanto as informações estiverem inseridas em um objeto físico, os dois tipos de economia estarão vinculados: nenhum dos dois poderá seguir sua lógica "pura" devido ao laço que os mantém unidos.

Entretanto, houve uma mudança em termos de importância. Ao longo dos séculos, a economia da informação foi se tornando cada vez mais independente da economia dos objetos com o desenvolvimento de meios de comunicação cada vez menos tangíveis para o envio de informações. Por exemplo, nos tempos em que saber ler e escrever era privilégio de poucos, as janelas de vitrais, os objetos que decoravam os altares e as esculturas existentes nas catedrais góticas eram um meio de passar informações que exigia grande quantidade de capital. As informações não chegavam às pessoas; elas tinham que ir em busca das informações. O peso do componente físico nesse pacote que reunia o objeto físico e a informação era tão maior que a economia da informação era irrelevante: ninguém considerava adequado registrar os direitos autorais de uma catedral.[22]

Todavia, com o avanço da tecnologia na forma da alfabetização e da impressão, os livros passavam as mesmas informações através de um meio que exigia muito menos capital. Os custos de impressão, encadernação, estoque e distribuição dos livros em termos físicos ainda existiam, mas eram muito mais baixos do que os custos de uma peregrinação até Canterbury. Então surgiram as questões de direitos autorais e plágio.

O advento da radiotransmissão permitiu a comunicação essencialmente desvinculada da economia dos objetos, mas unilateral e monolítica. De forma semelhante, o telefone e o fax libertaram do jugo da economia dos objetos determinados tipos de comunicação e colaboração. Mas esses meios são limitados por sua largura de banda restrita.

As redes digitais finalmente permitiram o fim da dependência entre as informações detalhadas e o meio físico necessário para passá-las. A relação entre a Internet e a televisão é a mesma entre a televisão e os livros, e os livros e as janelas de vitrais.[23] Houve uma ruptura do vínculo tradicional entre meio e mensagem, entre o fluxo de informações relacionadas ao produto e o produto em si, entre a cadeia de valores de informações e a cadeia de valores física, entre a economia da informação e a economia dos objetos.

A liberação do valor

A economia da informação e a economia dos objetos vêm caminhando como uma dupla de corredores amarrados um ao outro pelas pernas. Cada negócio implica um compromisso entre a economia da informação e a economia dos objetos. Se as separarmos, quebraremos o compromisso mútuo, podendo liberar um valor econômico considerável.

Vamos imaginar o espaço existente nas prateleiras de uma loja. Esse espaço tem duas funções simultâneas. Ele é um *painel* (informações) que informa aos clientes o que precisam saber para fazer uma escolha. E é também *estoque* (um objeto) de mercadorias que fica entre a fábrica e o consumidor.

Se os revendedores optarem por montar prateleiras apenas para fins informativos, irão *maximizar* a exposição: quanto maior fosse a prateleira, maior a riqueza de escolha à disposição do consumidor. Entretanto, se os revendedores optarem por um enfoque sobre a economia física, irão *minimizar* a exposição a fim de controlar o custo do estoque. Mas é impossível maximizar e minimizar ao mesmo tempo. Por isso, qualquer revendedor precisa chegar a um consenso entre a economia da informação (o painel) e a economia dos objetos (o estoque). Lojas distintas chegam a esse equilíbrio de formas diferentes. Os revendedores de produtos especializados dão maior enfoque à economia da apresentação. As lojas de descontos concorrem com base na economia de estoque.

Perguntas mais freqüentes

1. **Como saber se meu negócio será afetado pela economia mutante da informação?**

    Analise como e onde as informações são um componente de valor na sua cadeia de valores atual. Mapeie os fluxos de informações ao longo da cadeia de valores. Veja em que pontos é necessário fazer concessões devido à interconexão entre o campo físico e o campo das informações. Quanto maior o potencial de valor liberado ao se romper esses compromissos incorporados, maior a probabilidade de seu negócio ser afetado pela economia mutante da informação.

2. **O que provoca a ruptura dos compromissos existentes entre a informação e os objetos?**

    Quando os objetos trazem as informações (um vendedor ou uma mala direta, por exemplo), essas informações chegam, no máximo, onde os objetos podem chegar. Ela fica limitada ao fluxo linear da cadeia de valores física. Mas se todos estiverem conectados através de meios eletrônicos, as informações poderão viajar sozinhas. O vínculo tradicional entre o fluxo das informações relacionadas ao produto e o fluxo do produto em si, ou seja, entre a economia da informação e a economia dos objetos, poderá ser quebrado. O que torna a explosão da conectividade revolucionária é a possibilidade que ela oferece de desvincular as informações do meio físico através do qual são passadas.

Esse compromisso é onipresente. O editor de um jornal compara as exigências da estrutura física do jornal, definida pela economia dos prelos e rotas de entrega, com as exigências da estrutura informativa do jornal, definida pelo universo de leitores e anunciantes interessados no conteúdo e na circulação do jornal. As organizações comparam a economia física da localização (em termos de custos, é mais eficaz comunicar-se por telefone do que pessoalmente) com a economia informativa da co-localização (a troca de informações será mais rica em detalhes se os colegas de trabalho se reunirem no mesmo lugar).

Esse compromisso entre a economia da informação e a economia dos objetos restringe o valor econômico, o que ocorre com mais intensidade em algumas áreas do que em outras. No comércio varejista de produtos alimentícios, o valor do produto é baixo, a rotatividade de estoque é alta e o retorno obtido através da possibilidade de escolha por parte do cliente (além de um determinado limite) é relativamente baixo. O compromisso entre escolha e estoque não é muito rígido. Entretanto, no ramo das livrarias, o valor do produto é alto, a rotatividade de estoque é baixa e o retorno obtido quando se oferece uma gama de opções é muito mais alto.[24] A necessidade, em termos de informações, de se ter um grande estoque e a necessidade, em termos de logística, de minimizar esse estoque resultam em uma tensão que restringe boa parte do valor econômico. Assim, ao *separarmos* a economia dos objetos da economia da informação, permitindo a busca eletrônica independentemente do transporte a partir do armazém, libera muito mais valor no comércio de livros do que no comércio de produtos alimentícios.[25]

As conseqüências da separação da cadeia de valores de informações e da cadeia de valores física, permitindo que cada uma se desenvolva de acordo com sua economia distinta, são profundas. Os modelos tradicionais de negócios se tornarão altamente vulneráveis sempre que o compromisso entre os dois tipos de economia restringir o valor. A separação oferecerá às empresas oportunidades de explorar a economia liberada da informação *ou* a economia liberada dos objetos. Mas nenhum dos modelos de negócios emergentes precisa apresentar muita semelhança com seu predecessor.

Resumindo, a informação pode ser o *produto final* de apenas uma minoria das empresas, mas é a cola que une cadeias de valores, cadeias de fornecedores, grupos de consumidores fiéis e organizações na economia. As informações são responsáveis por uma parcela desproporcional de vantagem competitiva e, conseqüentemente, de lucros. O advento da riqueza em termos de conectividade e de padrões de informação, como discutiremos mais detalhadamente no Capítulo 3, derrete a cola das informações que une as atividades e os participantes. Esse advento também permite que a cadeia de valor da informação seja separada da cadeia física. Admitindo-se que a economia da informação e a economia dos objetos físicos são fundamentalmente diferentes, pode-se liberar um valor econômico incrível: um valor que era restrito devido ao compromisso mútuo.

Para aqueles que administram qualquer empresa já estabelecida, as implicações são preocupantes. Essa nova tendência sugere que uma "empresa" pode deixar de existir: as peças que a compõem podem se separar conforme a cola das informações que mantém essas peças unidas derrete. Ela sugere que as atividades informativas e físicas podem se desligar, cada uma seguindo seu caminho independente, porque os pressupostos econômicos subjacentes são muito diferentes. Ela sugere que um concorrente poderia se concentrar em um segmento vulnerável da cadeia de valores atual em que a empresa tradicional apresente uma desvantagem competitiva ou de onde a empresa tradicional tire todo o seu lucro, podendo apropriar-se apenas de tal segmento. Ela sugere que toda a confiança da empresa tradicional no que diz respeito à definição de negócios, às ameaças da concorrência e à vantagem competitiva, que certamente se baseia em décadas de sucesso competitivo, pode se justificar tanto quanto para a *Britannica*.

Dicas úteis

- Todas as empresas estão no ramo das informações.
- A informação é a cola que une cadeias de valores, cadeias de fornecedores, grupos de consumidores fiéis e organizações. Essa cola está derretendo.
- As informações são responsáveis pela preponderância da vantagem competitiva e, portanto, dos lucros.
- A economia da informação é muito diferente da economia dos objetos físicos. Na maioria das empresas, as duas economias caminham de mãos dadas, formando um pacote em que os compromissos são mútuos. Esse pacote está se tornando obsoleto.
- A vulnerabilidade de uma empresa é proporcional à extensão de seus compromissos arraigados: entre as diversas atividades unidas por fluxos de informações e entre a economia da informação e a economia dos objetos.

3

Riqueza e abrangência

CONSIDERANDO QUE AS INFORMAÇÕES ESTÃO inseridas nas modalidades físicas de distribuição, uma lei básica rege sua economia: *existe um trade-off* universal entre riqueza e abrangência*. Mas se isolarmos as informações do meio físico pelo qual são distribuídas, o *trade-off* entre riqueza e abrangência pode cair por terra.¹

O *trade-off* é bastante simples. "Riqueza" significa a qualidade das informações definida pelo usuário: precisão, largura de banda, atualidade, personalização, interatividade, relevância, segurança e assim por diante. O significado preciso de riqueza varia de acordo com o contexto, mas, de um modo geral, em qualquer contexto fica claro o que a palavra significa. "Abrangência" significa o número de pessoas que compartilham essas informações. (Consulte o quadro "As definições de riqueza e abrangência".)

Há até pouco tempo, era possível compartilhar informações extremamente detalhadas com uma quantidade muito pequena de pessoas e

---

* Segundo Paulo Sandroni, em seu *Novo Dicionário de Economia*, *trade-off* é "uma expressão que define situação de escolha conflitiva, isto é, quando uma ação econômica que visa à resolução de determinado problema acarreta inevitavelmente outros. Por exemplo, de acordo com as concepções keynesianas modernas, em determinadas circunstâncias a redução da taxa de desemprego apenas poderá ser obtida com o aumento da taxa de inflação, existindo portanto um *trade-off* entre inflação e desemprego". (N.T.)

informações menos detalhadas com uma quantidade maior, mas era impossível compartilhar simultaneamente tanta riqueza com a abrangência desejada. Esse *trade-off* é a essência da *antiga* economia da informação (veja a Figura 3.1).

Para que houvesse intercâmbio de informações detalhadas, era necessário haver proximidade (pessoas trabalhando no mesmo local) ou canais dedicados (como redes proprietárias de computadores, lojas ou uma equipe de vendas). Entretanto, os custos ou as restrições físicas desses canais limitavam o número de pessoas que tinham acesso às informações. Por outro lado, passar informações para um grande público comprometia a qualidade dessas informações. As tecnologias não permitiam que atingíssemos simultaneamente o mesmo grau de riqueza e abrangência desejado.[2]

Tomemos como exemplo os canais alternativos de informação através dos quais os vendedores influenciam os compradores. Os anúncios de jornal atingem diversos clientes em potencial com um conteúdo limitado e estático. As malas diretas e o telemarketing são um pouco mais completos em termos de personalização e interatividade, mas são muito mais caros, por isso têm que ser direcionados. Em comparação com os anunciantes, aqueles que optam pelo marketing direto abrem mão da abrangência para aumentar a riqueza. Um vendedor oferece o nível mais

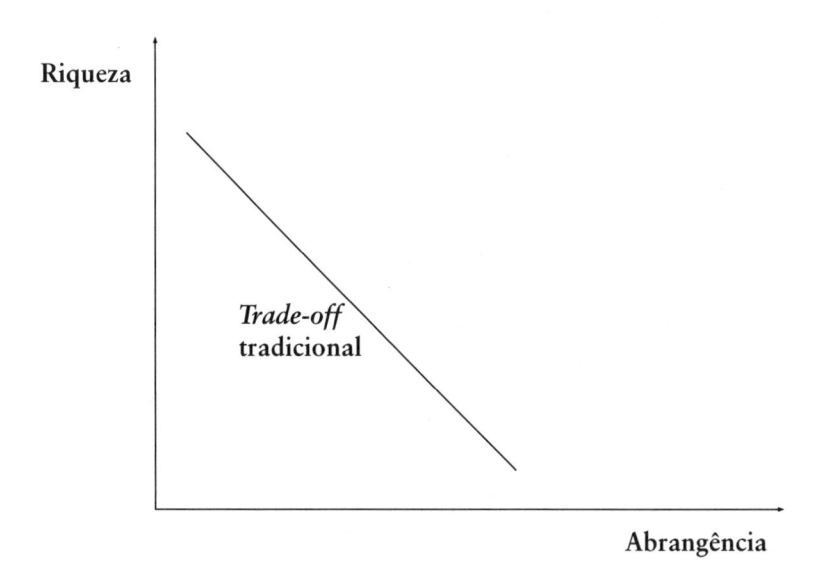

Fonte: Philip B. Evans e Thomas S. Wurster, "Strategy and the New Economics of Information", *Harvard Business Review*, setembro-outubro de 1997, p. 74.

Figura 3.1 O *trade-off* entre riqueza e abrangência.

alto de personalização, diálogo e empatia, mas trabalha apenas com um cliente de cada vez. Portanto, o mix de marketing é a distribuição de recursos de informação em um *trade-off* entre riqueza e abrangência.

As definições de riqueza e abrangência

A definição de abrangência é fácil. Significa simplesmente o número de pessoas, em casa ou no trabalho, que trocam informações. A definição de riqueza de informações é um pouco mais complexa. Ela inclui seis aspectos da informação:
- Largura de banda ou a quantidade de informações que podem ser passadas do remetente para o destinatário dentro de um determinado período de tempo: as cotações de ações são de banda estreita; um comercial é de banda larga.
- O ponto até onde as informações podem ser personalizadas: um comercial para televisão é bem menos personalizado do que uma tática de vendas pessoal, mas abrange muito mais pessoas.
- Interatividade: o diálogo é possível dentro de um pequeno grupo, mas para atingir milhões de pessoas a mensagem deve ser um monólogo.
- Confiabilidade: as informações são consideradas fidedignas quando trocadas entre um pequeno grupo de indivíduos confiáveis, mas não quando circulam entre um grupo grande de estranhos.
- Segurança: os administradores compartilham informações de negócios altamente específicas apenas em reuniões a portas fechadas, mas disseminam informações menos específicas para um público mais amplo.
- Atualidade: em Wall Street, onde os segundos contam, os *market makers** recebem cotações instantâneas, um grupo mais amplo de instituições financeiras recebem as cotações com um atraso de três a quinze minutos e a maior parte dos investidores recebem as cotações com um atraso de pelo menos quinze minutos.

Os compradores convivem com o mesmo *trade-off*, adaptando-se a ele, que os força a uma busca hierárquica. Eles são obrigados a navegar

---

* O que define o *market maker* é a capacidade que ele tem de, pelo seu tamanho, agilidade ou outra característica importante qualquer, permitir que uma empresa iniciante seja lançada, com êxito, no grande mercado, ou seja, ele tem poder para decidir a quem vai pertencer determinada fatia de mercado. (Contribuição de Newton Vasconcellos.) (N.T.)

de fontes de informações de alta abrangência/pouca riqueza (como a lista telefônica, que oferece apenas informações para contato, mas atinge um universo abrangente de vendedores) a fontes de muita riqueza/baixa abrangência (como um vendedor que oferece a um único cliente informações altamente detalhadas, interativas e personalizadas sobre seu estoque limitado de produtos). Para os consumidores, conhecer a marca simplesmente equivale a um conjunto de informações muito detalhado e de baixa abrangência que evita a tarefa trabalhosa de se fazer uma busca hierárquica.

As cadeias de fornecedores apresentam o mesmo *trade-off*. Quando uma empresa fecha um negócio com outra, o número de partes com que elas lidam é inversamente proporcional à riqueza das informações que precisam trocar.

A área de negociação de moedas do Citibank obtém euros e ienes de centenas de instituições, justamente porque a riqueza de informações necessária para manter a negociação de moedas se resume a apenas dois números: quantidade e preço. Os negociadores de moedas não precisam estabelecer relacionamentos ou trocar favores, nem mesmo com o colega do lado: as exigências em termos de informações do negócio valorizam muito mais a abrangência do que a riqueza das informações.

Por outro lado, a Toyota e o Wal-Mart restringiram sua abrangência, passando a trabalhar com menos contratos de fornecimento de longo prazo, porém mais amplos no sentido de permitir maior riqueza em termos de coordenação de marketing e logística (veja a Figura 3.2). Eles criaram sistemas sofisticados para o intercâmbio eletrônico de dados (EDI, *electronic data interchange*) com seus fornecedores, mas os altos custos da instalação personalizada para tornar compatíveis os sistemas de fornecimento forçaram essas empresas a restringir-se aos fornecedores maiores e mais competentes. Na década de 1980, os fabricantes japoneses ficaram conhecidos por reduzirem deliberadamente sua base de fornecedores dessa maneira, trabalhando em conjunto com os fornecedores a fim de maximizar a qualidade e minimizar o estoque e o tempo de entrega. Eles ganharam em termos de riqueza à custa da abrangência.

A variedade de estratégias de compras, tendo o Citibank em um extremo e a Toyota e o Wal-Mart no outro, reflete o *trade-off* entre riqueza e abrangência. De um modo mais geral, a estrutura hierárquica das cadeias de fornecedores, em que cada participante lida apenas com seus fornecedores e clientes imediatos, revela outro aspecto do *trade-off*: é difícil e caro demais estabelecer relações com riqueza de detalhes e de colaboração direta entre todos em uma indústria.[3]

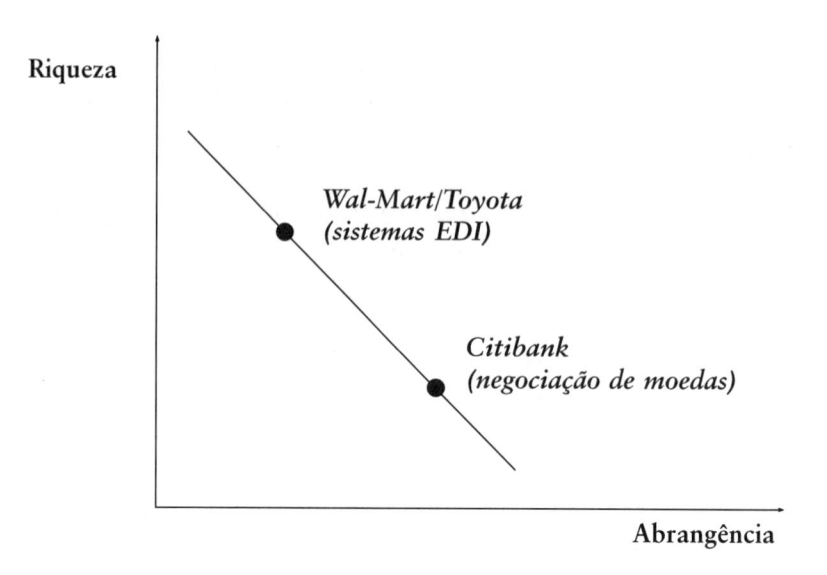

Figura 3.2 Posicionamento em termos de *trade-off* entre riqueza e abrangência: Wal-Mart, Toyota e Citibank.

As organizações oferecem suporte para o intercâmbio de informações detalhadas entre seu grupo limitado de funcionários ou membros, ao passo que os mercados realizam o intercâmbio de informações menos detalhadas dentro de um universo mais amplo. Portanto, o limite da corporação é um ponto no *trade-off* entre riqueza e abrangência.

Dentro de uma corporação, os conceitos tradicionais de escopo de controle e prestação de contas dentro de uma hierarquia baseiam-se no fato de que a comunicação não pode ser rica em detalhes e abrangente ao mesmo tempo. Os cargos são estruturados de modo a concentrar a troca de informações detalhadas entre poucas pessoas que façam parte de uma relação hierárquica (para cima ou para baixo), obtendo-se uma comunicação mais abrangente através das rotas indiretas da pirâmide organizacional.

"Relações" entre corporações e dentro delas, bem como com clientes do mercado varejista, "fidelidade" com relação a um produto ou empregador e "confiança" em uma pessoa ou marca são produtos da *riqueza* do intercâmbio de informações entre pessoas que, ao fazê-lo, restringiram a *abrangência* de suas opções. O mix de marketing, o comportamento de busca e troca, a promoção da marca, as franquias de vendas no varejo, as relações com a cadeia de fornecedores, a organização, até mesmo os limites da corporação baseiam-se nesse *trade-off* amplo, universal e óbvio entre riqueza e abrangência.

Assimetrias da informação

Em todos esses contextos, o *trade-off* entre riqueza e abrangência gera *assimetrias da informação*: diferenças em termos de conhecimento entre pessoas ou empresas que afetam seu poder de negociação. Uma pessoa que vende um carro usado sabe mais sobre seus defeitos do que o comprador. O comprador pode se proteger contratando um mecânico para fazer uma vistoria ou oferecendo menos do que o carro parece valer. Se o carro realmente estiver em boas condições, o vendedor sofrerá tanto quanto o comprador com a assimetria, pois ele não tem como convencer o comprador de que realmente cuida com carinho daquele veículo.

Algumas assimetrias (como aquelas relativas a gostos pessoais) são inevitáveis, mas muitas são resultantes do *trade-off* entre riqueza e abrangência. Alguém, em algum lugar, tem informações objetivas e úteis, mas as partes não têm acesso livre e igual a elas. Pode ser que nenhuma outra pessoa tenha tantas informações sobre um carro usado quanto seu proprietário, mas J.D. Power tem dados excelentes sobre satisfação do cliente, o Kelly Blue Book lista os preços prevalecentes de vendas por atacado e no varejo, e o mecânico que fez uma revisão no carro tem os registros de manutenção. Mas se apenas uma das partes (como um revendedor profissional de carros) tem acesso a algumas dessas informações, as usará para explorar a ignorância da outra parte. E se nenhuma das partes tiver as informações, pode ser que não fechem o negócio por não haver confiança mútua. As assimetrias da informação significam altos custos para a parte em desvantagem na transação e, muitas vezes, também para a parte que tem a vantagem ao seu lado.

De um modo geral, essa é a verdade. O *trade-off* entre riqueza e abrangência baseia-se na existência de canais de informação: infra-estruturas físicas ou padrões comportamentais que sustentam movimentos limitados de informações. Mas a existência de canais implica que alguns têm acesso privilegiado e outros não: os canais resultam em assimetrias. Algumas pessoas só podem obter informações detalhadas através de um mediador que tenha acesso ao canal e que extraia valor do gargalo de informações. Se eliminarmos o *trade-off* entre riqueza e abrangência e tornarmos o canal acessível a todos, será o fim da assimetria.

E é exatamente isso que está começando a acontecer. As redes digitais permitem que um grande número de pessoas troque informações altamente detalhadas. O *trade-off* entre riqueza e abrangência está sendo ultrapassado e, em alguns casos, eliminado. Se as informações podem chegar a qualquer lugar de forma independente e há padrões que permitem que todos compartilhem essas informações, a existência simultânea de riqueza *e* abrangência passa a ser possível. O fim do *trade-off* entre riqueza e abrangência está criando uma *nova* economia da informação. E com ele se vão os padrões comportamentais, as instituições e as assimetrias que definiam o marketing, as cadeias de fornecedores, a organização e os limites da corporação.

A explosão da conectividade e o advento dos padrões universais

Duas forças são responsáveis pela desatualização da relação entre riqueza e abrangência: a explosão da conectividade e a utilização de padrões comuns de informação. Conforme discutido no Capítulo 2, a taxa de crescimento da conectividade vem superando quase todas as expectativas. As redes eletrônicas permitem que as informações fluam independentemente da economia dos objetos. Livres das restrições impostas por um meio físico de envio, as informações podem fluir com um custo de envio, personalização ou tempo ínfimo. Entretanto, a conectividade por si só não é suficiente para acabar com o *trade-off* entre riqueza e abrangência. A segunda exigência é que haja padrões comuns. O rápido surgimento de padrões técnicos universais de comunicação, que permitem que todos se comuniquem entre si a um custo praticamente zero, é uma grande transformação. Sob vários aspectos, esse avanço é a transformação mais profunda que está ocorrendo entre as duas (veja a Figura 3.3).

Enquanto os canais eletrônicos forem proprietários, limitarão a abrangência: os usuários só terão acesso à riqueza se restringirem a abrangência ao grupo fechado de participantes da rede. Entretanto, as redes eletrônicas proprietárias estão cedendo espaço às redes abertas. Hoje em dia, os sistemas comerciais de correio eletrônico são altamente compatíveis, pois adotaram os protocolos comuns de transmissão e apresentação da Internet. Os sistemas EDI proprietários estão sendo substituídos por extranets que abrangem toda a indústria, como a ANX na indústria automotiva, e compartilham um conjunto comum de padrões de comunicação. Os serviços on-line, originalmente concebidos como

Riqueza

Possibilidade de novos níveis de riqueza e abrangência

Fatores que os possibilitam
- Explosão da conectividade
- Disseminação de padrões

Abrangência

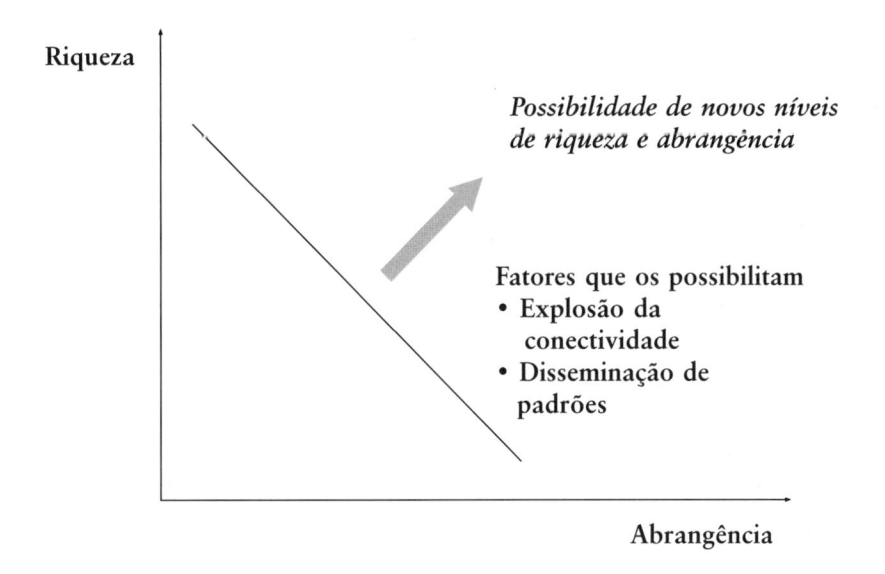

Figura 3.3 O fim do *trade-off* entre riqueza e abrangência.

---

serviços proprietários fechados, abriram acesso através da Internet. Dentro da corporação, "silos" de informações funcionais estão sendo substituídos por intranets, inicialmente para fornecer de maneira estática informações de referência (sistemas de gestão de conhecimentos, dados de RH e assim por diante), mas futuramente para funções cada vez mais essenciais à missão.

A mudança nos padrões não se resume, porém, ao fato de deixarem de ser proprietários para se tornarem abertos. A Internet, as extranets e as intranets são variantes da mesma coisa.[4] Elas utilizam um conjunto de padrões técnicos com o denominador comum mais baixo possível. Esses padrões prevalecem devido ao princípio da "suficiência": em um determinado estágio do avanço de uma tecnologia, os padrões genéricos passam a ser suficientes devido às suas vantagens em termos de aceitação universal, que se sobrepõem às suas desvantagens com relação a qualquer função específica.

A lógica da "suficiência" pode ser ilustrada pela maneira como o PC para uso geral substituiu dispositivos dedicados como o processador de texto, a máquina de calcular e o Rolodex. Antigamente, os dispositivos dedicados (que em geral integravam o hardware e o software) eram necessários a fim de que as tecnologias usadas para trabalhar funcionassem. Entretanto, em algum momento no início da década de 1980, o fato de um PC também incluir as funções de correio eletrônico e planilhas passou a ser mais importante do que o layout de teclado e a velocidade ainda maior do processador de textos. Com o passar do tempo, as velocidades de processamento aumentaram e a falta de hardware dedicado do PC foi se tornando cada vez mais insignificante. Com o rápido crescimento do mercado de PCs, os fornecedores foram colhendo os benefícios da curva de experiência, a concorrência aumentou e os preços caíram. No fim das contas, devido ao enorme crescimento do mercado, foram surgindo softwares de processamento de textos para o PC melhores do que qualquer sistema proprietário de processamento de textos. O processador de textos dedicado teve o mesmo destino dos terminais Quotron, das calculadoras de alta tecnologia e dos computadores analógicos: primeiro foi derrotado em termos de abrangência e acabou sendo derrotado em termos de riqueza também. O menor denominador comum que abrangia uma série de funções havia se tornado, para a maioria dos objetivos, *suficiente*.

Só por volta de 1994, os padrões do menor denominador comum se sobressaíram em termos de informações textuais estáticas para as quais a segurança e a velocidade não são essenciais (por exemplo, HTML como o padrão de apresentação de textos). Ao longo dos próximos dez anos, muitos outros tipos de informação sucumbirão ao mesmo princípio: aplicativos essenciais à missão com capacidade para um volume mais alto, processamento compartilhado e distribuído, dados confidenciais, entretenimento em áudio e vídeo de alta definição com voz e em tela cheia. Não há barreiras técnicas fundamentais que impeçam a criação de padrões, pois a capacidade de memória e processamento continua aumentando segundo a Lei de Moore e a largura de banda está estourando. No caso de alguns aplicativos, há uma discussão legítima sobre *quando* isso ocorrerá. Mas nunca poderá haver uma discussão sobre *se* isso ocorrerá.

Dos padrões técnicos aos padrões de conteúdo

A história do surgimento de padrões universais mostra que as conseqüências sempre foram surpreendentes. As estradas de ferro são um bom exemplo. Nos primórdios da indústria, as empresas ferroviárias operavam com bitolas de trilhos com padrões diferentes, o que fazia com que fosse necessário transferir as mercadorias de um trem para outro para que elas pudessem ser enviadas a diferentes partes dos EUA.

Na década de 1880, as empresas ferroviárias adotaram uma bitola-padrão em todo o país e, ao fazer isso, acabaram com as limitações de abrangência.[5] O padrão permitiu que as mercadorias passassem a ser transportadas sem escalas para diversas regiões do país. O advento do sinal de discar e outras políticas, procedimentos e padrões comuns teve um impacto semelhante no sentido de permitir a telefonia de longa distância. E a implementação da energia de corrente alternada e do plugue elétrico padrão foi vital para o crescimento da indústria de eletrodomésticos.

Atualmente, se padrões universais e abertos fossem criados apenas para o transporte de dados, já teríamos algo significativo em comparação com as larguras dos trilhos e o tom de discar. Entretanto, no mundo digital (ao contrário do que acontece com ferrovias e telefones), *não existe diferença qualitativa entre os padrões de transporte e os padrões de conteúdo*, havendo uma evolução natural de um para outro.

O IP (*Internet protocol*, protocolo da Internet), por exemplo, é um padrão que efetua o roteamento de pacotes de informações em uma rede. Outros padrões desenvolvem funções com base nesse recurso. O TCP acrescenta a verificação ao IP. O HTTP agrega "pacotes" de informações TCP/IP a documentos. O HTML formata os documentos HTTP, transformando-os em páginas da Web. O XML formata esses documentos, transformando-os em um conjunto mais amplo de arquivos que se autodescrevem. O HL7 é um padrão de conteúdo que usa o XML para registrar informações médicas. Os padrões digitais expandem suas funções, indo desde o transporte até o conteúdo.

É muito diferente das tecnologias eletrônicas analógicas, que apresentam uma barreira qualitativa entre os padrões de transmissão de informações e os padrões (se houver) do conteúdo transmitido. Não há relação entre formatos e protocolos de uma máquina de fax (transmissão) e de um documento enviado (conteúdo). Não há nenhuma relação entre o sinal de discar e o conteúdo das conversas telefônicas. Mas, no caso do conteúdo digital, essa barreira não existe. Os padrões estabelecidos em um nível podem servir de base para os padrões de um nível superior.

O matemático John von Neumann compartilhou pela primeira vez essa visão ao descrever o projeto do computador EDVAC em 1945. Von Neumann acreditava que um computador digital poderia armazenar e recuperar *instruções* exatamente da mesma forma como armazena e recupera *dados*. Dessa forma, as instruções poderiam servir de matéria-prima para outras instruções, os programas poderiam ler e escrever programas, linguagens de alto nível poderiam aproveitar as linguagens inferiores em seu desenvolvimento e as funções ligadas fisicamente seriam o ponto de partida, não o ponto de chegada, dos recursos de uma máquina. Von Neumann foi o primeiro a reconhecer como essa característica singular do computador com programas armazenados resultaria em um grau de sofisticação e adaptabilidade inacreditável na época.[6]

A visão original de von Neumann está acontecendo, não apenas na área de informática, mas também na auto-organização de uma rede global de pessoas e instituições, o que é uma novidade do ponto de vista qualitativo.

Massa crítica

Não há nada que garanta que padrões de ordem superior surjam a partir de padrões de ordem inferior: é apenas uma possibilidade. Mas diversos motivos favorecem as tentativas de se chegar a esses padrões e por isso muito recurso será dedicado para influenciar a penetração deles.

O efeito cumulativo caracteriza os padrões: quanto maior o número de pessoas que os utilizam, mais valiosos eles se tornam, por isso o número de pessoas estimuladas a usá-los aumenta. O teclado QWERTY das máquinas de escrever é um exemplo clássico, quase cômico. Originalmente, ele foi criado para *dificultar* ao máximo a digitação, pois as máquinas de escrever antigas tinham um mecanismo tão lento de retorno das teclas que, se o digitador fosse muito rápido, as teclas se embaralhariam. As pessoas aprenderam a digitar no teclado das máquinas de escrever, e os fabricantes produziam os teclados com os quais todos estavam acostumados. Passado um século, ainda estamos usando um padrão que foi criado para ser o pior, apesar de a tecnologia ter evoluído e não haver mais o problema de embaralhamento dos mecanismos de digitação.

Como podemos ver através desse exemplo, os padrões estão sujeitos a retornos cada vez maiores e a um efeito "de rede" poderoso: quanto maior a sua penetração, maior sua vantagem competitiva.[7] Muitas vezes, essa característica resultou em espaço para apenas um padrão mundial (por exemplo, o VHS no caso dos videocassetes caseiros). O proprietário desse padrão, mesmo que indiretamente, tem a oportunidade de extrair um valor imenso da situação, gerando um forte incentivo ao investimento na criação desse padrão, à formação de alianças com terceiros para aumentar as chances de aceitação e, se necessário, a entregar 99% do seu conteúdo proprietário para lucrar com a parcela de vantagem restante.

Não há garantias de que um determinado padrão de conteúdo venha a ser viável, apesar de que, segundo a Lei de Moore, isso se torna dez vezes mais fácil a cada cinco anos. Não há garantias de que fazer uma aliança com os parceiros certos fará com que se atinja a massa crítica e transformará o padrão em uma norma global, mesmo que esses parceiros tenham os recursos, a inteligência e saibam claramente qual o valor do jogo final. Não há garantias de que um determinado padrão será bem-sucedido e, de fato, muitos não obtiveram êxito. Mas a abrangência global já atingida pelos padrões de nível inferior, o valor extraordinário que os padrões de nível superior podem alavancar e as recompensas financeiras acumuladas para aqueles que os estabelecerem primeiro indicam que o processo da criação de padrões cumulativos ultrapassou um limite decisivo.

O fim do *trade-off* entre riqueza e abrangência

A conectividade e os padrões substituem o *trade-off* entre riqueza e abrangência. Através deles, podemos dar conselhos, alertar, autenticar, fazer ofertas, colaborar, comparar, informar, procurar, especificar e trocar com um grau de riqueza limitado apenas pelos padrões subjacentes e um grau de abrangência limitado apenas pelo número de pessoas conectadas que usam esse padrão.

O OFX, por exemplo, é um padrão desenvolvido pela Intuit, pela Microsoft e por outras empresas para a apresentação de informações financeiras pessoais. Ao evoluir, tornando-se um padrão abrangente, permitirá que uma pessoa especifique uma necessidade financeira, receba e compare propostas, incorpore dados ou conselhos provenientes de qualquer fonte confiável, aplique critérios sistemáticos de seleção, realize transações, automatize tarefas rotineiras e integre seus demonstrativos financeiros *enquanto lida com um número ilimitado de instituições*. Pessoas comuns podem comprar com a sofisticação dos profissionais. O planejamento financeiro abrangente que ficava à disposição apenas dos clientes especiais dos bancos hoje está à disposição de todos. A integração que só podia ser obtida quando os negócios de uma empresa ou indivíduo eram realizados através de uma única instituição hoje pode ser obtida mesmo quando se têm diversas contas. O cliente tem acesso à riqueza *e* à abrangência.

Com o fim do *trade-off* entre riqueza e abrangência, as relações econômicas, em todas as suas manifestações, irão mudar radicalmente. As equipes de vendas, os sistemas de filiais, os prelos, as cadeias de lojas ou as frotas de entrega, que no passado funcionavam como barreiras eficientes à entrada de novos concorrentes porque levavam anos para serem erguidas e necessitavam de grandes investimentos, de repente se tornarão passivos caros. Novos concorrentes surgirão do nada e roubarão clientes. De forma semelhante, a substituição de sistemas proprietários de legado caros por extranets baratas e abertas vai fazer com que seja mais fácil para as empresas realizarem licitações para contratos de fornecimento, se unirem a uma fábrica virtual ou formarem uma cadeia de fornecedores concorrentes. Dentro das grandes corporações, o surgimento de padrões universais abertos para a troca de informações através de intranets irá promover a formação de equipes multifuncionais e acelerar a queda das estruturas hierárquicas e seus sistemas proprietários de informações.

Quando todos puderem trocar informações detalhadas sem restrições no que diz respeito à abrangência, as opções de canais à disposição dos profissionais de marketing, as ineficiências da procura por consumidores, a estrutura hierárquica das cadeias de fornecedores, a pirâmide organizacional, as assimetrias da informação e os limites da própria corporação passarão a ser questionados. As vantagens competitivas que dependiam deles serão contestadas. As estruturas de negócios moldadas por eles cairão por terra.

Chamamos esse processo de transformação de *desconstrução*. Ao longo dos próximos cinco a dez anos, muitas relações existentes no mundo dos negócios serão desconstruídas. Isso já está começando a acontecer.

DICAS ÚTEIS

- Ao longo das décadas, pudemos observar que a Lei de Moore foi responsável por três programas sucessivos de gestão: o primeiro foi o processamento de altos volumes de dados, o segundo foi a ligação em rede descentralizada e o terceiro será o fim do *trade-off* entre riqueza e abrangência.
- O *trade-off* entre riqueza e abrangência é a base de informações que serve de fundamento para formação de relações, grupos de consumidores fiéis, integração vertical, integração horizontal e assimetrias da informação.
- O deslocamento do *trade-off* entre riqueza e abrangência derrete a cola de informações que estabelece vínculos entre as relações de negócios. Ele "desconstrói" cadeias de valores, cadeias de fornecedores, grupos e organizações.
- A transformação se deve à conectividade, ao triunfo dos padrões de comunicação "suficientes" e à migração desses padrões para a organização e a apresentação de conteúdo.
- A evolução dos padrões não é inevitável. Mas o valor global da propriedade tangencial estável, o baixo custo de sua criação, a facilidade com que alianças são formadas para promovê-los e o retorno financeiro extraordinário que eles oferecem esporadicamente motivarão concorrentes inteligentes e com bom financiamento a tentarem estabelecer padrões.

4

A desconstrução

"Desconstrução" é a desintegração e a reformulação das estruturas tradicionais de negócios. Ela é a conseqüência da ação de duas forças: a separação da economia da informação da economia dos objetos e o fim (*dentro* da economia da informação) do *trade-off* entre riqueza e abrangência. Entre as estruturas tradicionais de negócios, temos as cadeias de valores, as cadeias de fornecedores, as organizações e os grupos de consumidores fiéis. Com o fim do *trade-off* entre riqueza e abrangência, os componentes dessas estruturas de negócios não precisam mais ser integrados. A nova economia da informação reduz todas essas estruturas a pedaços. Por sua vez, esses pedaços formarão novas estruturas de negócios com base nas economias distintas da informação e dos objetos.

Jornais

Na indústria dos jornais, por exemplo, há uma cadeia de valores integrada vertical e horizontalmente. Os jornalistas e os anunciantes fornecem os textos, os editores e os subeditores fazem o layout, a máquina imprime o produto físico e um sistema elaborado de distribuição entrega-o aos leitores todas as manhãs. Os jornais existem, sobrevivem e lucram como intermediários entre os jornalistas e os leitores devido às economias de escala obtidas no prelo. Os escritores não podem chegar diretamente aos leitores porque não têm como imprimir e distribuir sozinhos suas obras de forma economicamente viável. Considerando-se as economias de escala, faz sentido que o jornal agregue diversos serviços de notícias e faz ainda mais sentido que sejam incluídos outros materiais que se beneficiam do mesmo método de reprodução e distribuição: classificados, anúncios, encartes, cotações das bolsas de valores, artigos, quadrinhos, programação da televisão e outros. Esses produtos subsidiam-se mutuamente: alguns atraem determinados segmentos de leitores, outros atraem determinados segmentos de anunciantes. Todos contribuem para cobrir os custos gerais fixos de produção e distribuição.

Há anos os especialistas prevêem a possibilidade de um jornal eletrônico de alta resolução, o qual seria copiado, com o conteúdo do dia, através da linha telefônica, ofereceria suporte para vídeo em movimento contínuo (*full-motion video*), todas as vantagens da inteligência eletrônica e custaria menos por dia do que um jornal impresso em papel.[1] Assim como o também celebrado "escritório sem papéis", o jornal eletrônico ainda não se tornou realidade e é improvável que se torne popular no futuro próximo. Segundo os executivos dos jornais, estes são uma forma de distribuição de informações altamente barata, conveniente e acessível. Os jornais eletrônicos não vão substituir essa forma tradicional em breve.

Entretanto, essa reação mostra que ainda não se entendeu bem a natureza do desafio que os jornais têm pela frente: ela pressupõe que a transformação do negócio é uma proposta de tudo ou nada. A questão não é se os jornais vão passar a ser eletrônicos nem quando isso acontecerá. A questão básica é: a indústria dos jornais continuará sendo integrada vertical e horizontalmente?

A desconstrução está relacionada à hipótese de derretimento da cola que une a cadeia de valores de um jornal. Neste caso, a cola é a economia dos objetos, ou seja, os prelos e a distribuição, que reúnem o conteúdo informativo. Com a possibilidade de outros meios de distribuição, *não se pode simplesmente pressupor que esse pacote sustentará as atividades do jornal.*

Livres da economia dos objetos, as matérias serão enviadas diretamente por correio eletrônico aos leitores. Estes poderão mesclar e complementar informações obtidas a partir de um número ilimitado de fontes. Eles poderão copiar diariamente (ou várias vezes por dia) arquivos a partir de diversas agências de notícias. Eles poderão obter críticas de cinema, dicas de viagem e receitas diretamente de revistas, editoras e *chefs* de cozinha. Colunistas sociais, autores de histórias em quadrinhos ou o serviço de meteorologia poderão enviar as informações diretamente para os assinantes. Os intermediários — portais da Internet, agentes inteligentes, softwares de formatação ou, neste caso, equipes editoriais — poderão formatar as informações e colocá-las em um pacote de acordo com os interesses individuais dos leitores. O caráter coletivo do jornal tradicional pode vir a ser substituído por algo mais personalizado.[2]

Quase tudo isso já está acontecendo. O jornalismo on-line está prosperando. Informações no formato jornalístico tradicional podem ser encontradas em algum canto da Web. Portais oferecem uma personalização bastante sofisticada de home pages, inclusive o acompanhamento on-line de uma carteira de investimentos, atualizações meteorológicas contínuas, informações sobre entretenimento local e alertas sobre tópicos de interesse especial. Ainda assim, por mais convenientes e engenhosos que sejam esses serviços, há poucas indicações de que estejam roubando leitores dos jornais diários.

Contudo, a desconstrução não ocorrerá necessariamente de forma indiscriminada. Aliás, isso raramente acontece. A desconstrução não significa que a indústria dos jornais como um todo seja vulnerável, mas que partes essenciais da indústria são vulneráveis.

Os anúncios em classificados são um produto on-line natural. Ao disponibilizarem seus anúncios através de meios eletrônicos para que possam ser acessados da mesma forma, os anunciantes podem oferecer itens sempre atualizados, usar textos maiores e figuras, e podem até incluir videoclipes. Os compradores poderão efetuar buscas, definir alertas, acessar informações relacionadas e responder via correio eletrônico com base nos critérios definidos por eles. Ligar o computador é o de menos quando se trata de vender um carro ou comprar uma casa.

A lógica da migração dos classificados é incontestável e já está ocorrendo.[3] Só que os classificados são responsáveis por cerca de 40% das receitas de um jornal, e por apenas 10% de seus custos. Os lucros de 30% obtidos com os classificados correspondem ao excedente da margem de quase todos os jornais dos Estados Unidos. Se perdessem os classificados, a maioria dos jornais deixaria de ser viável do ponto de vista financeiro. *Essa* é a ameaça da desconstrução. Os jornais eletrônicos ou a seção personalizada *Daily Me* do Yahoo! não representam nenhuma ameaça, mas a perda dos classificados, sim. É mais provável que a desconstrução afete justamente o segmento da cadeia de valores mais vital para as empresas tradicionais do ramo.

Os jornais estão lutando contra isso e investem pesado no segmento de classificados eletrônicos. Eles exploraram sua vantagem como empresas tradicionais em meios impressos para oferecer classificados impressos e eletrônicos integrados que atingem uma população mais ampla de compradores e vendedores. Considerando que atualmente os jornais têm o maior "mercado" de classificados, que reúne o maior número de compradores e vendedores, eles estão bem posicionados para transferir seu domínio da antiga para a nova atividade.

Mas quanto vale essa vantagem no mercado? Pode-se cobrar, pelos classificados eletrônicos dos jornais, os mesmos valores cobrados pelos classificados impressos? Se considerarmos este segmento como um negócio independente, veremos que estão obtendo uma receita de US$40 para cada US$10 de custos, o que significa que há uma margem operacional de 75%. (O único motivo pelo qual eles podem cobrar esses preços é justamente porque *não é* um negócio independente.) Será que poderiam continuar cobrando esses preços em um ambiente onde não houvesse barreiras à entrada de novos concorrentes e no qual os custos tivessem apresentado uma queda de mais de 50%? Se os jornais mantiverem esse nível de preços, estão arriscados a ceder o mercado para um concorrente que publique seus anúncios apenas em meios eletrônicos que seja menos ganancioso. Se eles abrirem mão de parte suficiente da margem para manter o negócio, perderão o fluxo de caixa que mantém a economia do produto impresso.

De qualquer maneira, o subsídio que mantém o produto impresso apresentará uma redução e o produto impresso ficará entre as receitas mais baixas e seus altos custos fixos. Os jornais teriam que reduzir o conteúdo ou aumentar o preço da assinatura e das vendas nas bancas, o que diminuiria a circulação. A queda na circulação reduzirá os preços que os anunciantes estão dispostos a pagar. A perda de receitas provenientes dos leitores e anunciantes, por sua vez, exigirá novos cortes de custos. É um círculo vicioso que cria oportunidades para que concorrentes voltados para um único segmento se voltem para outros segmentos da cadeia de valores: desconstruções de segunda ordem que não teriam sido viáveis do ponto de vista econômico se nada daquilo que descrevemos acontecesse. Portanto, a maior ameaça para os jornais não é a substituição total por um novo modelo de negócios, mas seu desgaste contínuo devido a uma seqüência de substituições parciais.

Isso não quer dizer que os jornais estejam com os dias contados. Há algo que justifica um pacote de notícias e comentários, algo relacionado à voz dos editoriais, à experiência diária compartilhada, à marca, à autoridade e ao simples desejo do leitor de ser surpreendido pelo inesperado. E as pessoas estão claramente dispostas a pagar por isso: o custo real do conteúdo editorial hoje em dia é quase igual ao preço médio de uma assinatura. Após a desconstrução do antigo pacote, moldado pela economia compartilhada de prelos e distribuição, testemunharemos a ascensão de um novo pacote (ou novos pacotes, pois nada indica que exista apenas uma solução) que refletirá a economia livre da informação.

Bancos

A indústria bancária vai passar por um processo semelhante de desconstrução. O atual modelo de negócios envolve uma cadeia de valores integrada vertical e horizontalmente: têm-se a criação, o agrupamento em pacotes, a venda e a venda cruzada de vários produtos através de um conjunto comum de canais de distribuição proprietários. Esses canais apresentam custos fixos altos e consideráveis economias de utilização e escala. Esses fatores determinam as regras de fidelidade e vantagem competitiva. A unidade de valor fundamental é a relação com o cliente. A otimização dos sistemas de distribuição se dá através do reforço dos laços da relação com o cliente. A venda de alguns produtos resulta em margens baixas ou negativas com o objetivo de iniciar e desenvolver relações. A partir daí, ocorre a venda cruzada de outros produtos com margens mais altas a fim de extrair valor das relações estabelecidas. Todos contribuem para cobrir os custos comuns de um sistema integrado de distribuição.

À primeira vista, o *home banking* eletrônico parece ser mais um sistema de distribuição, porém mais barato: o equivalente, na indústria bancária, ao jornal eletrônico. Para muitos bancos, é isso que ele é; eles esperam que a disseminação do *home banking* os ajude a diminuir a quantidade de canais físicos, pois estes representam altos custos. Muitos oferecem softwares proprietários de *home banking* e até mesmo transações eletrônicas gratuitas. Mas o *home banking* eletrônico é muito mais do que o surgimento de um novo canal de distribuição para as empresas tradicionais do ramo. Agora os clientes têm à disposição novas maneiras para acessar informações e efetuar transações.

Os softwares financeiros pessoais são uma dessas novas formas de acesso. Quando estávamos escrevendo este capítulo, cerca de doze milhões de lares nos Estados Unidos usavam regularmente softwares de gestão financeira, como o Quicken da Intuit ou o Microsoft Money, para controlar o saldo bancário e integrar suas transações financeiras pessoais. As versões atuais desses programas acessam, através do modem, centrais eletrônicas de atendimento operadas pela CheckFree ou pela Integrion, que, por sua vez, encaminham instruções ou consultas ao banco do consumidor. Assim, os clientes podem pagar contas, fazer transferências, receber extratos eletrônicos, atualizar o saldo bancário e incorporar os dados da conta aos seus planos financeiros pessoais. Os banqueiros não gostam disso: eles não têm como identificar através de marcas ou controlar o que o cliente vê na tela, sendo um princípio estratégico geral não permitir que empresas como a Intuit ou a Microsoft fiquem entre os bancos e seus clientes. Mas os clientes ainda estão muito habituados a lidarem com seus próprios bancos, mesmo que através de um caminho não-proprietário.

Entretanto, existe outro caminho. A maior parte das instituições financeiras de grande porte possuem sites na Web que podem ser acessados através de um navegador. Até pouco tempo atrás, os sites na Web de instituições financeiras ofereciam apenas informações muito básicas: descrições de serviços e produtos, o relatório anual e pontos de contato. E o consumidor tinha acesso a milhares de sites desse tipo com a mesma facilidade.

Assim, o consumidor passou a ter um *trade-off* entre riqueza e abrangência: ele pode obter serviços completos (através de softwares proprietários ou do Quicken) junto ao seu banco ou ofertas muito limitadas junto a um universo amplo de instituições (através da Web). Porém, *esse* trade-off *é totalmente artificial*. Uma vez estabelecida a conectividade, os concorrentes têm todos os incentivos para criar *padrões* que migram da camada de transporte para a de conteúdo, padrões que permitam uma riqueza cada vez maior e abranjam todo o universo de instituições. E é exatamente isso que está acontecendo.

O SSL, o SET e outros padrões de criptografia resolveram a maior parte dos problemas de segurança. A Microsoft e a Intuit (levadas em parte pela redução da força do seu antigo conceito baseado naquilo que se tinha disponível na área de trabalho do computador) estão em busca de estratégias para transformar seus produtos em "navegadores de valor agregado", capazes de obter informações na Web e integrá-las à área de trabalho. Os formatos de arquivo do Quicken tornaram-se o padrão para a apresentação das informações de extrato na Web. Um conjunto mais abrangente de padrões, denominado OFX, foi aceito pela maior parte das instituições do ramo e oferece suporte para extratos, pagamentos, transferências e consultas realizadas através da Web. As versões futuras do OFX também permitirão a apresentação de contas, transações de corretagem e a solicitação e a comparação de ofertas de produtos e serviços vendidos a varejo. As pontes existentes entre os softwares financeiros pessoais e os sites na Web de instituições financeiras, em conjunto com avanços em termos de confiabilidade, segurança, assinaturas digitais e contratos eletrônicos válidos do ponto de vista legal, permitirão que a Web abranja toda a gama de serviços bancários.

Quando isso ocorrer, será o fim do *trade-off* entre riqueza e abrangência na indústria bancária. Os clientes poderão entrar em contato com *qualquer* instituição financeira para acessar *qualquer* informação ou contratar *qualquer* serviço. Eles poderão ter em seus computadores um balanço patrimonial que utilize dados obtidos junto a diversas instituições. Eles poderão comparar ofertas de produtos alternativos e transferir fundos automaticamente de uma conta para outra, mesmo se tratando de instituições diferentes. Eles poderão anunciar suas exigências

---

Modelo de negócios integrado

Criação do produto e definição de um pacote
(empréstimos, seguros, investimentos, contas correntes e contas-poupança)

⇕

Processamento da transação e criação da conta
(computadores de grande porte)

⇕

Vendas e distribuição no mercado varejista
(caixas eletrônicos, números de discagem gratuita, caixas)

⇕

Cliente do banco

Fonte: Philip B. Evans e Thomas S. Wurster, "Strategy and the New Economics of Information", *Harvard Business Review*, setembro-outubro de 1997, p. 78.

Figura 4.1 A desconstrução dos serviços financeiros de varejo: Algumas relações ilustrativas entre os participantes.

com relação ao produto e receber propostas. Eles poderão fazer comparações sofisticadas entre ofertas de produtos e serviços.

A grande variedade de opções fará com que seja necessária a existência de terceiros para assumirem o papel de guias ou agentes facilitadores. Algumas empresas criarão (ou tornarão disponíveis) bancos de dados sobre taxas de juros, classificação de riscos e histórias de serviços. Outras criarão mecanismos para calcular seguros e hipotecas ou softwares inteligentes capazes de pesquisar e avaliar ofertas de produtos. Outras autenticarão a identidade das partes ou servirão de avalistas do desempenho, do sigilo ou da capacidade financeira para obter crédito (veja a Figura 4.1).

Modelo de negócios reconfigurado

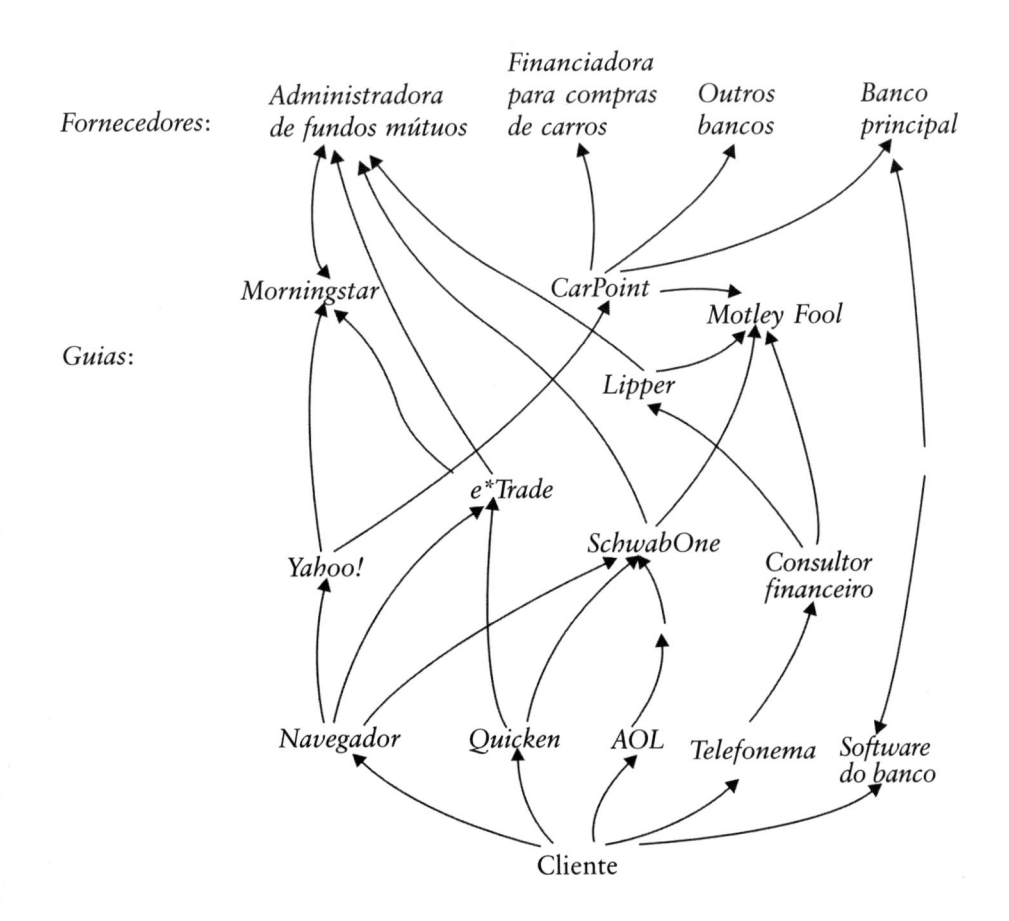

Além disso, a melhor carta do *home banking* ainda está na manga: a conta eletrônica. Quando for possível enviar contas via correio eletrônico em um formato padrão e pagá-las com um simples clique em um botão, os benefícios em termos de produtividade para o consumidor serão muito maiores do que qualquer serviço oferecido hoje pelos bancos tradicionais. Esse "aplicativo do barulho" aumentará os níveis de penetração da utilização, dos produtos complementares e da desconstrução.

As conseqüências de segunda ordem são profundas. À medida que os clientes passam a ter mais facilidade em termos de comparação e mudança de um fornecedor para outro, o valor, ou melhor, o significado da relação básica com o banco se tornará problemático. Fatores como a possibilidade de comprar tudo em um só lugar e relações sólidas deixarão de ser tão importantes em termos de concorrência. Realizar vendas cruzadas será mais difícil. As informações disponíveis sobre o comportamento e as preferências do cliente serão mais bem distribuídas entre instituições concorrentes. Quem fizer a melhor oferta para um *determinado* produto ou serviço vai ganhar o cliente, não necessariamente o banco principal com o qual o cliente trabalha. A vantagem competitiva será determinada por produto, por isso aqueles que tiverem linhas abrangentes de produtos para oferecer perderão espaço para especialistas voltados para produtos específicos.

A companhia telefônica ou de televisão a cabo fará a distribuição, os softwares de gestão financeira pessoal fornecerão extratos, diversos tipos de softwares, bancos de dados e consultores responderão pelos processos de facilitação e navegação, e os especialistas em produtos distintos se ocuparão da criação. A cadeia de valores integrada vertical e horizontalmente dos bancos tradicionais será desconstruída.

Desconstruída, mas não destruída. Todas as antigas funções continuarão sendo desempenhadas, além de algumas novas funções. Os bancos não se tornarão obsoletos, mas suas definições atuais de negócios, sim; mais especificamente, o conceito de que um banco é um negócio integrado no qual se dá a criação, a distribuição em pacotes, a venda comum e a venda cruzada de diversos produtos através de canais de distribuição proprietários. As instituições que tiverem olho vivo se tornarão guias ou especialistas em produtos.

A desconstrução da cadeia de valores da indústria bancária não é algo distante e futurista como muitos imaginam. Na verdade, já aconteceu. Há vinte anos, a área de atendimento a pessoas jurídicas era um negócio de *spread*, ou seja, os bancos ganhavam dinheiro cobrando pelos empréstimos uma taxa de juros mais alta do que o valor pago pelos depósitos. O modelo de negócios da época exigia que estabelecessem relações sólidas com seus clientes corporativos para que pudessem extrair depósitos e empréstimos através desse sistema de distribuição. A fim de manter viva a relação, os bancos ofereciam serviços gratuitos. Mas, graças à tecnologia, os clientes corporativos passaram a ter acesso aos mesmos mercados financeiros usados pelos bancos: a abrangência e a simetria da informação transformaram a relação. Os bancos deixaram de ser os intermediadores. Hoje em dia, o crédito passa diretamente das mãos do credor para as mãos do devedor através dos mercados de capital. Essa transação tem os banqueiros como *facilitadores e guias*: eles avaliam o risco, dão conselhos, definem mercados e agem como depositários.

Atualmente, a área de atendimento a pessoas jurídicas é formada por pequenas empresas, em sua maioria independentes (mesmo quando operam sob os auspícios de um grande banco) e que concorrem com cada produto separadamente. Os banqueiros ganham dinheiro com as taxas cobradas pelos serviços individuais, não com o *spread* e o subsídio cruzado. Os clientes não compram mais em pacotes; as relações são mais voláteis e diferentes para cada produto da indústria bancária. A desconstrução da área de atendimento a pessoas jurídicas se deu devido a uma mudança ocorrida na tecnologia da informação que permitiu que as corporações tivessem, em termos de riqueza, o mesmo acesso dos bancos aos mercados financeiros. Como lhes foi tomado o papel de canal privilegiado de informações, os bancos tiveram que assumir os papéis de guia, agente e facilitador. Duas décadas depois, tendo sido registrado um avanço de 10.000 vezes na economia da informação, pode ser que esteja na hora de a mesma lógica se aplicar à área de atendimento à pessoa física.

Muitos banqueiros negam tudo isso. Eles observam que dificilmente os consumidores aceitarão ofertas de vários bancos com relação a suas contas correntes simplesmente porque será possível do ponto de vista técnico. O custo para mudar de conta ainda é alto. Isso é verdade. Entretanto, o que realmente irá doer no bolso do consumidor será trocar o software de gestão financeira pessoal, portanto quem tem uma relação forte com o consumidor é o fornecedor de softwares. Além disso, os itens mais caros são responsáveis pelas margens mais altas, já que, nesse caso, faz mais sentido explorar a abrangência. É mais provável que ocorra uma mudança no comportamento dos consumidores com relação aos produtos que seriam responsáveis pelas maiores perdas de margem para a instituição financeira, pois são os mesmos produtos que podem trazer ganhos mais altos para os consumidores.[4]

Quatro passos para avaliar a vulnerabilidade

Para entender como se dará a desconstrução em cada indústria, siga os quatro passos a seguir.

- **Em primeiro lugar, analise o impacto da economia da informação sobre a sua indústria.** Identifique os *trade-offs* ocorridos entre riqueza e abrangência, e como fortalecem as estruturas de negócios existentes.
- **Em segundo lugar, pense como as novas tecnologias podem mudar as estruturas existentes.** Como as novas tecnologias transformarão esses *trade-offs*? Em quanto tempo isso ocorrerá? Qual será a seqüência de transformação? Qual o impacto potencial dessa transformação sobre o modelo de negócios atual? De que modo as atividades ligadas à informação e às atividades físicas podem se transformar, criando novos tipos de negócios?
- **Em terceiro lugar, analise como os diversos participantes do sistema de negócios poderiam criar valor econômico em conseqüência dessas mudanças.** Em um mundo sem o atual *trade-off* entre riqueza e abrangência, como se dará a redistribuição do equilíbrio das novas forças econômicas e quais as novas oportunidades econômicas que surgirão? Quando ocorrer a desconstrução da atividade, formando atividades distintas, quais os tipos de vantagem competitiva necessários a cada atividade sucessora para que as novas oportunidades sejam exploradas? Como se dará a redistribuição de vantagem e valor entre os participantes?
- **Em quarto lugar, abra caminho para a transição do antigo modelo de negócios para o novo.** O que é necessário a fim de que o negócio faça a transição do ponto em que se encontra hoje para a nova tendência? Descartar uma estratégia existente bem-sucedida e criar uma estratégia radicalmente diferente é um grande desafio. Mas criar e construir o modelo de negócios capaz de executar essa nova estratégia é ainda mais difícil.

Os banqueiros também argumentam que apenas a minoria dos consumidores que possuem PCs os usam para realizar suas transações bancárias de casa. Isso também é verdade (mas cada vez menos a cada ano que passa). Entretanto, hoje em dia, a lucratividade das relações com a rede bancária tradicional baseia-se em ativos, renda e número de transações, e depende muito de uma minoria de clientes lucrativos. Os usuários de softwares de gerenciamento financeiro pessoal tendem a estar acima da média em termos de riqueza, renda e número de transações, o que não é nenhuma surpresa. São clientes muito lucrativos. Na verdade, os 12% que usam atualmente softwares de gerenciamento financeiro pessoal nos Estados Unidos são responsáveis por cerca de três quartos dos lucros do sistema bancário. Assim, como no caso dos classificados do jornal, não seria necessária uma mudança muito radical em termos de comportamento dos clientes para que a economia de custos fixos dos bancos vá por água abaixo. Mais uma vez, a fatia mais valiosa do negócio é o alvo mais provável da desconstrução.[5]

Concessionárias de automóveis

Os revendedores de carros são alvos fáceis. Assim como os jornais e os bancos, os revendedores de automóveis desempenham uma quantidade desproporcional de funções informativas e físicas. Eles conversam com os clientes sobre modelos e opções. Oferecem *test drives*. Negociam financiamentos. Influenciam o mercado de carros usados. Mantêm estoques, preparam os carros para a entrega final e realizam a manutenção do pós-venda, em geral coberta pela garantia do fabricante.

Essas atividades tão distintas estão reunidas em um só pacote devido à lógica de se comprar tudo em um só lugar: os consumidores não têm certeza quanto à sua capacidade de vender o carro velho ou obter financiamento. Eles têm poucas fontes alternativas de informações sobre modelos e recursos. Querem que o fabricante fique por trás da manutenção. Quando encontram um carro, querem comprá-lo logo. Combinados, esses motivos levam consumidores suficientes a aceitarem uma parte do pacote suficiente para sustentar esse conjunto de negócios.

Esse pacote influencia os preços. Quando os consumidores identificam o modelo escolhido, tendem a ver o preço como o único critério de seleção; como é uma compra importante e de alto risco, eles fazem uma pesquisa, forçando os revendedores a uma concorrência hostil em termos de preços — tão hostil que a maioria obtém uma margem muito pequena ou nula com a venda do carro em si. Para contrabalançar, os revendedores obtêm margens altas com produtos e serviços aos quais os consumidores dão menos atenção: pacotes de opções, financiamento, troca pelo carro usado e garantia. Assim como no caso dos jornais e dos bancos, a lógica do pacote encoraja a prática do subsídio cruzado.

Os revendedores têm uma vantagem em termos de informações sobre o cliente. Eles sabem quanto vale um carro usado, estão a par do custo real de faturamento e sabem os preços das outras concessionárias. A maioria dos clientes não tem essas informações. Os revendedores oferecem informações que favorecem modelos ou configurações de opções específicos que eles tiverem em estoque. Os clientes gastam muita energia física tentando corrigir essas assimetrias, colocando um revendedor contra o outro. Depois eles gastam energia emocional na negociação. Todos sofrem: a assimetria das informações aumenta o custo da pesquisa do consumidor e também os custos de venda do revendedor, pois gasta-se muito tempo com tentativas frustradas de venda.

A configuração física da rede concessionária também pode ficar comprometida. A rede ideal para a manutenção da garantia do pós-venda deveria ser formada por pequenas oficinas próximas ao cliente. Mas a rede ideal para se ter um estoque de carros zero quilômetro deveria ser altamente centralizada: um punhado de grandes instalações regionais. A rede concessionária real é *adequada* (mas não ideal) em termos de localização para oferecer um conforto razoável na hora de ir às compras para aqueles que estão à procura de um carro novo. Ela também é *adequada* em termos de regionalidade para permitir uma eficiência razoável do gerenciamento de estoque. Mas são necessárias concessões entre as diversas economias das atividades que compõem a rede.

Como conseqüência, tem-se um sistema de negócios em que há vários comprometimentos. Na qualidade de distribuidora física, essa rede é menos eficiente do que a entrega direto da fábrica ou do que os centros de distribuição regional. O nível do atendimento é inferior ao de oficinas de conserto especializadas. Na qualidade de fornecedoras de informações imparciais sobre o produto, apresentam um valor agregado negativo. Paga-se muito caro pelas ofertas de financiamento. Na qualidade de *market maker* no ramo de carros usados, explora a ignorância e a ansiedade dos clientes. Mas enquanto essas atividades fizerem parte de um único pacote (em termos de economia de pesquisa do cliente), nada disso tem importância: os verdadeiros concorrentes das concessionárias são outras concessionárias, que são farinha do mesmo saco.

Entretanto, se eliminarmos a cola das informações que mantém essas funções em um modelo de negócios único e repleto de concessões, as diversas atividades resultantes poderão evoluir em direções radicalmente distintas, impulsionadas por sua própria economia singular. É fácil imaginar um negócio em que não haja concessões, que tenha como alvo cada função desempenhada pela concessionária.

Os sites na Web mantidos por fabricantes de carros, por exemplo, facilitam para os clientes a tarefa de comparar as especificações de carros distintos. E apesar de a divisão de marketing do fabricante não ser uma fonte de informações imparcial, uma grande empresa automobilística está muito mais exposta do que uma concessionária, por isso oferecerá uma representação mais objetiva de seus produtos. Há também intermediários independentes, como as publicações *Consumer Reports* e J.D. Power, além de revendedores on-line como AutoVantage, CarPoint e Autobytel, que fornecem dados objetivos sobre os modelos em um formato padronizado e, em alguns casos, comparações entre modelos concorrentes.

Como, de qualquer forma, eles fazem o acompanhamento das informações, os fabricantes também estão na frente quando se trata de fornecer dados sobre a disponibilidade dos modelos. As informações regionais referentes à disponibilidade permitiriam que o consumidor colocasse na balança o tempo de entrega e o custo do carro sem ter que contactar todas as concessionárias do estado. O fabricante poderia até dar a opção de o consumidor ter um carro que não esteja disponível para entrega no local, e que poderia ser entregue em três semanas por um custo baixo ou em dois dias por um custo mais alto.

A atividade de financiamento de carros já existe de forma bastante independente da concessionária. Através de um clique no mouse, o Quicken oferece opções de financiamento, de modo que os consumidores podem entrar em contato, sem nenhum esforço, com centenas de instituições financeiras para obter um empréstimo a fim de comprar um carro. Os financiadores acessam dois tipos distintos de informações para decidirem se darão o empréstimo ou não: a capacidade financeira do mutuário para obter crédito e o valor colateral do automóvel a ser comprado. Já existem padrões para a apresentação dessas informações. Dessa forma, as informações necessárias podem ser facilmente divulgadas para uma série de instituições financeiras, que, por sua vez, poderão fazer ofertas referentes ao negócio. A vantagem em termos de conveniência de se obter crédito junto à concessionária praticamente desaparece. Além disso, as empresas de crédito automotivo poderiam usar o crédito para comercializar suas linhas de produtos de maneira muito mais eficaz se negociassem diretamente com o consumidor em vez de dependerem do canal de alto custo, ineficiente e muitas vezes desleal da concessionária.

Se as funções informativas do negócio fossem desempenhadas separadamente, a logística física poderia ser estruturada de modo a maximizar a eficiência. Seria possível armazenar os estoques em locais muito maiores no nível regional, o que provavelmente seria feito pelo fabricante. Essa disposição centralizada permitiria o aperfeiçoamento da rotatividade de estoque. No devido momento (e esse momento não está muito longe), os fabricantes poderão montar a maioria dos carros sob encomenda, livrando-se de quase todo o estoque de produtos acabados. Seja como for, o método lógico para a compra de um carro novo passará a ser a compra diretamente do fabricante.

A atividade de prestação de serviços de manutenção cobertos pela garantia também pode sofrer transformações. O motivo principal pelo qual os clientes levam o carro de volta à concessionária é que o fabricante está por trás do desempenho da concessionária, oferecendo assistência. Mas isso é apenas um acordo contratual. Com a redução do custo de contratação e monitoramento, os fabricantes poderiam contratar os serviços de garantia junto a empresas ou franquias independentes de oficinas automotivas especializadas, oferecendo aos consumidores uma certificação quanto aos níveis de qualidade. Essas oficinas concorreriam pela presença local e não teriam nenhuma obrigação em termos de exclusividade perante um fabricante específico. Os consumidores ganhariam em termos de conveniência, custos mais baixos e serviços com mais qualidade.

A desconstrução dividiria o ramo de carros usados em dois negócios independentes: um para carros usados "velhos" que não estejam mais cobertos pela garantia e outro para carros usados relativamente "novos". Hoje em dia, o negócio dos carros usados velhos está mais nas mãos de partes independentes, tendência que deverá crescer. A suscetibilidade dos preços para comprador e vendedor é tão alta que quase não há espaço para um intermediário. Mas é difícil imaginar as pessoas escolhendo carros usados a distância, pois as informações essenciais para que se tome uma decisão de compra *não podem ser padronizadas*. Infelizmente, cada carro velho é único. Os compradores precisam vê-lo, verificar se há pontos de ferrugem, experimentá-lo. As informações que podem ser dadas eletronicamente não serão suficientes. Entretanto, guias como Auto Trader e CarPoint oferecem serviços de classificados eletrônicos para permitir que vendedores e compradores entrem em contato uns com os outros. E fornecem dados úteis sobre o histórico do carro que facilitam a procura e reduzem as assimetrias da informação:

dados sobre a satisfação do cliente, especificações de modelos e os preços listados no Blue Book para venda no atacado e no varejo.

No negócio de venda de carros usados relativamente novos, ou seja, carros com um a três anos de uso e cuja qualidade é boa, a história é outra. Os padrões de qualidade podem ajudar os compradores de carros mais novos a limitarem à distância sua gama de opções, havendo margem suficiente para que os intermediários tenham seu espaço. O CarMax, por exemplo, oferece para seus carros um certificado referente a 115 tópicos e fornece uma garantia de desempenho.[6] Isso não quer dizer que as pessoas fecharão uma compra sem experimentarem o carro, mas significa que a pesquisa on-line pode limitar a gama de opções de maneira mais eficiente do que no caso dos carros usados velhos porque é possível definir padrões. Os padrões criam um papel para os guias, seja como no caso do CarMax, que compra, certifica e vende o carro, ou de uma organização como a AAA, que certifica a qualidade por uma taxa, dando assistência para a venda direta entre indivíduos.

Resta uma função física: o *test drive*. Esse parece ser o único ponto em que a concessionária tem uma vantagem competitiva. Entretanto, poderíamos argumentar que mesmo o *test drive* poderia ser oferecido de maneira mais eficiente por uma locadora de carros.

A descrição da desconstrução das concessionárias de automóveis é hipotética, apesar de muito do que se expôs já estar acontecendo. Peças do jogo, como Autobytel, Auto Trader, Carfax, CarMax, CarPoint, J.D. Power, Midas Muffler, instituições financeiras e até mesmo (alguns dos) fabricantes, vêm tirando lascas de uma estrutura que está prestes a desmoronar. Devido à desvantagem competitiva em todos os componentes do pacote de serviços e frente ao derretimento da cola que mantinha esse pacote de pé, as concessionárias estão fadadas à desconstrução de alguma forma, em algum momento. Mas há forças que se contrapõem, mantendo a estrutura de pé. Os fabricantes de carros investiram muito em suas redes atuais de concessionárias; na verdade, a rede de concessionárias é um componente que pesa muito em sua vantagem competitiva (conforme definida atualmente). Para eles, seria mais fácil (de um modo paradoxal) acabar com toda a estrutura, se fosse de sua propriedade e se eles pudessem assumir o controle estratégico. Mas eles estão de mãos atadas devido às leis de franquia, administradas pelos estados nos EUA, e as concessionárias parecem exercer uma influência excessiva na política dos estados.

Esses fatores podem atrasar os acontecimentos, causar reviravoltas irracionais no curso da desconstrução e ocasionar uma derrocada mais abrupta do que seria se as atuais circunstâncias fossem diferentes, mas não podem impedir a desconstrução. Os fabricantes mais espertos já estão começando a agir de forma cuidadosa e discreta.

Conseqüências da desconstrução em termos de vantagem competitiva

Através da transformação da estrutura dos negócios e da indústria, a desconstrução altera as fontes de vantagem competitiva. A velocidade e a intensidade das mudanças irão variar de uma indústria para outra, mas as conseqüências serão as mesmas para atividades ou indústrias vulneráveis à desconstrução.

A "despadronização" da vantagem competitiva

A desconstrução das cadeias de valores resultará em fragmentos que darão origem a diversos negócios com fontes de vantagem competitiva distintas. Conseqüentemente, ocorrerá a "despadronização" da vantagem competitiva. Quando todas as funções de uma cadeia de valores fazem parte de um só pacote, o que importa é a vantagem competitiva *da cadeia de valores como um todo*. Se o pacote como um todo for vantajoso, não importa de onde essa vantagem vem especificamente, muito menos se cada atividade que compõe o negócio apresenta vantagem competitiva. As concessionárias de carros conseguiram sobreviver apesar das desvantagens que apresentam em quase todos os aspectos de sua cadeia, se analisados separadamente. A superioridade em algumas funções compensa a mediocridade em outras.

Mas quando ocorre a desconstrução de uma cadeia de valores, essa lógica se desfaz. A vantagem na média deixa de ser importante. Para as empresas, torna-se impossível subsidiar o mau desempenho em uma atividade através da sua combinação com outras atividades em que haja vantagem competitiva. Em cada atividade distinta, surgirão novos concorrentes voltados para a maximização do desempenho naquele ponto específico. Os bancos sofrem ataques de especialistas financeiros, as concessionárias, de oficinas de conserto locais. Para sobreviver, um concorrente terá que estar na frente em todas as áreas em que pretende continuar atuando.

O aumento da concorrência

As cadeias de valores integradas estão sujeitas à "lei das grandes quantidades". Quando temos diversas fontes independentes de vantagem competitiva reunidas em um só pacote, as diferenças em termos do total são proporcionalmente menores do que as diferenças em termos dos componentes da soma. As vantagens obtidas através de determinadas atividades compensam as desvantagens resultantes de outras; desse modo, a vantagem competitiva do conjunto tende a apresentar uma variação menor do que se considerarmos os componentes separadamente. Portanto, o conjunto implícito na cadeia de valores integrada *atenua* a vantagem competitiva como um todo, por isso, na maioria dos negócios, tantos concorrentes conseguem sobreviver e prosperar.

Mas dentro de cada novo negócio com uma definição restrita, prevalecerão menos bases de vantagem competitiva (por definição). Por existirem menos formas de ganhar, haverá menos chances de se obter uma variação agregada menor em termos de vantagem competitiva. Por existirem menos formas de ganhar, haverá menos vencedores. Onde houver apenas uma base de vantagem competitiva, a vantagem monolítica tenderá a gerar o monopólio. Onde não houver nenhuma base, a inexistência de vantagem irá gerar um impasse. Em todos os negócios da fase posterior à desconstrução, a simplicidade comparativa intensificará a concorrência.

O ramo da informação herda um novo valor

A desconstrução separa as atividades relacionadas à informação das atividades relacionadas à presença física, como no caso das concessionárias. Há uma tendência, talvez, de se ver as atividades relacionadas à informação como atraentes porém secundárias e periféricas. Pode ser um grande erro. A IBM achou, em um dado momento, que o sistema operacional era um acessório secundário de informação no ramo dos PCs.

Se a informação é o ponto de vantagem competitiva, a atividade relacionada à informação ficará com a vantagem competitiva, os lucros e o valor para os acionistas. O fato de que essas empresas poderão ser menores e menos estabelecidas do que suas correspondentes físicas não vem ao caso.

Assim, passa a ser muito mais importante questionar se devemos ou não nos empenhar nessas atividades. Para o editor de um jornal, o banco ou o fabricante de carros, essas atividades relacionadas à informação representam empreendimentos profundamente diferentes: são atividades que operam com base em uma lógica econômica, de motivações, de estilo de gerenciamento, de ritmo e de inclinação para o risco totalmente estranhas para os procedimentos há muito estabelecidos das corporações. Entretanto, pode ser que o sucesso, até mesmo a sobrevivência, dependa de se aprender as regras do jogo.

No ramo da informação, as regras de vantagem competitiva são diferentes e mais intensas

Nas atividades relacionadas à presença física, a vantagem competitiva tem origem em um conjunto de princípios muito bem conhecidos: economias de escala, segmentação, eficácia operacional e outros do gênero. Nas atividades relacionadas à informação, a coisa muda de figura. O que determina a vantagem competitiva é definir e controlar padrões, obter uma massa crítica preventiva, controlar patentes e direitos autorais, fazer alianças, adaptar-se a uma mudança da tecnologia subjacente em termos de ordem de grandeza a cada cinco anos, mudar os limites do negócio. E o grau de vantagem competitiva que pode ser atingido é muito maior. Conforme argumentamos no Capítulo 2, existe uma lógica fundamental segundo a qual, na área da informação, ou as empresas exercem monopólios ou simplesmente não são empresas. Portanto, a dinâmica da concorrência é uma corrida pela posição de monopólio e, em geral, o vencedor fica com tudo.

Novas oportunidades para as atividades com presença física

Hoje em dia, em muitas empresas, a eficiência da cadeia de valores fica comprometida pelo fornecimento de informações. A nova economia da informação, contudo, cria oportunidades de racionalização da cadeia de valores logística e de desenvolvimento de negócios cujas fontes de vantagem competitiva baseadas na presença física são mais sustentáveis.

A Federal Express e a UPS estão entre as empresas que mais podem ganhar com o avanço do comércio eletrônico. Os supermercados podem assumir a função de distribuição e recolhimento de dinheiro dos bancos. As locadoras de automóveis podem oferecer o *test drive*. Em diversas atividades, o fornecedor atento de serviços físicos, livre das interferências causadas pelo conteúdo informativo (exceto no que diz respeito à logística), tem muito a ganhar no futuro.

Em alguns casos, a atividade com presença física nos surpreende, provando ser uma fonte de vantagem competitiva. Analisemos o famoso exemplo das vendas de livros pela Internet. A Amazon.com, uma livraria virtual baseada na Web, não tem lojas físicas e começou com um pequeno estoque. Ela oferece uma lista eletrônica de três milhões de livros, vinte vezes mais do que a maior cadeia de lojas existente.[7] Os clientes podem fazer suas pesquisas usando o catálogo disponível na Web. A Amazon, em seus primórdios, encomendava quase todos os seus livros junto a dois atacadistas da indústria à medida que recebia encomendas dos clientes. Depois desembalava, tornava a embalar e enviava as encomendas a partir das suas instalações de distribuição em Seattle.

A Amazon estabeleceu uma série de vantagens em termos de informação: o catálogo com três milhões de itens, uma interface acessível para o usuário, críticas, recomendações personalizadas e assim por diante. Mas essa estrutura não é invulnerável. O banco de dados é de propriedade dos atacadistas, que também o operam (inicialmente, em benefício de pequenas livrarias), e está aberto para qualquer um. A interface, as críticas e as recomendações podem ser copiadas facilmente. E a Amazon tinha custos físicos desnecessários por ter que desembalar e reembalar os livros.

Se a Amazon tivesse parado por aí, os atacadistas teriam aberto dezenas de Amazons. Na verdade, eles poderiam ter criado um sistema de distribuição de custo mais baixo, encorajando portais como o Yahoo! a servirem apenas de guias, pagando-lhes uma comissão de intermediação, e responsabilizando-se pela venda e envio do livro diretamente para o consumidor. Isso eliminaria o manuseio dobrado. Desse modo, os revendedores eletrônicos se tornariam meros mecanismos de busca conectados ao banco de dados de terceiros, agregando pouco valor e obtendo uma pequena vantagem competitiva. Os atacadistas seriam os grandes vencedores.

Entretanto, as livrarias virtuais *não* pararam por aí. A Amazon está aumentando seu estoque, criando centros regionais de distribuição e fazendo a integração inversa das vendas por atacado. A Barnes & Noble tentou adquirir o maior atacadista, a Ingram, cuja plataforma colocou a Amazon no ramo. Na batalha dos livros, tanto a logística física quanto a franquia de informações determinará o vencedor.

Muitos atacadistas, revendedores e distribuidores serão afetados pela desintermediação

Quando os fornecedores e usuários de informações puderem negociar diretamente uns com os outros e quando os fluxos físicos puderem ser racionalizados paralelamente, os intermediários tenderão a se tornar obsoletos. Através de parcerias, os facilitadores de um novo fluxo de informações e de um novo fluxo físico terão condições de dispensar o intermediário estabelecido. A Microsoft opera como guia e a Ford entrega o produto. A Amazon opera como guia e a Ingram e a UPS entregam o produto. A desintermediação, como veremos no Capítulo 5, é uma ameaça de escopo e intensidade sem precedentes para uma série de empresas estabelecidas.

A desconstrução e as "estruturas" estratégicas

Em sua obra clássica *Estratégia competitiva*, o professor Michael Porter identificou "cinco forças" responsáveis pela concorrência nas indústrias: rivalidade entre empresas existentes, a ameaça da entrada de novas empresas, ameaças de produtos ou serviços substitutos, o poder de barganha dos fornecedores e o poder de barganha dos compradores.*

A lógica da desconstrução não contradiz nenhuma dessas forças, mas questiona todas as entidades consideradas óbvias pela estrutura de Porter. A desconstrução obrigará concorrentes, substitutos, fornecedores e clientes — na verdade, a identidade e os limites do "negócio" e da "indústria" que a estrutura pretende analisar — a se tornarem o foco de uma análise cuidadosa. Não se pode aplicar as cinco forças sem antes determinar precisamente os objetos sobre os quais essas forças agem. A desconstrução redefine esses objetos.

Em seu artigo clássico "The Core Competence of the Corporation", os professores Gary Hamel e C. K. Prahalad afirmaram que as "competências" possuídas e cultivadas pela corporação são seu recurso essencial e sua vantagem competitiva, e também que, por isso, a corporação deveria ser formada por um conjunto de empresas que contribuam para essas competências essenciais ou extraiam valor delas de diversas formas.** Nessa idéia está implícito o pressuposto de que as competências podem fluir com riqueza *dentro* dos limites corporativos, mas com menos riqueza *entre* eles: há um *trade-off* entre riqueza e abrangência.

A lógica da desconstrução não contradiz nada disso. Entretanto, ela sugere que o modelo das competências essenciais pode ser um caso à parte. As competências podem pertencer a um indivíduo, a uma equipe, a um negócio, a uma corporação ou a uma economia regional (como o Vale do Silício ou Wall Street). As competências só formarão uma base de identidade e estratégia corporativa se a comunidade rica, do ponto de vista semântico, que as cultiva coincidir com os limites da corporação. Isso pode ou não ocorrer. Mudanças no *trade-off* entre riqueza e abrangência alteram o resultado.

*Michael E. Porter, *Competitive Strategy: Techniques for Analyzing Industries and Competitors* (Nova York: The Free Press, 1980).
**Gary Hamel e C. K. Prahalad, "The Core Competence of the Corporation", *Harvard Business Review*, maio-junho de 1990.

O surgimento dos guias

A desconstrução implica escolha. Depois de um determinado ponto, a escolha implica desorientação. Por isso surgiram os guias. Eles podem ser programas (como o Quicken), bancos de dados (Auto Trader), avaliadores (*Consumer Reports*, J.D. Power) ou mecanismos de busca (Yahoo!). Também podem ser pessoas: em um universo financeiro desconstruído, muitas famílias prósperas utilizarão os serviços de consultores financeiros para ajudá-las a tomar decisões complexas. Muitos leitores continuarão desejando que as notícias diárias sejam filtradas e colocadas em ordem de prioridade por uma equipe editorial formada por pessoas que respeitam e em quem confiam. A atividade desempenhada pelos guias pode parecer um nicho pequeno de negócios, mas é muito provável que se torne o eixo em torno do qual irá girar a vantagem competitiva. A ascensão dos navegadores como negócios independentes está destinada a ser um dos aspectos mais drásticos da desconstrução. Também está destinada (como veremos nos Capítulos 6, 7 e 8) a determinar mudanças fundamentais em termos de poder entre as outras peças do jogo.

O desafio para as empresas tradicionais

As empresas tradicionais podem se comportar como os proprietários da *Britannica*. Elas podem ficar paralisadas por relutarem em canibalizar o modelo de negócios estabelecido. Exemplos disso são os jornais que reduzem seus preços até saírem do mercado em uma tentativa de manter as receitas; os bancos que se unem para criar um padrão que limite a capacidade de escolha do cliente; os fabricantes de carros que tentam acalmar as concessionárias, recusando-se a lidar com os novos canais de distribuição. Todos estão seguindo estratégias muito semelhantes àquelas que causaram a derrocada da *Britannica*.

A paralisação das principais empresas tradicionais é a maior vantagem competitiva dos novos concorrentes. É uma vantagem que em geral eles não merecem, já que se as empresas tradicionais lutassem com todas as suas forças de acordo com as novas regras venceriam na maioria das vezes. A paralisação das principais empresas tradicionais também é a maior vantagem competitiva das empresas tradicionais *secundárias*, que perderam o jogo segundo as regras antigas e têm todos os motivos para mudar as regras. Na área da distribuição, por exemplo, a desconstrução oferece uma grande oportunidade para fabricantes de carros *estrangeiros*, pois suas redes de distribuição convencionais são inferiores e eles têm mais a ganhar do que a perder se acabarem com elas.

É difícil fazer o *downsizing* de ativos que apresentam custos fixos altos se considerarmos que muitos clientes ainda preferem o modelo de negócios atual. É difícil canibalizar os lucros atuais. É difícil deixar para trás as competências essenciais desenvolvidas ao longo de décadas e que são objeto de orgulho e identidade pessoais e coletivos. E pode ser mais difícil ainda reduzir os lucros de parceiros e distribuidores com quem temos um vínculo através de relações duradouras ou obrigação contratual.

A mentalidade de legado, no entanto, torna as empresas mais vulneráveis do que os ativos de legado. Pode ser fácil entender essa questão na teoria, mas é muito difícil fazê-lo na prática. É necessário que os gerentes deixem de lado os antigos pressupostos da concorrência e concorram de acordo com regras totalmente novas. Eles têm que tomar decisões mais rapidamente, muito antes de terem os números e formalizarem os planos. Eles têm que adquirir habilidades técnicas e empresariais muito diferentes daquelas que tornaram sua organização (e eles) tão bem-sucedida. Eles têm que gerenciar em busca da oportunidade máxima, não do risco mínimo. Eles têm que delegar a tomada de decisões, definir novas estruturas de recompensa e talvez até mesmo desenvolver estruturas de propriedade diferentes. Eles não têm muita escolha. Se não desconstruírem seus próprios negócios, terceiros o farão.

DICAS ÚTEIS

- Uma pequena dose de desconstrução causa muitos danos; a desconstrução atingirá as empresas tradicionais em suas atividades mais importantes.
- A maior vantagem competitiva das empresas insurgentes é a falta de disposição das empresas tradicionais para lutar com base em uma definição desconstruída do negócio.
- A reconstrução vem depois da desconstrução. Novas definições de negócios surgirão a partir das ruínas das antigas definições.
- Os navegadores são uma nova função, uma nova indústria, uma nova oportunidade competitiva. Em muitos negócios (da forma como são definidos atualmente), o guia se apropriará da maior parte do valor.
- Quando se inicia a desconstrução de uma cadeia de valores, quase todas as opções em termos de enfoque são melhores do que prender-se a uma definição de negócios obsoleta e integrada.

5

A desintermediação

MUITOS INTERMEDIÁRIOS, PROVAVELMENTE a maioria deles, ganham o pão de cada dia tirando vantagem do *trade-off* entre riqueza e abrangência. Se isso acabar, esses intermediários não terão mais trabalho. Na melhor das hipóteses, quando for possível uma relação direta entre o fornecedor original de produtos ou serviços e o consumidor final, o intermediário terá que conseguir seu ganha-pão de outra forma. O fim da antiga função do intermediário, ou seja, a desintermediação, é o assunto que será tratado neste capítulo. O desenvolvimento da nova função intermediária, a função de guia, será abordado no próximo capítulo.

Há dois fatores que tornam os intermediários vulneráveis: uma tensão intrínseca existente entre a economia dos objetos e a economia da informação, e a tensão existente entre a riqueza e a abrangência. Qualquer um desses fatores seria suficiente para abalar o negócio, mas se nenhum deles se aplicar, não há inovação tecnológica que tenha impacto sobre a estrutura do negócio.

Duas formas de desintermediação

A desintermediação não é novidade. Os banqueiros falavam disso na década de 1970 para descrever como os mercados de títulos e valores mobiliários superaram o setor de atendimento bancário corporativo e como os fundos do mercado monetário conquistaram uma boa parte dos depósitos dos bancos tradicionais.[1] A novidade diz respeito à natureza da desintermediação, que é determinada pela nova economia da informação, bem como sua velocidade e seu impacto sobre os intermediários existentes.

Há duas formas básicas de desintermediação: aquela que se movimenta ao longo da curva atual de riqueza e abrangência em direção a uma maior abrangência e aquela que desloca a curva. A primeira é a forma antiga. A segunda é a nova (veja a Figura 5.1).

Na forma tradicional da desintermediação, o novo concorrente ataca o intermediário estabelecido oferecendo mais abrangência e menos riqueza. Ele se concentra em clientes de difícil abrangência ou clientes que dão menos importância à riqueza oferecida pelo intermediário tradicional. Em geral, esse novo concorrente oferece uma versão mais barata do produto ou serviço. É uma proposta *diferente* de valor que não é necessariamente superior. Ela não destrói o intermediário estabelecido, mas redefine a segmentação do mercado. Na verdade, muitas vezes os responsáveis pela desintermediação expandem o mercado, pois concen-

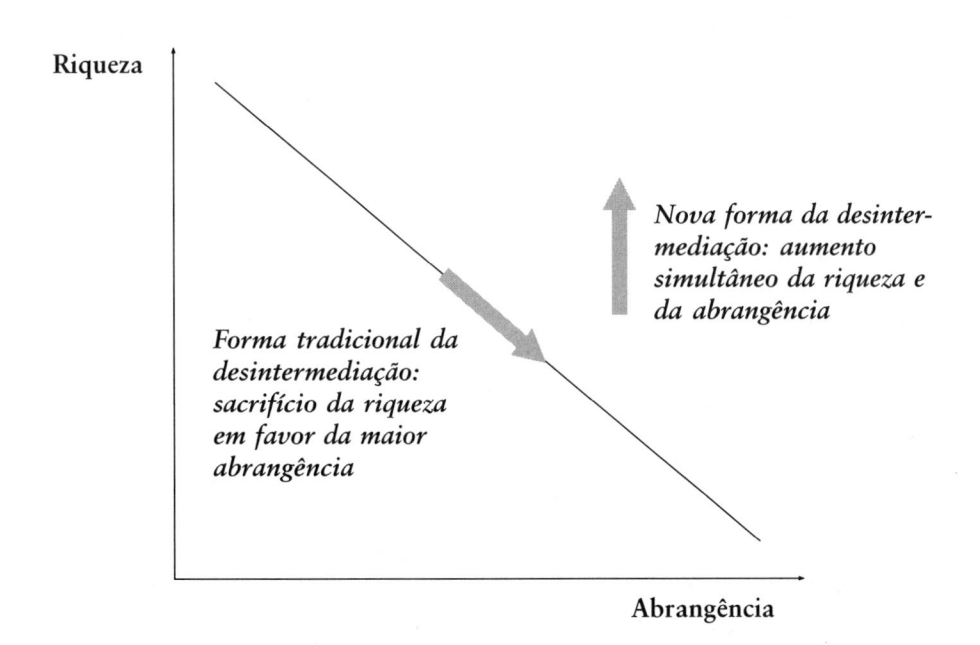

Figura 5.1 As duas formas de desintermediação.

tram-se nas necessidades de um grupo significativo de clientes antes ignorado.

Quando a Sears and Roebuck Company lançou seu catálogo no fim do século XIX, acabou com a intermediação realizada por centenas de lojas de ferramentas e roupas.[2] O catálogo oferecia uma interface com um grau muito inferior de riqueza do que a loja: os produtos eram expostos sob uma perspectiva bidimensional, não tridimensional, e eram acompanhados de parágrafos curtos de texto em vez do papo com o vendedor. Mas oferecia maior *abrangência*: uma seleção muito mais ampla de produtos e a possibilidade de envio para locais remotos. A Sears separou as funções físicas e informativas que costumavam fazer parte do pacote oferecido pelas lojas. Ela passou a usar um meio mais barato de passar informações que exigia menos mão-de-obra e mais voltado para a economia de escala de atender os pedidos. Ela aumentou a abrangência em detrimento da riqueza.

A Sears ofereceu um *trade-off diferente* entre riqueza e abrangência, mas não necessariamente superior. Para alguns objetivos, tanto físicos quanto informativos, a loja continuou apresentando vantagens. Conseqüentemente, as soluções de negócios com e sem intermediários continuaram coexistindo. Na verdade, os catálogos da Sears coexistiam com as lojas da Sears.

Outras desintermediações seguiram o mesmo padrão. O seguro de vida com prazo limitado abocanhou uma boa parte do mercado dos seguros de vida tradicionais com prazo ilimitado: os de prazo limitado são vendidos em especial diretamente para os consumidores através de métodos de grande abrangência/pouca riqueza, enquanto os produtos de prazo ilimitado continuam a ser distribuídos principalmente por agentes, um canal de grande riqueza/pouca abrangência. Os caixas eletrônicos substituíram em parte os caixas de banco. O correio de voz substituiu em parte as secretárias.

A segunda e mais radical forma de desintermediação ocorre quando a tecnologia desloca que a curva de riqueza/abrangência, permitindo que novos concorrentes ofereçam mais abrangência e mais riqueza simultaneamente. É um risco bem mais direto para o modelo estabelecido, de negócios do intermediário, pois ameaça não só realizar uma re-segmentação do negócio, mas também transformá-lo.

As desintermediações realizadas por concorrentes que exploram a nova economia da informação começam de uma forma muito convencional: substituem a riqueza pela abrangência. Às vezes, já é tarde demais quando nos damos conta de que algo que parecia inofensivo pode ser fatal: a possibilidade de uma nova riqueza que esmaga os intermediários tradicionais. Estes, por sua vez, por acharem que estão enfrentando uma simples re-segmentação (e invariavelmente convencidos de que o segmento correto é aquele com alto grau de riqueza), acabam descobrindo tarde demais o tamanho da ameaça para seu modelo de negócios.[3] A corretagem de ações é um exemplo.

O negócio de corretagem

A corretagem de ações é um negócio puramente de informações. A corretora oferece acesso aos mercados financeiros e o poder de fechar negócios. O corretor individual age como intermediário entre o cliente e as habilidades de execução da corretora para a qual trabalha. Além de receber do cliente instruções para a negociação, o corretor oferece dicas financeiras e chama a atenção do cliente para novas oportunidades de investimento.

Até 1975, havia uma regulamentação que regia as comissões de corretagem. Como as corretoras não podiam concorrer em termos de preços, concorriam em termos de atendimento personalizado e de qualidade reconhecida de suas dicas de investimentos. O corretor recebia comissão e, por isso, tinha um incentivo para gerar o maior volume possível de negócios, fossem eles interessantes ou não para o cliente. Os melhores corretores desenvolviam relações de riqueza com seus clientes: almoços, telefonemas e amizades pessoais faziam parte do trabalho. A abrangência era limitada pelo número de relações que um corretor era capaz de sustentar.

As relações cultivadas pelos bons corretores eram tão íntimas que, quando trocavam de corretora, levavam uma vasta lista de clientes junto. Para as corretoras, isso eliminava grande parte do valor do negócio: a menos que pagassem a um corretor que produzisse um alto volume de negócios uma quantia próxima ao valor econômico total da carteira de negócios do corretor, estavam arriscadas a perder o corretor e o negócio para um concorrente que não fosse tão inibido. As corretoras acabavam concorrendo por corretores até que o corretor — o intermediário — acabava se tornando o cliente. O maior desafio gerencial passou a ser o "mix" da equipe de vendas.

No início da década de 1980, a Merrill Lynch, seguida de perto por outras corretoras, lançou o Cash Management Account, um aplicativo revolucionário de tecnologia da informação. O CMA permitiu que os clientes integrassem tipos diferentes de contas de ativos e créditos, passassem fundos automaticamente de uma conta para a outra e gerenciassem seus negócios a partir de um único extrato integrado. Foi um grande incentivo para que os clientes entregassem todos os seus ativos à corretora. Também criou custos substanciais para clientes que quisessem trocar de corretora, estabelecendo uma relação mais firme entre cliente e corretora, enfraquecendo o poder do corretor intermediário. A tecnologia foi usada para criar uma cola de informações para unir o cliente, o corretor e a corretora em uma relação estável controlada pela corretora. O mix tornou-se gerenciável.

Em 1975, quando a Comissão Norte-americana de Valores Mobiliários (SEC, *Securities and Exchange Commission*) acabou com o regime de comissões fixas e desregulamentou o mercado, a maioria das empresas *aumentou* suas comissões.[4] Mas Charles Schwab decidiu posicionar sua pequena empresa de maneira diferente. Ele criou a primeira corretora de descontos, que concorria com base em um alto grau de abrangência e um baixo grau de riqueza. A empresa não oferecia dicas personalizadas, mas executava transações por cerca de metade dos preços cobrados pela Merrill Lynch.[5] Schwab concentrou-se em clientes autônomos que realizavam transações com freqüência, investidores que ou não precisavam das dicas fornecidas pelas empresas de atendimento completo ou não acreditavam nelas e consideravam seus preços altos demais. A empresa de Schwab oferecia ao segmento uma transação simples, executada por telefone, através de um operador anônimo. As receitas aumentaram de US$4,6 milhões em 1977 para US$126 milhões em 1983.[6]

A empresa cresceu e conseguiu obter economias de escala em suas operações administrativas. A Schwab operava a partir de uns poucos centros de atendimento nacionais onde trabalhavam funcionários de baixo custo que anotavam os pedidos. As concorrentes que ofereciam atendimento completo não podiam fazer o mesmo sem comprometer a qualidade da equipe ou a proximidade geográfica, fatores essenciais para sua estratégia de alto grau de riqueza.

Em 1989, a Schwab lançou o atendimento automático, que permitia que os clientes realizassem transações a qualquer hora do dia ou da noite sem que fosse necessário falar com um representante, o que aumentou ainda mais a abrangência. Em 1995, processou sessenta milhões de chamadas, correspondentes a 75% do seu volume total de chamadas, realizando, dessa maneira, onze milhões de transações.[7]

Ao contrário do que muitos previam, o surgimento das corretoras de descontos não acabou com o segmento que oferecia atendimento completo. Apesar do grande crescimento do segmento de descontos, sua participação nas comissões da Bolsa de Valores de Nova York havia aumentado para apenas 15% em 1997, sendo grande parte desse volume provavelmente proveniente de novas transações encorajadas pelas baixas taxas cobradas pelas transações. As empresas que oferecem atendimento completo estavam seguras no segmento de mercado com alto grau de riqueza e baixo grau de abrangência, onde as relações pessoais, dicas de investimento e confiança valem mais do que a execução barata e remota.

Comércio on-line

A proliferação dos computadores pessoais com modem observada na década de 1990 deu acesso a uma interface muito mais rica do que as doze teclas do telefone. A empresa pioneira foi a E*Trade, que iniciou as operações on-line em 1992, desestabilizando as corretoras de descontos porque não tinha que manter os centros de atendimento. A Schwab reconheceu que deveria criar uma versão eletrônica com altos descontos do seu negócio de corretagem para continuar competitiva, lançando assim, em 1996, a e.Schwab. No início, apenas clientes que abriam contas separadas na e.Schwab podiam realizar transações eletrônicas, mas o preço era de US$39 por transação, o que representava um desconto de 50% sobre as taxas cobradas na época. A empresa corria o risco de canibalizar boa parte de seu negócio, e mais da metade das 700.000 contas on-line abertas até maio de 1997 vieram dos 4,2 milhões de contas convencionais.[8]

Com o sucesso da Internet, o número de corretoras eletrônicas aumentou para mais de setenta. A concorrência se intensificou. A mais audaciosa das corretoras de descontos reduziu o preço para menos de US$10 por transação. Em janeiro de 1998, a Schwab reduziu o preço padrão de cada transação via Internet para US$29,95 e disponibilizou as transações on-line para todos os clientes, e não apenas para aqueles que tinham contas da e.Schwab como era antes.

Ao mesmo tempo, a Schwab lutava contra as grandes corretoras de descontos oferecendo mais riqueza. Todos os clientes tinham acesso às ofertas de serviços de informações de alta qualidade da Schwab: relatórios sobre pesquisas de marcas, rastreamento de carteiras, gerenciamento de registros e toda a gama de serviços de gestão de caixa do tipo CMA, como mercado monetário e contas correntes (veja a Figura 5.2).

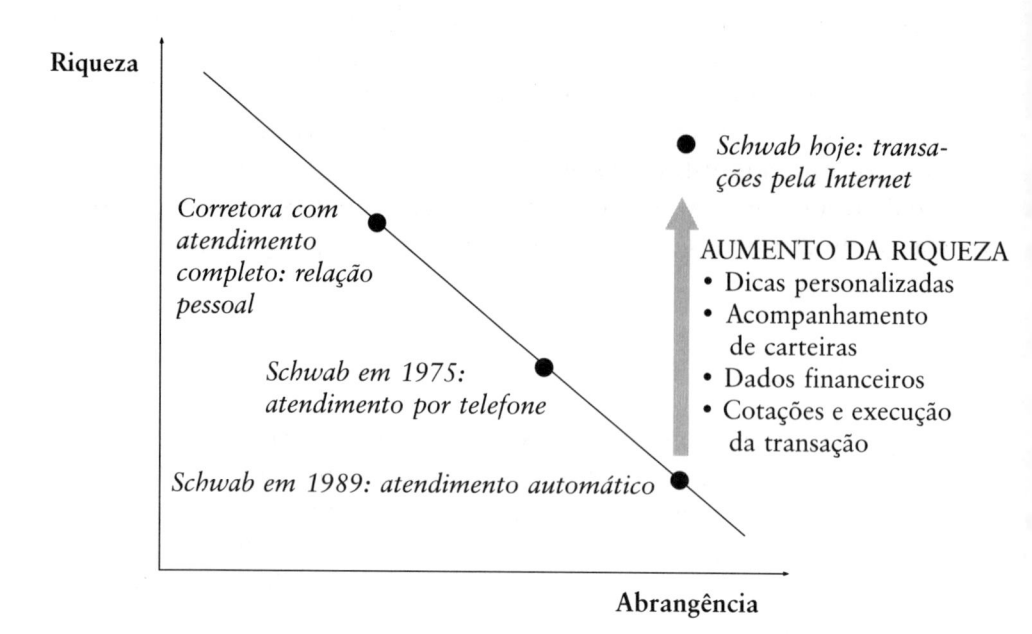

Figura 5.2 Corretoras on-line: o fim do *trade-off* entre riqueza e abrangência.

Todavia, através da Web, já era possível acessar um universo de informações e de dicas de investimento. Através da e.Schwab ou Quicken ou simplesmente navegando com o Netscape, os investidores podem encontrar, filtrar e personalizar uma série de informações de investimento. O Yahoo! e o Pointcast podem rastrear uma carteira e informar sobre empresas específicas que possam interessar. The Motley Fool é conhecido por suas análises detalhadas de ações. Em BestCalls.com, os investidores podem se informar sobre os rendimentos das empresas junto com os analistas. A Intuit acrescentou recursos como o College Planner ao seu programa de gestão financeira, o Quicken, para ajudar os usuários a tomarem decisões financeiras de longo prazo. A Standard & Poor's oferece um site que recomenda ações e fundos mútuos com base nos objetivos financeiros e nos ativos de cada um. Os bancos de dados de fundos mútuos da Lipper e da Morningstar podem ser acessados on-line. Pequenas empresas como a financial-engines.com oferecem uma otimização sofisticada da carteira, usando algoritmos desenvolvidos originalmente para investidores institucionais.

Hoje em dia, o investidor que faz transações eletrônicas pela Internet ou através de uma rede privada tem acesso a análises e notícias de investimento de primeira categoria e pode obter análises sob medida e cotações de preços em tempo real. A próxima geração do OFX, o padrão para informações financeiras, terá um método universal de solicitação e confirmação de transações do mercado acionário, permitindo que os investidores tenham contas em diversas instituições e integrem seus extratos usando um software de gestão financeira. A qualidade das informações e as dicas disponíveis on-line são melhores do que as oferecidas por qualquer corretora. E não existem conflitos de interesses.

Portanto, não é de surpreender que as transações on-line tenham aumentado tanto. A Piper Jaffray calculou que esse canal foi responsável por cerca de 37% das vendas de ações e das opções no mercado varejista em 1998.[9]

A batalha da concorrência

As corretoras on-line, que atuam em conjunto com provedores de informações da Internet, podem aumentar a riqueza de seus serviços até um ponto aparentemente ilimitado. Elas podem oferecer ao usuário acesso a um universo sem fim de fontes e serviços. Já as corretoras que oferecem atendimento completo quase não mudaram: suas ofertas, seus preços e até mesmo a sofisticação dos seus serviços, para falar a verdade, são muito pouco diferentes atualmente daquilo que eram há dez ou quinze anos. O *trade-off* entre riqueza e abrangência das corretoras de descontos, que definiam a segmentação da concorrência desde 1975, ficou totalmente obsoleto. Elas foram derrotadas em ambas as dimensões.

Mas há um aspecto essencial da riqueza ao qual a tecnologia não pode se igualar: a interface humana. Muitos investidores simplesmente não querem lidar com bancos de dados e com a ciência da análise. Eles não querem "assumir o controle" de suas transações e passar as manhãs de sábado com planilhas à sua frente. Eles querem dicas de um corretor, do *seu* corretor, que tem informações quentes e se devota por inteiro a eles. Acima de tudo, querem apoio emocional quando ocorrem quedas no mercado; precisam de apoio humano quando as estratégias de investimento de longo prazo enfrentam reveses de curto prazo. Nenhum "agente inteligente" pode fazer isso. Pode ser que essas pessoas constituam um segmento pequeno, cada vez menor, talvez um segmento que esteja envelhecendo. Mas também é um segmento muito próspero ao qual pouco importa o preço. Mesmo que corresponda a apenas 10% do mercado, vale mais por obter US$100 por transação enquanto o resto do mercado obtém somente US$10.

Mas é aí que mora o perigo. A Schwab descobriu, no início da década de 1990, que metade dos seus clientes que buscavam um produto integrado, chamado Schwab One Account, tinha diversas contas e seus extratos eram enviados para diversos endereços. Na verdade, esses clientes eram consultores financeiros independentes que estavam usando a plataforma da Schwab para realizar transações, tirar extratos, e assim oferecer aos próprios clientes justamente o atendimento personalizado e humano que a Merrill Lynch oferecia; mas a Schwab, não. Na verdade, a Schwab *não* estava em desvantagem no que dizia respeito ao segmento de atendimento personalizado: ela já estava atuando nele, associada a um exército de ex-corretores da Merrill Lynch.

Todos os recursos que a Schwab e outras corretoras ofereciam para o investidor "independente" também estavam à disposição do consultor financeiro pessoal do investidor passivo. Devido ao volume dez vezes maior, a Schwab e outras corretoras de descontos apresentam um custo bem mais baixo e logo terão tecnologias de transação voltadas para grandes quantidades. Como a abrangência é dez vezes maior, sua seleção de informações, dicas e análises é melhor. Estas têm mais qualidade, são mais abrangentes e mais baratas como plataforma para o negócio de consultoria. O investidor passivo pode não saber ou não ligar, mas o *negócio* do consultor financeiro é estar informado.

Assim fecha-se o ciclo da lógica. Apenas os melhores corretores ficarão tentados a sair do ambiente confortável de uma corretora que oferece atendimento completo para se tornarem consultores independentes. Ficarão tentados porque sabem quanto as corretoras embolsam através de seus esforços. Para mantê-los, as corretoras terão que dar a eles o valor que eles geram. Portanto, o valor residual das relações pessoais, a única parte do negócio que a tecnologia não pode desconstruir, sobreviverá e florescerá, mas como uma indústria caseira fora do controle das corretoras ou dentro delas, mas sob as condições impostas pelos corretores. Pode ser que a lógica da desconstrução não consiga acabar com a relação entre alguns clientes e seus consultores porque existem tipos de riqueza que a tecnologia não pode oferecer. Mas, em conseqüência disso, ela acabará com o vínculo entre o consultor e seu antigo empregador.

Quem ganha e quem perde

O modelo de negócios da corretora que oferece atendimento completo só será lucrativo se for capaz de convencer um número suficiente de clientes, bem como seus corretores, de que seus recursos coletivos, diversos especialistas, acesso especial a oportunidades de investimento únicas ou sua marca abrangente são sinônimos de qualidade ou valor superior. Pode não ser fácil fazer isso. Independentemente da retórica dos CEOs, a cultura de uma corretora que oferece atendimento completo baseia-se em transações, não em dicas. A estrutura de receita baseia-se em transações. Os clientes, exceto no tocante aos mais ricos, não precisam tanto assim de dicas de investimento. A qualidade das dicas fornecidas não apresenta vantagens sistemáticas e nem sempre é objetiva. O acesso a oportunidades de investimento "únicas" (ou pelo menos a oportunidades excepcionalmente boas) é, em grande parte, um mito. E transformar uma corretora em uma associação de consultores de investimento profissionais que têm em comum uma marca não é fácil. Para um corretor bem-sucedido, o que menos importa é a marca, e a corretora terá que pagar mais para mantê-lo — junto com seus clientes.

Pode parecer que quem ganha são as corretoras eletrônicas que oferecem altos descontos. Elas ameaçam desintermediar todo o resto por terem o mérito de concentrar-se apenas no canal de baixo custo e grande abrangência. Elas podem adicionar riqueza ou simplesmente permitir que seus clientes a acessem de forma independente através da conectividade da Internet. A Lei de Moore está do lado delas. As falhas de processamento serão resolvidas. Aos poucos, os clientes se tornarão mais sofisticados, mais confiantes e mais dispostos a diversificar as fontes de investimento, comprando com base no preço. O problema das corretoras de descontos é que elas estão presas a uma definição do negócio puramente relacionada ao "produto". Em um ambiente com excesso de capacidade, as guerras de preços que levam à definição de preços baseada nos custos marginais podem resultar em margens permanentemente negativas. Na fase de euforia pela qual passam as ações da Internet, isso pode não parecer muito importante, mas em algum momento será necessário transformar as expectativas em realidade, o que pode ser um desafio para as corretoras que oferecem altos descontos.

A Schwab está em guerra em duas frentes: contra as corretoras que oferecem atendimento completo e contra as corretoras eletrônicas cujas atividades giram em torno dos preços baixos. Contra as corretoras que oferecem atendimento completo, ela pode continuar lutando no papel de desintermediadora dinâmica que ganhou um novo reforço com a riqueza que a empresa pode adicionar às suas vantagens tradicionais em termos de abrangência. Mas contra a E*Trade, a Schwab tem que lutar em termos de qualidade, atendimento e confiança pela preferência de clientes que já mostraram ser suscetíveis aos preços. Mesmo em um mundo de conectividade perfeita, um pacote integrado que leva uma marca conhecida tem valor para alguns clientes, e a Schwab está investindo muito na promoção desse aspecto. É praticamente certo que algumas despesas são sustentáveis, principalmente a manutenção de consultores financeiros independentes e investidores com necessidades mais complexas. Mas ainda se desconhece a magnitude dessas despesas e o pacote de riqueza necessário para cobri-las. A fase decisiva do jogo não é fácil. Sob muitos aspectos, a recomendação mais lúcida em termos de estratégia diz respeito a algo que a Schwab vem fazendo de forma consistente: ter disposição para realizar a própria desintermediação sem dó nem piedade.

Vendas de computadores pessoais

Apesar de envolver um produto de alta tecnologia, a venda de computadores pessoais é um negócio com base em instalações físicas. Nesse ramo, a desintermediação começou, como no caso do catálogo da Sears, quebrando o conflito existente entre a economia dos objetos e a economia da informação, uma questão que nunca foi levantada na corretagem de ações. Porém, como no caso da corretagem de ações, o que começou com uma substituição convencional de riqueza por abrangência transformou-se no fim do *trade-off* entre elas.

Nos primórdios da indústria de computadores pessoais, a maioria dos clientes estavam comprando aquele produto pela primeira vez, tinham dificuldades para entender as especificações de hardware e software, e a tecnologia "plug-and-play" era só um sonho. Se algo desse errado, o processo de solução de problemas era um pesadelo. Assim, comprar um PC era uma tarefa complexa, arriscada e assustadora. Os clientes tinham que testar a máquina antes de comprá-la e precisavam de assistência técnica posterior de alguém que entendesse as tecnologias ou, pelo menos, os manuais. As lojas de informática independentes (ou franqueadas), que contavam com uma equipe de vendas treinada, às vezes até radical, evoluíram para atender a essas necessidades.

Era um sistema de distribuição muito bem-sucedido. Em 1987, as vendas de computadores nos Estados Unidos tinham aumentado, transformando-se em um negócio de US$5,8 bilhões.[10] Nessa época, os revendedores e as equipes de vendas diretas, que davam explicações detalhadas sobre seus produtos, eram responsáveis por dois terços das vendas da indústria. Entretanto, ao longo dos dez anos seguintes, esses intermediários, que davam assistência aos clientes, haviam gerado apenas 26% das unidades vendidas.[11]

O primeiro ataque sofrido pelas pequenas lojas de computadores veio dos revendedores de massa. Varejistas especializados, como a CompUSA, entraram no mercado ao mesmo tempo que casas de descontos estabelecidas, como Best Buy e Office Depot. Eles seguiram a estratégia habitual de grande variedade e preços baixos, o que era possível graças a economias operacionais nas lojas, alta rotatividade de estoque e distribuição eficiente de armazéns. Eles não ofereciam o mesmo grau de especialização técnica em vendas dos pequenos revendedores, pois os clientes estavam se tornando mais sofisticados e o produto, mais modular. Os consumidores já não davam mais tanta importância à assistência, de modo que preço e variedade passou a ser a maior preocupação. Como já aconteceu várias vezes no mercado de varejo, os grandes varejistas substituíram a riqueza pela abrangência.

A Dell Computer Corporation, fundada em 1984, levou ainda mais adiante essa substituição de riqueza por abrangência através da venda direta de computadores pessoais para os consumidores. A empresa não tinha nenhuma rede de revendedores e dependia apenas de um catálogo de encomendas pelo correio, por telefone e por fax.

A economia das vendas diretas mostrou ser espetacular. Um dos problemas básicos da indústria da informática diz respeito aos custos de se manter um estoque, que é muito alto: não por causa da baixa rotatividade, mas porque os produtos se tornam obsoletos muito rapidamente. Os preços de revenda de alguns PCs mais modernos apresentam uma queda de em média 7% por mês.[12] Com o catálogo de vendas, a Dell teve condições de oferecer variedade sem que fosse necessária uma relação com o estoque da loja, acabando com o vínculo entre estoque e variedade de produtos. Essa estratégia presumia, corretamente, que os consumidores estavam dispostos a sacrificar a riqueza dos testes na loja. Esse sacrifício permitiu que a empresa racionalizasse sua economia dos objetos recém-liberada, fabricando seus produtos principalmente sob encomenda. Assim, eliminou-se a maior parte do estoque de produtos acabados, um ativo que implica despesas muito altas. Segundo Michael Dell: "Nós substituímos o estoque pela informação e só despachamos quando há demanda de consumidores finais."[13]

Em outubro de 1998, a Dell mantinha um estoque de componentes e produtos acabados para apenas oito dias. A Compaq, como a maioria das empresas, mantinha um estoque para cerca de 35 dias, e seus revendedores mantinham um estoque para mais 35 dias.[14] Uma empresa de pesquisas estima que isso represente um custo de produtos vendidos 6% mais baixo para a Dell, uma grande vantagem em um negócio de baixas margens e suscetível aos preços baixos.[15] Com base nessa estratégia de desintermediação, as vendas anuais da Dell aumentaram para US$16,7 bilhões e a empresa continua apresentando um crescimento de 50% ao ano.[16]

Vendas de computadores on-line: Aumento da riqueza

Recentemente, a Dell começou a vender pela Internet. Assim como no caso da Schwab, essa estratégia permitiu que a empresa acabasse com o *trade-off* entre riqueza e abrangência. Através do site da Dell na Web, os clientes podem acessar descrições detalhadas das linhas de produtos e podem usar o software "configurador" que permite que façam uma escolha entre uma série de opções. Os clientes podem montar exatamente a configuração desejada e ver instantaneamente quanto custará. Claramente, o próximo passo será fazer com que a interface da Dell se baseie nas *necessidades* para depois indicar ao cliente as configurações adequadas para os aplicativos executados. A tecnologia combinada poderia determinar a importância que os clientes dão, de forma implícita, a recursos alternativos (inclusive o preço) e escolher a melhor opção possível dentro da linha de produtos da Dell (veja a Figura 5.3).

A Dell também aumentou a riqueza oferecendo às empresas que compram seus produtos informações sobre os produtos diretamente em suas intranets. Cada conta recebe informações personalizadas, o que restringe a escolha a configurações pré-aprovadas vendidas com descontos negociados com a empresa.

A empresa está aumentando ainda mais a riqueza através da assistência técnica on-line. Assim como a maioria dos fabricantes de computadores, a Dell desenvolveu um software sofisticado para ajudar a sua equipe técnica a solucionar problemas. Quando um cliente liga para a Dell com um problema técnico, o engenheiro de assistência técnica usa o software para identificar e solucionar esse problema. Alguns clientes corporativos agora têm acesso direto a todo o sistema de solução de problemas da Dell. Ao permitir que eles usem diretamente o banco de

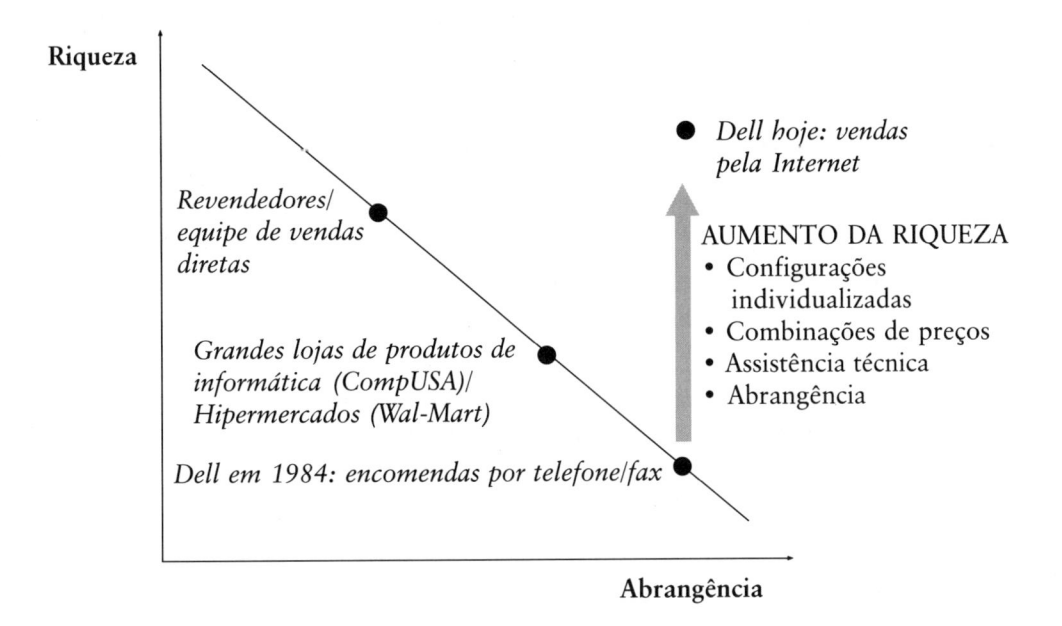

```
Riqueza
   │
   │╲
   │ ╲
   │  ╲           ● Dell hoje: vendas
   │   ╲             pela Internet
   │    ●
   │ Revendedores/        ↑  AUMENTO DA RIQUEZA
   │ equipe de vendas     │  • Configurações
   │ diretas              │    individualizadas
   │      ╲               │  • Combinações de preços
   │ Grandes lojas de ●   │  • Assistência técnica
   │ produtos de          │  • Abrangência
   │ informática (CompUSA)/
   │ Hipermercados (Wal-Mart)
   │        ╲
   │ Dell em 1984: encomendas por telefone/fax ●
   │          ╲
   └─────────────────────────────────→
                                  Abrangência
```

Figura 5.3 Vendas de computadores: o fim do *trade-off* entre riqueza e abrangência.

---

dados, a empresa está oferecendo abrangência durante 24 horas e riqueza com tecnologia de ponta, economizando com a desintermediação de seus representantes de atendimento. Além disso, ao permitir que os clientes desenvolvam sua própria curva de aprendizado no sistema de solução de problemas, a Dell cria um valor significativo para os clientes, dificultando qualquer mudança para sistemas de assistência técnica de concorrentes.

A Dell também estendeu essa riqueza à sua cadeia de fornecedores. Através daquilo que Michael Dell chama de "integração virtual", a empresa coordena a cadeia de fornecedores através do intercâmbio eletrônico de informações com os fornecedores. Na verdade, o que a Dell está fazendo é envolver os fornecedores em seus negócios muito mais do que OEMs tradicionais, compartilhando o programa de produção, as previsões de demanda e outras informações pela Internet. As informações criam um vínculo entre toda a cadeia de fornecedores, permitindo que a Dell reduza o tempo de retorno, elimine ainda mais o estoque e atenda às necessidades mutantes dos clientes com muita rapidez.[17]

A estratégia da Dell foi um golpe para os concorrentes, não por ser difícil de entender, mas por ser difícil de copiar do ponto de vista da política, considerando que sua base atual de clientes é uma rede estabelecida de revendedores. A IBM e outras empresas reagiram, passando parte da montagem final para os pontos de revenda, eliminando o estoque através de uma estratégia de montagem mediante solicitação, mas mantendo uma atividade para os revendedores. Ainda não sabemos se os revendedores algum dia serão tão eficientes em termos de montagem quanto as fábricas, mas a estratégia traz algumas melhorias em termos de custos.

Por mais que a Toyota tenha se empenhado no desenvolvimento do método de produção *kanban* (*just-in-time*), a Dell colocou em prática uma economia dos objetos essencialmente nova. Ela se concentra na substituição radical do fluxo normal das informações pelo fluxo inverso como paradigma de produção. Em vez de fazer previsões da demanda, a Dell simplesmente a atende. Em vez de dar instruções aos fornecedores, a Dell permite que eles entrem diretamente em sua rede e reajam aos indicadores observados. Em vez de usar o estoque para se proteger das incertezas, a Dell eliminou a maioria dos intervalos de produção que tornavam os estoques necessários.

Paralelamente, a Dell implantou uma economia da informação essencialmente nova. Sua presença on-line está evoluindo para tornar-se uma fonte contínua de assistência técnica e solução de problemas. Se a Dell continuar ampliando essa presença, acabará se transformando em um guia muito mais rico e abrangente no uso diário de seus computadores por parte dos consumidores. Essa relação de apoio, conforme for crescendo, se tornará mais íntima e informada, muito mais convincente do que qualquer estratégia de vendas, mesmo que apresentada por uma pessoa.

A estratégia física e a estratégia da informação passam a ser muito mais poderosas e sustentáveis se ficarem livres do fardo de terem que dar apoio uma à outra.

Os limites da desintermediação

No ramo de corretagem de ações, os desintermediadores deslocaram o *trade-off* entre riqueza e abrangência; no ramo de vendas de PCs, seu principal impacto foi separar a economia dos objetos e a economia da informação. Eles foram bem-sucedidos nos dois ramos porque o modelo de negócios anterior envolvia uma *troca*: entre riqueza e abrangência, entre informações e objetos. Entretanto, muitas vezes a lógica parece ser a mesma, mas a troca simplesmente não é suficientemente rigorosa, pelo menos no que diz respeito à capacidade atual de deslocamento. Nesse caso, os aspirantes a desintermediadores estão fadados a se decepcionar. Vamos analisar a indústria de artigos de mercearia e o negócio de vendas pelo catálogo.

A indústria on-line de artigos de mercearia

Três empresas (entre outras) dos Estados Unidos são as atuais pioneiras nas vendas on-line de artigos de mercearia: a Peapod, a Streamline e a NetGrocer. Todas as três oferecem os benefícios da informação das encomendas de artigos de mercearia on-line. Pode-se inserir itens habituais por padrão. A pesquisa de itens raramente comprados é fácil. O cálculo do preço é muito claro. O usuário pode responder se deseja as marcas habituais da família. Os vendedores podem fazer ofertas especiais e oferecer descontos personalizados. Pode-se consultar informações nutricionais e receitas. Em um futuro não muito distante, uma geladeira inteligente poderá fazer algumas encomendas sem que seja solicitado.

Mas não temos certeza se a diferença em termos da função *informativa* entre um bloco de anotações e uma tela de computador é o verdadeiro motivo pelo qual muitas pessoas optariam por usar um desses serviços. O motivo, se houver, é *físico*: evitar o deslocamento até a loja, as filas e a tensão que as compras no supermercado envolvem, além do tempo que se perde com isso. E o que devemos nos perguntar é quanto as pessoas estão dispostas a pagar, se é que estão, para fugir da obrigação de ir ao supermercado fazer compras.

A Peapod, que atende mais de cem mil clientes em sete áreas metropolitanas, compra os produtos diretamente de atacadistas e fornecedores específicos.[18] A conseqüência disso é que os consumidores terão que arcar com custos mais altos, já que a Peapod não consegue obter os descontos por quantidade que as grandes cadeias obtêm, e cobra-se os custos de entrega referentes a cada encomenda. Se tirarmos as informações nutricionais ou a capacidade de conexão com a geladeira inteligente, não há muito valor além do conforto de receber tudo em casa. Para um segmento de famílias ocupadas e prósperas, o serviço com certeza vale o seu preço, mas se houvesse uma demanda real, provavelmente alguém teria se dado conta disso anos antes do advento da Internet.

Do seu ponto de vista

Se você for um revendedor...

- Não pressuponha que sua franquia atual vale tanto assim. Em muitas categorias, os consumidores já estão mudando rapidamente o comportamento.
- Analise a relação de troca entre a economia da informação e a economia dos objetos. O seu "armazém" é mesmo eficiente se considerado simplesmente como um sistema de distribuição? O seu "anúncio" (ou oferta e apresentação de produtos) oferece de fato as alternativas que os clientes querem e de que precisam?

Se você for um fornecedor...

- Aqui está sua oportunidade de tirar a relação com os clientes de seus revendedores. Faça isso antes que um revendedor on-line o faça.
- É fácil você se convencer de que está mais bem posicionado no que diz respeito à relação direta com o consumidor; entretanto, na maioria das categorias novos concorrentes estão na frente. Saber como agir no novo ambiente e como usar seus recursos para tirar vantagem é a chave do sucesso.
- Cuidado com o revendedor on-line. Ele pode se tornar o próximo Wal-Mart.
- Cuidado com o guia imparcial. Ele pode ser tão bem-sucedido a ponto de transformar seu negócio em produto.
- Dê apoio a buscas eficientes e objetivas se você achar que tem um trunfo melhor. Certifique-se de que seu trunfo seja melhor *de um modo sustentável*. A maioria não é.
- Esteja pronto para enfrentar conflitos: com a antiga estrutura organizacional, com as antigas estratégias, com suas fontes atuais mais fortes de vantagem competitiva. Muitas de suas antigas aptidões giravam em torno da gestão dos intermediários; agora elas têm que girar em torno do consumidor.
- Não permita que os protestos de seus atuais revendedores o impeçam de fazer aquilo que é certo do ponto de vista do consumidor.

Se você for novo no ramo...

- Concentre-se rapidamente nas maiores vulnerabilidades do modelo de negócio atual; elas serão o alvo da sua primeira oferta.
- Tenha em mente que a desconstrução é um processo: a primeira onda da desconstrução pode dizer respeito à libertação do valor

físico, ao passo que a segunda em geral diz respeito ao valor informativo. Prepare-se para agir nas duas frentes. Desconstrua sempre seu próprio modelo de negócios.
- Não tente fazer tudo de uma vez; não tenha pena no que diz respeito ao uso de sistemas de negócios terceirizados se eles não forem essenciais do ponto de vista estratégico.
- Fique de olho em novos desconstrutores que estejam entrando no ramo provenientes de outras categorias de consumo. Muitas vezes, seu concorrente mais perigoso não será um revendedor ou fornecedor da categoria atual, mas um concorrente de um ramo vizinho.

A Streamline, que atualmente opera somente em Boston, aceita encomendas diretamente de seu armazém de 56.000 metros quadrados e faz a entrega em um recipiente especial com compartimentos instalado na garagem do cliente. Além dos artigos de mercearia habituais, a Streamline entrega roupa lavada, fitas de vídeo alugadas e filmes revelados. Ao evitar a intermediação do mercado local, trocando-o por um armazém, a Streamline substitui os altos custos de revenda por preços de atacado. Mas os custos totais do sistema dependem muito dos volumes obtidos. Volumes mais altos significam maior rotatividade dos estoques, menos mercadorias em falta, separação mais eficiente dos produtos encomendados, entregas mais freqüentes e, acima de tudo, maior concentração e, portanto, distâncias mais curtas de transporte na média. Se o volume for suficiente, a Streamline fica tão barata quando o mercado. Mas o limite de volume é muito alto, muito mais alto do que os volumes atingidos por qualquer formato de venda de artigos de mercearia pela Internet.[19]

A NetGrocer faz suas entregas a partir de um único armazém situado em New Jersey que disponibiliza apenas 4.000 itens não-perecíveis. As entregas são feitas pela Federal Express.[20] Os custos do armazém dependem do volume nacional, não local, o que torna o limite de escala menos inatingível, mas os custos de entrega por unidade são obviamente altos e basicamente independentes do volume. No caso de mercadorias vulneráveis ao tempo, perecíveis, frágeis, pesadas ou grandes, a economia física do sistema é proibitiva. A NetGrocer jamais poderia substituir todas as compras de supermercado da família, apenas a parcela que pode ser enviada de forma econômica de New Jersey.

Cada um desses três modelos de negócios pode encontrar um nicho. Contudo, é interessante observar que a Peapod recentemente anunciou seus planos de mudar para a estratégia da Streamline através da inauguração de armazéns locais em Chicago e Boston.[21] Mas, no futuro próximo, nenhuma delas parece ter probabilidades de transformar a indústria de artigos de mercearia da forma que a Dell transformou as vendas de computadores. Para os compradores, os preços dos artigos de mercearia é um fator importante e o valor implícito de seu tempo é baixo. Do ponto de vista básico, os supermercados com presença física já são bastante eficientes. Separar a economia dos objetos do revendedor da economia da informação do cliente na verdade não traz muitas vantagens. E, dentro da economia da informação, os *trade-offs* entre riqueza e abrangência relacionados à lista convencional de supermercado não são tão rígidos. Tirando-se os nichos especiais, o momento da desintermediação das vendas de artigos de mercearia no varejo ainda não chegou.

Vendas a varejo por meio de catálogos

As vendas pelo catálogo costumam ser citadas como alvo da desintermediação eletrônica. As pessoas chamam atenção para o sucesso evidente de revendedores eletrônicos como a Amazon.com e a CDNOW, cujo negócio na verdade é a venda por catálogos eletrônicos. Mas a questão não é essa. A Amazon e a CDNOW *não* estão concorrendo contra os revendedores pelo catálogo, mas contra lojas com presença física. Seu sucesso não diz nada sobre a vulnerabilidade do negócio de vendas pelo catálogo em sua forma tradicional, uma vulnerabilidade que é mais aparente do que real.

O ramo de vendas pelo catálogo *já* separou a economia da informação (o catálogo de papel) da economia dos objetos (a operação de preenchimento da encomenda pelo correio). Em muitos casos, estas são até independentes em termos de propriedade e operação. Conseqüentemente, se o catálogo de papel é substituído pelo eletrônico, não há nenhuma alteração na economia da distribuição física. Portanto (ao contrário da Sears ou da Dell), *não* existe nenhuma oportunidade para que um desintermediador obtenha valor econômico através da separação das duas economias: isso já foi feito. Para substituir-se o papel no ramo dos catálogos, seria necessário que a versão eletrônica fosse superior em termos de *informação*.

Um catálogo com base na Web possui magnitude infinita; é altamente navegável; pode ser atualizado continuamente; pode receber e confirmar encomendas instantaneamente; pode ser personalizado com ofertas voltadas para um público específico; o custo de distribuição é quase zero. Há problemas relacionados à resolução da tela, à fidelidade comparativa de cores e à lentidão com que são carregadas fotografias coloridas. Mas essas limitações são transitórias; bastam mais alguns aperfeiçoamentos da tecnologia para mudar tudo isso.

O problema das versões eletrônicas dos catálogos tradicionais em papel é mais profundo. O ramo dos catálogos em papel baseia-se no fato de que as pessoas acabam *por folheá-lo ao acaso*. A intenção não é que as pessoas usem os catálogos com algum objetivo específico, como fazem com a lista telefônica (ou, na maioria das vezes, com a Amazon.com), mas sim que os consumidores recebam o catálogo pelo correio, deixem-no jogado em algum canto da casa, folheiem-no sem nenhum compromisso e acabem comprando algo que na maioria das vezes nem sabiam que queriam. As vendas pelo catálogo são a arte de *absorver* o consumidor. Ainda não sabemos se qualquer dispositivo acessado pela Web que exija que você ligue o computador, aponte o mouse para o produto e clique nele algum dia funcionará da mesma forma.

Para aqueles que vendem através de catálogos produtos que são objeto de busca sistemática e objetiva, não há nenhuma objeção, e eles passaram com êxito seus catálogos para o formato eletrônico como conseqüência direta. A Grainger, uma distribuidora industrial, teve muito êxito com a versão eletrônica de seu catálogo: 30% de suas vendas on-line são para novos clientes ou vendas adicionais para clientes antigos, e metade de suas vendas on-line são feitas depois que fecham suas lojas físicas.[22]

No entanto, para os revendedores mais tradicionais que utilizam catálogos, o novo meio só apresenta um valor complementar. Isso vai mudar quando o vídeo em movimento contínuo (*full-motion video*) se tornar comum, combinando os melhores recursos da televisão e dos catálogos eletrônicos para compras sem sair de casa: um novo tipo de vendas-entretenimento será desenvolvido. Mas como é exatamente isso que os revendedores pelo catálogo fazem hoje, não há motivos para duvidar da sua capacidade de administrar a transição para um novo meio. Portanto, mesmo que (ou quando) a interatividade em movimento contínuo torne o catálogo em papel obsoleto, ainda será coerente apostar que os atuais revendedores pelo catálogo irão liderar a transição, e não se tornar suas vítimas.

Quem ganha e quem perde

Os intermediários tradicionais em geral combinam funções físicas e informativas. De uma maneira muito geral, as funções físicas são o motivo da existência dos intermediários, mas as funções informativas são a fonte principal de diferenciação competitiva e, portanto, de lucratividade. As mercadorias (de qualquer tipo) precisam passar pelo intermediário; o fluxo de mercadorias dá um acesso mais vantajoso ao fluxo de informações; e, por isso, o intermediário pode cobrar taxas por esse fluxo de informações.

Se separarmos a economia da informação da economia dos objetos, estaremos desequilibrando essa equação básica. Isso já aconteceu no passado, é claro, mas as mudanças da tecnologia que permitem que isso aconteça vêm sendo lentas e marginais. Nesses contextos, o modelo de negócios mais novo de desintermediação atingiu custos mais baixos e mais abrangência do que o antigo modelo atacado, mas *apenas* sacrificando parte da riqueza. Assim, foi criado um segmento de mercado para o novo modelo, mas grande parte do negócio intermediado tradicional ficou intocada. O segmento intocado muitas vezes continuou sendo o negócio com margens mais altas. Considerando que a desintermediação foi suficientemente lenta e o crescimento do mercado em geral foi suficientemente rápido, a perda de uma parcela do mercado por parte do intermediário tradicional foi desagradável, mas tolerável do ponto de vista administrativo.

Entretanto, quando as tecnologias subjacentes que tornam isso possível caminham mais rápido, a situação muda de figura. O modelo de negócios desintermediador pode derrotar o antigo tanto em termos de riqueza quanto de abrangência. Isso pode ocorrer porque a tecnologia permite que mais informações com riqueza de conteúdo cheguem diretamente aos consumidores (por exemplo, o configurador da Dell ou o catálogo eletrônico da Grainger). Também pode ocorrer porque a tecnologia permite uma desconstrução tão absoluta da antiga cadeia de valores que as novas combinações de concorrentes independentes podem se igualar, em termos de recursos, ao antigo modelo de negócios integrado verticalmente (por exemplo, corretores independentes que usam a plataforma da Schwab, oferecendo o mesmo atendimento pessoal das corretoras que oferecem o atendimento completo).

Perguntas mais freqüentes

1. Onde ocorrerá a desintermediação?

    Onde quer que o *trade-off* entre riqueza e abrangência possa ser deslocado, eliminando, *assim*, as concessões que tornam o negócio atual vulnerável. Ambas as condições são necessárias. A desintermediação não precisa ser o ataque a um "negócio" inteiro segundo a definição convencional. Ela pode atacar uma parte, até mesmo uma pequena fatia, de um negócio. O desenvolvimento da desintermediação dependerá de como o concorrente realizar o ataque.

2. **O que define o *trade-off* entre riqueza e abrangência que pode ser alterado?**

    As necessidades do cliente, não as definições convencionais de negócios.

3. **Quais os tipos de concessões que podem ser eliminados?**

    Os resultantes do vínculo existente entre a economia da informação e a economia dos objetos, como no caso da Dell na distribuição de computadores a varejo, ou os resultantes da existência do próprio *trade-off* entre riqueza e abrangência, como no caso da Schwab na corretagem de ações. Pode haver uma série de concessões inseridas nos níveis atuais de riqueza que só ficam claras para o consumidor com o avanço da desintermediação.

4. **Qual a diferença entre a desintermediação atual e a ocorrida no passado?**

    As desintermediações anteriores substituíram a riqueza pela abrangência, re-segmentando o negócio existente. A nova forma de desintermediação aumenta radicalmente o grau de abrangência e aumenta também a riqueza. Não há uma re-segmentação do antigo modelo de negócios. O que ocorre é sua destruição.

5. **Quais os esforços de desintermediação fadados ao fracasso?**

    Aqueles que atacam modelos de negócios nos quais não existem concessões significativas.

6. **Seria possível ocorrer a desintermediação do meu negócio?**

    Fatias do negócio podem ser vulneráveis. Essas fatias em geral são responsáveis pela maior parte do valor do negócio ou por todo ele.

7. **Por onde começo?**

    Efetue mentalmente a desconstrução do seu negócio e analise a vulnerabilidade das partes em termos de concessões intrínsecas e potencial para a modificação da relação entre riqueza e abrangência.

A vulnerabilidade do modelo tradicional de negócios com intermediação depende muito do grau de concessão mútuo existente entre a economia da informação e a economia dos objetos e de até que ponto novas combinações de riqueza e abrangência oferecem verdadeiro valor ao consumidor. As lojas de produtos de informática mostraram sua vulnerabilidade devido à concessão mútua. As corretoras que oferecem atendimento completo e as corretoras de descontos tradicionais são vulneráveis devido às novas combinações de riqueza e abrangência. Por outro lado, comércios em geral e os catálogos parecem estar a salvo, por enquanto, de sofrerem uma desintermediação profunda porque as concessões intrínsecas existentes entre a parte física e a informativa são muito sutis e porque o valor da apresentação eletrônica das informações, pelo menos por enquanto, não é suficientemente alto.

Quando as tecnologias avançam muito mais rápido, a empresa tradicional não pode mais simplesmente optar por voltar para o segmento onde as margens são mais altas. Esse foi o erro da *Britannica*.

No novo jogo da desintermediação, perdem aqueles que eram competitivos como um todo, mas não em qualquer uma das partes da cadeia de valores em desconstrução: por exemplo, os revendedores de carros descritos no Capítulo 4 que se vão sem deixar saudades. Qualquer negócio que envolva a intermediação pode ser vulnerável se houver o que podemos chamar de "lógica das lojas de departamentos": compras em um só lugar, vendas cruzadas, subsídios cruzados, tudo isso com base em uma suposta "relação" com o cliente. E esses negócios são ainda mais vulneráveis se o sistema de negócios exigir volume para cobrir os custos fixos altos, já que uma pequena perda de volume poderia significar uma redução catastrófica dos lucros.

No novo jogo da desintermediação, ganham aqueles que são bons em *uma coisa* ou, mais precisamente, na quantidade menor de coisas que definem a vantagem em um ramo desconstruído. Serviços de entrega como a Federal Express, operadores eficientes de armazéns como o Wal-Mart e até a Schwab na qualidade de plataforma de transações de corretagem poderiam ganhar muito se usassem suas habilidades especializadas e concentradas (físicas ou informativas) para auxiliarem os novos modelos de intermediação de outros. Seu potencial de volume depende do ritmo da desintermediação; seu potencial de lucros depende de sua capacidade de obterem economias físicas de escala.

Tanto no aspecto das informações quanto no aspecto físico haverá vencedores, só que não é tão fácil assim identificá-los. A Dell pode estar ganhando das lojas de produtos de informática e das empresas do ramo que se prendem a canais de distribuição que geram altos ganhos e que elas não têm coragem de evitar. E se o cliente comprar seu próprio software de configuração? E se a AOL resolver entrar no mercado da configuração como um meio de atrair tráfego e anunciantes? Será que a Dell ainda estaria em vantagem? São essas perguntas a que vamos responder agora. Perguntas relacionadas à vantagem competitiva nos negócios puramente informativos dos "guias".

Dicas úteis

- Quem tem mesmo a ganhar é o cliente.
- Em um mundo em desconstrução, "o negócio" é um conceito artificial. Esqueça "o negócio". Concentre-se nas camadas, nos fluxos de informações específicos, nas funções físicas específicas. Cada item pode representar um campo de batalha distinto.
- A única alternativa à desconstrução da sua própria relação com o cliente é deixar que terceiros façam isso por você.
- A desintermediação ocorrerá na capada, no fluxo de informações ou na função física em que a empresa tradicional menos pode se dar ao luxo de deixar que isso aconteça.
- Nenhum ataque às estruturas de negócios prevalecentes deixará de ocorrer por falta de atenção, capital, disposição de assumir riscos, inteligência ou mesmo ignorância.
- Quem tem mesmo a perder é quem "vai na onda". Quem espera acontecer *sempre* chega muito tarde. É melhor se adiantar cinco vezes do que chegar atrás uma vez.
- Quem ganha *não é* aquele que entende o que está acontecendo no fim do jogo. O fim do jogo não existe. Ganha quem conseguir prever uma ou duas jogadas à frente dos concorrentes.
- Os ataques costumam fracassar quando não conseguem se libertar das concessões intrínsecas do modelo de negócios prevalecente. É necessário acabar com o *trade-off* entre riqueza e abrangência, mas só isso não basta.
- A desintermediação dizia respeito à substituição da riqueza pela abrangência. Agora ela diz respeito à transformação desses dois fatores, em geral simultaneamente.

6

A corrida pela abrangência

Uma das "colas" de informação mais importantes do mundo dos negócios é o vínculo com o cliente. Chamada de "marca", "franquia" ou "relação", acredita-se que seja a base mais abrangente de vantagem competitiva de qualquer atividade voltada para o consumidor: em termos gerais, muito mais relevante do que a posição de custos, os recursos do produto ou a tecnologia. A estratégia é colocar na mente do consumidor uma relação profunda e cativante: a riqueza que exclui a abrangência. Programas de fidelidade, propagandas, marketing com base em dados, vendas cruzadas, personalização em massa, ou seja, quase todas as iniciativas de concorrência implementadas pelos gerentes nos últimos anos, têm como alvo a relação com o cliente. A concorrência pelo consumidor é grande: revendedores contra revendedores, fornecedores contra fornecedores[1] e também fornecedores contra seus próprios revendedores. Aquele que tiver poder sobre a relação com o cliente tem uma renda parcialmente passiva, cujo valor em geral corresponde ao valor do negócio.

O fim do *trade-off* entre riqueza e abrangência ameaça destruir essa renda passiva, deixando *apenas* o custo, os recursos do produto e a tecnologia como as bases remanescentes de vantagem competitiva. Mas ele também pode *deslocar* a renda passiva, permitindo que os fornecedores recuperem dos revendedores a relação com o consumidor ou que os novos concorrentes (como revendedores eletrônicos ou simples guias) roubem-na das empresas tradicionais. E também pode *redefinir* a renda passiva, deslocando-a de uma base, como os custos de pesquisa, para outra, como a confiança pessoal.

Com o fim do *trade-off* entre riqueza e abrangência, os fornecedores, os revendedores tradicionais e os novos concorrentes brigam pela posse, ou ao menos pela divisão, da relação com o consumidor: Mattel X Toys R Us X eToys; companhias aéreas X agentes de viagem X Travelocity; Fidelity X Citibank X Intuit. Eles também *correm* uns contra os outros: medidas preventivas, alianças, golpes de sorte transitória e tropeções táticos podem transformar o resultado. Os revendedores estabelecidos têm a vantagem da tradição, mas estão em desvantagem por terem medo da canibalização e por não estarem dispostos a abandonar as rendas passivas convenientes do passado. Os fornecedores tendem a ver apenas o lado bom de uma oportunidade de deixar para trás o revendedor e chegar diretamente ao consumidor: eles não levam em conta o perigo que representam os novos revendedores eletrônicos e os guias, que serão tão poderosos e destrutivos quanto os atuais grandes varejistas com presença física. Os novos concorrentes não acrescentam nada de especial exceto a disposição de usar novas tecnologias e assumir riscos, mas acreditam, com ou sem razão, que podem superar e vencer os concorrentes mais desajeitados. Esses novos concorrentes poderão acabar se tornando empresas tradicionais muito rapidamente e repetir os erros de suas vítimas: o desconstrutor pode ser desconstruído. Os novos concorrentes também podem ser aliados poderosos ao fazerem com que concorrentes estabelecidos resolvam antigas questões: eles podem influenciar a escolha do vencedor na batalha contínua entre fornecedores e revendedores.

Busca hierárquica

Hoje em dia, o equilíbrio de poder entre fornecedores, revendedores com presença física e o consumidor é moldado por estruturas hierárquicas de informações. Considerando-se o lado da oferta, o vínculo existente entre os fluxos de informações e os fluxos físicos envolve relações hierárquicas entre fornecedores, atacadistas e revendedores. Considerando-se o lado da demanda, as restrições em termos de riqueza e abrangência forçam o consumidor a um padrão hierárquico de busca e seleção. As duas estruturas hierárquicas se espelham e se sustentam.

Para o consumidor, a ineficiência da busca hierárquica é responsável por escolhas difíceis e às vezes erradas. A subordinação hierárquica ao revendedor não permite que o fornecedor tenha oportunidades de estabelecer uma relação com o cliente e, muitas vezes, deixa o fornecedor à mercê do revendedor. Por outro lado, para o revendedor, o controle do gargalo do fluxo de informações entre o fornecedor e o consumidor é a fonte de uma boa parte da vantagem competitiva. Qualquer lógica de negócios que elimine esses gargalos representa grandes ameaças e oportunidades para todos os participantes.

Em seu nível mais fundamental, a busca em uma hierarquia significa avançar lentamente ao longo do *trade-off* entre riqueza e abrangência (veja a Figura 6.1). O consumidor começa com uma gama variada de opções, mas tem informações de conteúdo rico limitadas acerca dessas opções. Assim, ele faz uma série de escolhas. A cada etapa, reduz o número de opções para obter informações com conteúdo mais rico sobre as opções restantes: conforme a abrangência diminui, mais riqueza se obtém. A impossibilidade de reunir informações ricas em conteúdo no universo de opções de forma viável em termos de custos leva o indivíduo a efetuar uma busca hierárquica pelo produto ou serviço.

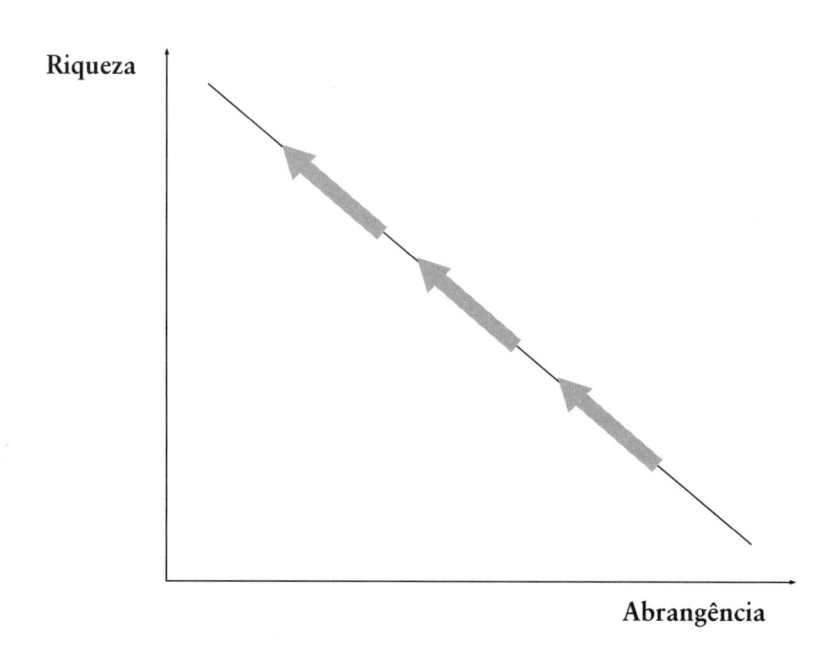

Figura 6.1 Busca hierárquica: avanço lento ao longo do *trade-off*.

Por exemplo, se um homem desejasse comprar uma camisa, sua primeira decisão poderia ser escolher uma determinada rua ou shopping (veja a Figura 6.2). Em segundo lugar, ele teria que decidir que loja visitar. Em seguida, ele teria que encontrar a seção de camisas. Depois, dependendo da disposição das mercadorias, ele procuraria por marca e tamanho (ou talvez invertesse essa ordem) e finalmente escolheria a camisa. Cada uma dessas escolhas é restringida pelas escolhas anteriores. Se ele quiser comparar as ofertas de outras lojas, terá que voltar ao primeiro nível do processo de busca e começar tudo de novo. Isso pode significar dirigir até outro lugar.

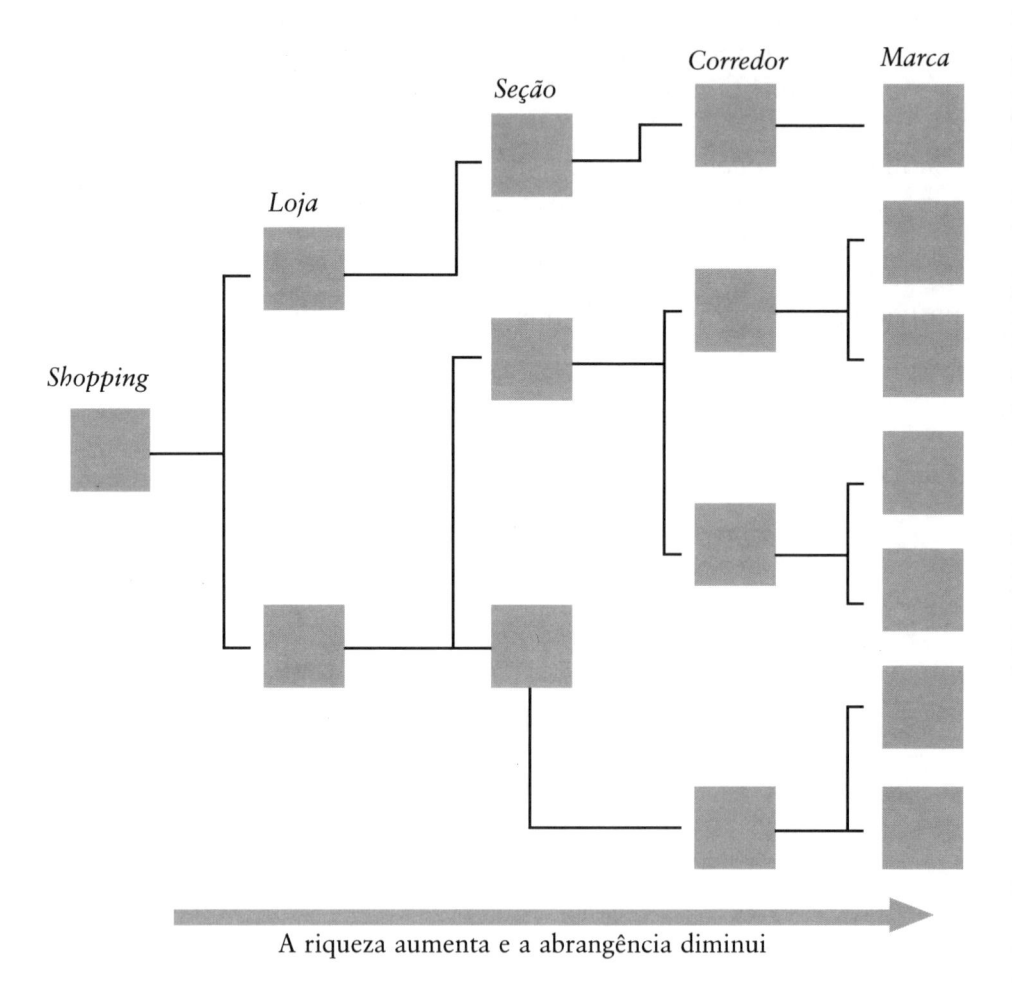

A riqueza aumenta e a abrangência diminui

Fonte: Adaptado de Philip B. Evans e Thomas S. Wurster, "Strategy and the New Economics of Information", *Harvard Business Review*, setembro-outubro de 1997, p. 75.

Figura 6.2 Busca hierárquica: a compra de uma camisa em um shopping.

É claro que há outras formas de se realizar a mesma busca. O consumidor pode ir a uma loja e confiar na recomendação do vendedor. Ou pode pegar um catálogo e escolher algo. Mas as escolhas, cada uma à sua maneira, continuam sendo hierárquicas.

A busca hierárquica representa custos para o comprador. Os mais óbvios são o tempo e o esforço necessários para realizar uma busca que apresente um grau mínimo de totalidade. É muito cansativo ser meticuloso, por isso as pessoas raramente o são. Em vez de realizarem uma busca abrangente, elas seguem o caminho de pesquisas anteriores que tenham apresentado um resultado satisfatório. Podem, também, se basear na orientação ocasional fornecida por alguém (um vendedor) ou algo (um *stand* de promoção) que encontrem pelo caminho.

Esses atalhos impõem um custo mais sutil: a escolha sem as informações necessárias. Em uma hierarquia, os compradores (e todos aqueles que investirem em uma busca) são obrigados a tomar decisões com base em informações incompletas. Conseqüentemente, eles agem baseados em um *racionalismo restrito*: tomam decisões sensatas considerando-se as informações incompletas que têm e o alto custo de se obter informações melhores. Eles se decidem por uma opção que pode não ser exatamente o que querem, mas que parece ser *suficiente*. Porém, se realmente estivessem a par de todas as alternativas, os compradores tomariam decisões diferentes.[2]

Orientação dentro de uma hierarquia

O custo e a ineficiência da escolha hierárquica, adicionados à importância da seleção final para os compradores e vendedores, resultam em uma função intermediária essencial: a dos *guias*, que oferecem atalhos para se vencer o labirinto.

Os guias são essenciais para muitos negócios. Em alguns casos, a orientação oferecida pelos guias pode constituir um negócio por si só (as Páginas Amarelas, um aplicativo pessoal de compras ou um consultor financeiro independente). Em geral, é uma função dentro de um negócio (os serviços de auxílio à lista, um vendedor ou um corretor de ações).[3] Críticos de filmes e livros que fornecem indicações de restaurantes são guias; assim como conselheiros, agentes ou consultores humanos que trabalham para o comprador, o vendedor ou o intermediário. Os *market makers* que fazem a ponte entre compradores e vendedores são guias. Anúncios, marcas, estratégias de vendas, vitrines de lojas e a distribuição das mercadorias nas lojas têm funções de guia.

Alguns guias agem de acordo com os interesses dos compradores, expandindo e comparando as opções disponíveis. Outros agem de acordo com os interesses dos vendedores, levando os compradores até produtos específicos, de preferência aqueles cujas margens são mais altas. E há vários vendedores: o fornecedor que fabrica o produto pode passar determinadas mensagens destinadas a guiar o comprador através de propagandas e folhetos sobre o produto, mas a disposição do ambiente de revenda e as dicas fornecidas pela pessoa que atende o comprador podem refletir prioridades de orientação muito diferentes. Os guias de vendedores inteligentes não ignoram os interesses do comprador, mas seu objetivo sempre será maximizar os interesses de seu proprietário, oferecendo ao comprador um produto ou serviço *suficiente*.

A vantagem do vendedor

Os vendedores dominam o processo de orientação. Considerando que os vendedores (sejam eles fornecedores ou revendedores) em geral são maiores do que os compradores, eles gozam de economias de escala em termos de marketing maiores do que os compradores em termos de busca. Eles têm condições de dedicar muito mais tempo a fim de encontrar estratégias para influenciar a decisão de compra do que os compradores têm para se dedicar às decisões. Eles investem alto em propagandas, desenvolvimento da imagem e promoção da marca para encorajar os consumidores a iniciar sua busca hierárquica em determinados pontos e fazer certas escolhas importantes. Eles utilizam técnicas de marketing de *empurroterapia*, como a estratégia pessoal de vendas, a promoção de determinados produtos ou a disposição das mercadorias nas prateleiras, para captar a atenção do consumidor e influenciar o comportamento deste. Os vendedores exploram o fato de que, uma vez vendido um produto, é barato e relativamente fácil promover e vender outros, seja na hora da compra ou depois dela. A *empurroterapia* funciona justamente devido ao custo, para os consumidores, de voltar atrás na hierarquia de busca: depois de dedicarem tanto tempo e esforço para chegar a esse ponto, eles não estão dispostos a começar tudo de novo. Os fornecedores que não têm acesso a esse gargalo tão importante são forçados a depender de meios de alta abrangência e baixa riqueza, como propagandas, ou a exercer uma influência secundária sobre as decisões dos consumidores.

As ineficiências do processo de busca hierárquica são a base de muitas vantagens competitivas dos vendedores hoje em dia. Entre essas vantagens, temos as vendas cruzadas, o controle de um canal de tráfego intenso, a propriedade de uma marca forte, o valor de uma equipe de vendas eficaz e o poder de se ter um grupo de consumidores fiéis. Na verdade, as únicas vantagens do fornecedor que realmente ficam de fora são aquelas específicas ao produto: custo, recursos e tecnologia. As únicas vantagens do revendedor que ficam de fora do processo de busca são aquelas relacionadas à distribuição física: logística, rotatividade de estoque e localização. Praticamente todas as outras fontes de vantagem competitiva dos vendedores dependem da estrutura hierárquica da escolha do consumidor.

Mas o advento da conectividade universal e rica reduz tudo isso a cacos. Muitas das vantagens competitivas que implicavam custos altos de busca e troca, opções limitadas e assimetrias da informação tornaram-se insustentáveis. A fonte de lucratividade obtida com essas vantagens secou.

Abrangência sem guias

O número de marcas de cereais encontradas nos supermercados típicos multiplicou-se nos últimos vinte anos, entretanto a participação no mercado das principais marcas aumentou. Por quê? Porque o consumidor não tem condições de se orientar pela cacofonia visual da prateleira de cereais. Frente à infinidade de opções, os consumidores ficam infinitamente confusos, por isso acabam ficando com o que já experimentaram e de que gostaram. Em inúmeras categorias, existem casos em que as principais marcas *ganharam* com a proliferação de alternativas, pois a infinidade de opções sem orientação só serve para confundir os consumidores.[4]

Como pode ser confirmado por qualquer um que tenha feito uma busca e encontrado quatro mil opções, a World Wide Web está na mesma situação. A abrangência chegou a um ponto que as pessoas se perdem. Assim o fenômeno do "Corn Flakes" se confirma: umas poucas marcas de mais prestígio se sobressaem na multidão e gozam de um alto nível de fidelidade e adesão, precisamente porque as pessoas não têm interesse em se debater com as alternativas. Os clientes que voltam para comprar mais são responsáveis por 63% da receita da Amazon.com.[5] A tecnologia de "favoritos" ou *bookmarks* reforça a propensão ao uso de marcas de prestígio como instrumentos de navegação.

Entretanto, não há nada inerente ao meio que force essa adesão. Justo pelo contrário: basta um clique para acessar as alternativas. *A ade-*

são é uma conseqüência da falta de desenvolvimento dos guias. E o meio está predisposto ao uso de guias porque toda a sua arquitetura se baseia na conectividade e em padrões. Mas a evolução dos guias não ocorrerá por ser possível do ponto de vista técnico ou por estar na moda. Essa evolução ocorrerá porque as empresas verão que podem obter vantagens competitivas se ajudarem as partes a se encontrarem perante uma gama de opções quase infinita.

O intrépido mundo novo dos guias

Quando os guias correspondem a funções físicas, os vendedores (sejam eles os fabricantes do produto físico ou os distribuidores físicos que chamamos de revendedores) podem influenciar a maneira como os consumidores se orientam e escolhem produtos e serviços. Mas ao separarmos a economia da informação da economia dos objetos, o universo de busca deixa de precisar de uma relação com as indústrias físicas de produção e distribuição. Não há mais motivos para que as indústrias físicas gozem de *qualquer* posição privilegiada em termos de influenciar a escolha do consumidor. Nunca é demais enfatizar a importância disso. Se grande parte da vantagem competitiva depende da orientação que os consumidores recebem e os guias forem reclassificados como uma entidade distinta, o negócio existente perderá o controle de uma das fontes principais de lucro.

Esse intrépido mundo novo abre as portas para:
- **Conectividade abundante.** Cada participante pode estabelecer diretamente uma conexão de informações com cada um dos outros participantes sem a interferência de terceiros para bloquear ou controlar essa conexão.
- **Padrões comuns de informação.** O fim do *trade-off* entre riqueza e abrangência se dá através da conectividade e dos padrões. Os guias criam os padrões. Eles não oferecem apenas os fatores essenciais, como segurança e confiabilidade, mas também permitem que as indústrias e outros grupos especializados, através de linguagens exclusivas, "conversem" digitalmente sobre tudo, desde finanças pessoais até a cor e a textura de tecidos.
- **Infinidade de opções.** O universo das opções com riqueza de conteúdo que podemos buscar atinge proporções espantosas. Isso *aumenta* a necessidade de guias. Esses guias, contudo, agregam valor

por facilitarem a escolha, não por controlarem algum gargalo do processo de busca. Não existem gargalos.
- **Custos insignificantes de busca.** Graças à conectividade e aos padrões, os participantes podem conectar-se e desconectar-se sem restrições ou custos significativos.
- **Flexibilidade.** A mesma tarefa ou função pode ser desempenhada através de uma série de combinações distintas de participantes. Não há uma combinação que seja necessariamente a melhor. E não há uma combinação que seja necessariamente duradoura. Na verdade, os participantes estão sempre se unindo, se separando e se reunindo.
- **Inexistência de um centro.** Não há ninguém no controle ou no comando, portanto não há um núcleo. Cada participante corre atrás de suas próprias metas e segue suas próprias regras, e o sistema se integra.
- **Adaptabilidade.** A modularidade, a inexistência de um centro e a possibilidade de agrupamento e reagrupamento rápidos criam um sistema excepcionalmente adaptável, mais semelhante a um ecossistema do que a um sistema com engenharia tradicional.

O mundo novo dos guias

A separação entre economia da informação e economia dos objetos permite que a função do guia passe a ser totalmente independente dos processos físicos de distribuição e desempenho. Os novos guias podem orientar as pessoas e ajudar as partes a se encontrarem, mas não precisam agir como distribuidores físicos da mesma maneira que um revendedor. Os guias nem precisam ser uma das partes da transação: eles podem ser "agentes" em vez de partes. Sua função pode ser indicar a melhor opção (do ponto de vista de alguém) sem assumir a responsabilidade pelo fornecimento. A possibilidade da existência dos guias independentemente dos fluxos físicos coloca imediatamente o fornecedor em pé de igualdade com o revendedor. Também permite que um revendedor eletrônico, o consumidor ou um agente que esteja operando em nome do consumidor desempenhem determinados aspectos da função de guia. As bases físicas do gargalo deixam de existir.

Por terem funções relacionadas apenas às informações, os novos guias podem explorar o *trade-off* que se altera entre riqueza e abrangência. Sem limites em termos de abrangência, eles podem oferecer *todas* as alternativas para *todos* que estejam realizando uma busca simultaneamente. Sem limites em termos de riqueza, eles podem oferecer a quantidade de detalhes, a ordem, a forma de apresentação ou a ênfase que o cliente preferir. Os guias podem se aliar uns aos outros sem custos e sem falhas para oferecer coletivamente informações mais ricas e abrangentes do que se agissem separadamente.

Mas quem é esse novo guia? É um negócio como o Yahoo!? É um software que opera como um agente, como o Quicken? É um revendedor eletrônico como a Amazon.com? Pode ser que não seja um negócio, mas uma função? Algo que o consumidor faz? Um produto eletrônico auxiliar oferecido por um revendedor convencional? Ou por um fornecedor de produtos?

Na atual conjuntura, a resposta é "todas as alternativas anteriores". Mas isso é de se esperar quando explode uma nova tendência competitiva. Hoje, na Web, sempre encontramos alguém, em algum lugar que tenta utilizar qualquer abordagem possível. Em algum momento, ocorrerá uma estabilização da função dos guias baseada no princípio da vantagem competitiva.

Para os novos guias, a concorrência se dará em três dimensões: *abrangência, fidelidade a um grupo* e *riqueza* (veja a Figura 6.3). Para um guia, *abrangência* significa o tamanho do seu universo de navegação. Quanto maior, melhor. *Fidelidade a um grupo* significa o grau de identificação do guia com os interesses do(s) cliente(s) (que pode se tratar de qualquer combinação de consumidores, revendedores e fornecedores) e sua atividade como agente que defende os interesses dos clientes. *Riqueza* significa a qualidade e a personalização das informações fornecidas pelo guia.

A corrida pela abrangência

Existem aproximadamente cinco mil livrarias nos Estados Unidos e, em média, cada uma trabalha com cerca de 80.000 títulos.[6] A maior livraria com presença física dos Estados Unidos trabalha com 175.000 títulos. A Amazon.com oferece *três milhões* de volumes e pode ser "encontrada" em cerca de 25 milhões de telas de computadores. Esse salto fenomenal em termos de abrangência é possível justamente porque a função de guia (catálogo) está separada da função física (estoque). Em geral, as grandes lojas de informática apresentam cerca de vinte configurações de PCs. Ao permitir que os consumidores troquem os componentes de hardware, o site da Dell na Internet oferece mais de dez milhões de

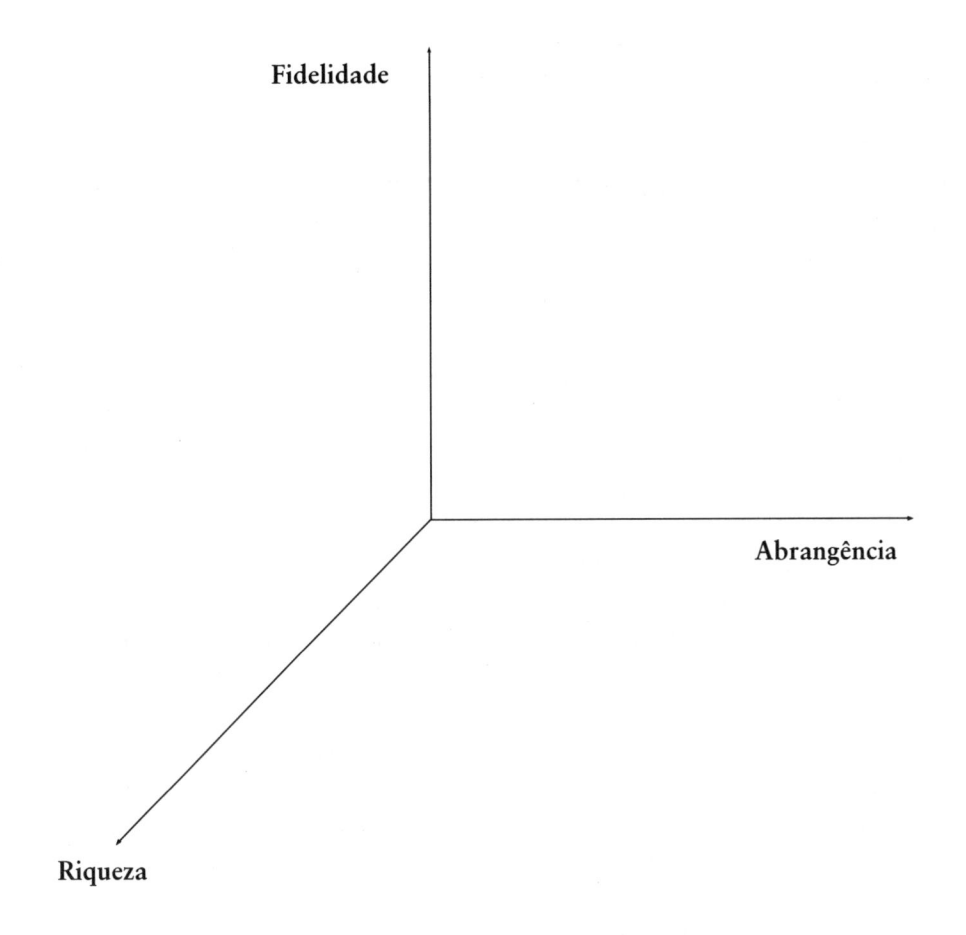

Figura 6.3 As três dimensões de vantagem competitiva para os guias.

(eixos: Fidelidade, Abrangência, Riqueza)

configurações.⁷ As grandes lojas de discos trabalham com cerca de 50.000 títulos; a CDNOW tem tanta confiança na sua abrangência que oferece dois CDs grátis para qualquer cliente que encontre um único título que não esteja incluído em seu catálogo. Livre das limitações físicas, a abrangência explode.

Se a abrangência é importante para o consumidor, o guia com maior abrangência fica em vantagem, considerando que todas as outras condições sejam iguais.⁸ Mecanismos de busca na Internet como o Yahoo! e o Excite brigam (entre outras coisas) pelo percentual da World Wide Web incluído em seus bancos de dados. Os mecanismos de busca que estão ficando para trás na corrida pela abrangência realizam fusões com outros para ficarem lado a lado com os líderes. A Barnesandnoble.com uniu forças com a Books Online by Bertelsmann para ficar à frente da

Amazon com um catálogo de 4,6 milhões de títulos. (Se o 1,6 milhão de alternativas adicionais interessam até mesmo ao mais ávido leitor é uma questão de especulação.)

Bob Metcalfe, inventor da Ethernet e um dos estudiosos mais atentos à revolução da informação, primeiro observou que o valor de uma rede é proporcional ao quadrado do número de pessoas que a utilizam. Para qualquer indivíduo, o valor de um telefone ou aparelho de fax, por exemplo, é proporcional ao número de amigos e colegas que têm telefones e aparelhos de fax. Se dobrarmos o número de participantes, estaremos dobrando o valor *para cada participante*, de modo que o valor total da rede é multiplicado por quatro.[9]

A navegação em *mão dupla* é conseqüência da Lei de Metcalfe. Os classificados on-line, por exemplo, são um guia onde compradores e vendedores procuram uns aos outros. Os compradores escolhem onde querem navegar com base no número de anunciantes, e os vendedores escolhem onde querem anunciar com base no número de visitantes. Quem estabelecer uma liderança clara passará a ser a primeira opção de compradores que desejam chegar a um número máximo de vendedores e também de vendedores que procuram atingir o maior número possível de compradores. Assim, a abrangência passa a ser uma profecia que se realiza por si só. Quem tiver a maior participação ganhará mais participação. No ramo de classificados de carros on-line, a Auto Trader e a CarPoint, da Microsoft, estão brigando para chegar a uma listagem de um milhão de veículos on-line. As concorrentes estão a par do valor de ser o guia com maior abrangência em um negócio com base em rede. Quando uma delas estabelecer uma liderança firme, não sabemos se haverá algum interessado na *segunda* opção.[10]

No ramo da navegação, seria excelente para os consumidores se houvesse um guia de grande abrangência, mas ele ainda não existe. Um guia de "vinhos" que informe sobre cada safra de cada marca; um guia de "bens duráveis" que forneça comparações que abranjam todas as gamas de produtos, opções e recursos; um guia que liste todos os planos para chamadas de longa distância ou todas as vagas existentes para bibliotecários. É fácil pensar em dezenas de áreas que seriam extremamente valiosas para os consumidores e apresentariam vantagens competitivas devido ao efeito da rede. Mas o valor para o consumidor só é obtido quando o tamanho *absoluto* do domínio de navegação passa de um determinado limite crítico. E, em cada uma dessas áreas possíveis, nenhum guia atingiu esse limite.

Massa crítica

O desenvolvimento de uma massa crítica é um desafio estratégico para os guias. Se a abrangência produz abrangência, como em tantos casos, o primeiro concorrente que atingir um determinado nível de massa crítica irá decolar. Todos os outros, na ausência de outra forma de concorrência (ou seja, fidelidade ou riqueza), estarão fadados ao esquecimento. Os guias devem efetuar uma redução *racional* de preços, definir uma boa oferta para o produto e realizar fusões com seus concorrentes para atingir antes de todos esse limite mágico. Por isso, as guerras de navegadores e as retificações do mercado acionário dão mais valor à abrangência, do que aos lucros.

Por isso, também, os participantes, até mesmo concorrentes, estão dispostos a unir seus interesses a fim de atingir coletivamente uma massa crítica inacessível se cada um agir isoladamente; na verdade, em geral eles precisam fazer isso. Seis grandes jornais americanos estão trabalhando em conjunto num empreendimento denominado CareerPath.com que oferecerá classificados de empregos nacionais para profissionais altamente qualificados. Cientes de que nenhum deles conseguiria atingir massa crítica começando a partir de uma posição local no mercado e temendo que alguém de fora do ramo, como a Microsoft, conseguisse vencê-los com relação à massa crítica, esses jornais abriram mão de controle, marca e parte de suas identidades em busca da abrangência.[11]

A quantidade e o nível de abrangência que constituem massa crítica dependem do domínio de busca: o universo de alternativas relevantes *definidas por quem realiza a busca*. No caso de empregos que não exigem nenhuma qualificação específica, o domínio de busca provavelmente seria restrito a um local, mas não o seria em relação às categorias de empregos. No caso de empregos que exigem profissionais altamente qualificados, é provável que ocorra exatamente o contrário: a restrição ficará por conta da capacitação do profissional, mas provavelmente não haverá restrições quanto ao local. Dessa forma, talvez a melhor segmentação dos classificados para o primeiro caso fosse do ponto de vista geográfico, mas dentro de cada região um concorrente será dominante. No segundo caso, é provável que os guias sejam nacionais, mas cuidadosamente segmentados por categoria de emprego. O jornal local tem boas chances de atender ao primeiro segmento. Mas quem tem condições de atingir massa crítica no segundo caso? Quem consegue atingir o máximo de bibliotecários? Um consórcio nacional de jornais? Ou seria a Associação Americana de Bibliotecários? Quando as barreiras físicas à navegação já não importam mais (como ter um prelo), as vantagens de se desenvolver massa crítica podem surgir em lugares surpreendentes. O fato de um consórcio nacional de jornais incluir cinqüenta classificações de emprego pode ser bem irrelevante para quem está procurando em apenas uma delas. A massa crítica não depende de números absolutos, mas da abrangência *com relação ao domínio de busca*.

A batalha da concorrência

Do ponto de vista dos insurgentes (o novo guia), o principal desafio é atingir essa massa crítica. O exemplo mais espetacular de vendas pela Internet diz respeito à categoria um tanto improvável dos livros, pois já havia uma lista de produtos bastante abrangente mantida pelos atacadistas para auxiliar as livrarias independentes. Ao negociar o acesso a esse banco de dados, a Amazon.com pôde oferecer logo de cara mais de um milhão de livros: massa crítica instantânea. Se a Amazon tivesse precisado registrar cada editora individualmente, a história teria sido muito diferente.

As empresas tradicionais têm muito a perder. Os revendedores tradicionais (com presença física) temem o crescimento do revendedor eletrônico com abrangência superior. Os fornecedores de produtos e revendedores tradicionais também temem o crescimento do guia-agente, que facilita comparações de grande abrangência sem nem fazer parte da transação. Entretanto, um componente de massa crítica para qualquer um dos novos tipos de guia em geral está relacionado às informações sobre os produtos e as tabelas de preços das empresas tradicionais, que devem estar dispostas a aceitar que seus negócios passem por esse guia. Assim, abre-se a possibilidade de *negar a massa crítica*. Se uma quantidade suficiente de fornecedores se recusar a vender através de revendedores eletrônicos ou se uma quantidade suficiente de revendedores se recusar a fornecer informações aos agentes sem nenhum vínculo, nem os revendedores eletrônicos nem os agentes atingirão a massa crítica.

Certamente é isso que está impedindo a realização de muitos negócios que poderiam surgir da abstração de concorrentes inexperientes no ramo. Mas aqui temos uma sutileza essencial. Por ser uma simples seqüência da separação da economia da informação da economia dos objetos, *o domínio de busca que define a massa crítica não está necessariamente relacionado com os domínios das indústrias físicas de fornecimento ou distribuição*. Pode ser que a massa crítica em questão não tenha nenhuma relação com as atividades das empresas tradicionais.

Alguém pode se tornar um guia que atinja massa crítica em algum negócio aparentemente não relacionado *para depois migrar de uma categoria para outra*. A Microsoft fez isso muitas vezes na indústria de softwares. A Amazon, após ter criado um grupo de consumidores fiéis ao se apropriar da massa crítica do catálogo de produtos de terceiros, agora está entrando no jogo da rede de Metcalfe, caminhando na direção contrária: está usando todos os compradores de livros como rede de compradores para novas ofertas de produtos em sucessivas categorias de varejo. Considerando que a oferta de produtos da Amazon não tem uma conexão necessária com a economia física (se desejar, ela pode terceirizar a execução), não está claro neste estágio o que define os limites de seus negócios, se é que esse fator existe. Uma vez que um guia consegue estabelecer massa crítica em *algum* domínio da informação, torna-se imprevisível até que ponto será possível expandir os negócios.

Do seu ponto de vista

Se você for um grande varejista...
- Você vem ganhando o jogo da "abrangência" no espaço físico (contra as lojas de departamentos e vendedores de mercadorias em geral) através da oferta de uma variedade enorme e por dominar a logística. Mas tudo isso está relacionado à economia dos objetos. Você vai perder o jogo da abrangência no espaço das informações *se* a execução direta for uma alternativa séria ao seu atual sistema de distribuição. Em muitas categorias, é.
- Você será atacado simultaneamente por seus fornecedores e por revendedores eletrônicos. Não fique achando que o sucesso no passado é sinônimo de invencibilidade no futuro.
- Se as previsões mostrarem que a tendência é que você seja atacado, mesmo que em pequenas partes do seu negócio, faça-o você mesmo antes que alguém o faça por você. E esteja ciente dos efeitos multiplicadores que até mesmo uma pequena erosão pode ter sobre a lucratividade de um negócio cujos custos fixos são altos.
- Sua principal vantagem é sua capacidade singular de combinar a presença local e virtual em uma única posição integrada de varejo. Seu desafio é colocar em prática as sinergias entre os dois formatos sem deixar que o medo da canibalização limite a competitividade do segundo formato.

Se você for um fornecedor de produtos...

- Para você, a abrangência é uma faca de dois gumes: ela pode ajudá-lo a escapar do ataque de seus revendedores, mas também o expõe a novos guias cujo potencial de abrangência é bem mais alto do que o seu. Você *poderia* voltar ao ponto inicial, dependente de uma versão eletrônica do Wal-Mart. Ou, se agir corretamente, pode acabar ganhando muito.
- Se o seu trunfo for melhor, a explosão de abrangência e o surgimento dos guias são uma bênção: os guias irão trilhar o caminho até a sua porta.
- Mas se o seu trunfo for o mesmo do resto do mercado, os mesmos guias o sujeitarão a um nível indesejável de comparação abrangente.
- Saiba que, para concorrer de maneira eficaz em termos de navegação e abrangência, você precisará de uma série de habilidades que a maioria dos fornecedores de produtos não tem. Seja firme na obtenção dessas habilidades, caso contrário você estará arriscado a fracassar.

Se você for um revendedor eletrônico...

- Saiba que a abrangência é o calcanhar-de-aquiles do fornecedor de produtos, portanto seja firme em sua busca. Não sacrifique sua maior vantagem em troca dos benefícios limitados de umas poucas transações exclusivas.
- Não analise a sua atividade com base em conceitos e medidas tradicionais de varejo. A maior parte das generalizações referentes às compras pela Internet tornam-se inválidas no período de um ano.
- Cuidado com os grandes varejistas. A única desvantagem que eles têm é o fato de não levarem você a sério.

Isso nos leva a duas propostas fundamentais sobre abrangência:
- A massa crítica é um pré-requisito para a criação de valor, mas não há garantias de que será possível atingi-la.
- Mede-se a massa crítica com relação a um domínio definido pela economia da informação, não pela economia dos objetos.

Muitos fornecedores de produtos ou revendedores tradicionais que não levaram essas duas propostas a sério acabaram desenvolvendo estratégias fracas de primeira geração para serem usadas no comércio eletrônico.

Em geral, os fornecedores de produtos vêem o comércio eletrônico como uma oportunidade de estabelecer uma relação direta com o cliente: enfim uma chance de virar a mesa frente a revendedores que usavam sua relação com o consumidor para pressionar sem dó as margens dos fornecedores. É claro que eles procuram fazer isso de maneira discreta na esperança de estabelecer, ao menos, um canal secundário de comunicação com os consumidores, possivelmente também de distribuição direta, recuperando assim o poder de negociação. A oferta resultante fica repleta de concessões: muitos detalhes em estilo de folheto de propaganda sobre a linha de produtos do fornecedor, indicações de revendedores responsáveis pelas vendas ou, talvez, vendas diretas sob condições definidas para não ofender o revendedor.

Os revendedores tradicionais são obrigados a fazer ainda mais concessões, pois ficam entre os fornecedores de produtos loucos para se livrarem deles e os novos guias, tanto os revendedores eletrônicos quanto os agentes de navegação. Eles definem uma estratégia defensiva: criam uma presença eletrônica para atrair as pessoas para suas lojas, mas, na verdade, não têm a menor intenção de canibalizar sua atual infra-estrutura física. Eles fogem de qualquer oferta abrangente de navegação, mesmo que envolva o conteúdo de suas lojas, pois querem forçar o consumidor a ir até a loja e a caminhar pelos corredores. Assim, a tendência é que se concentrem em promoções e ofertas do dia, que aumentam o tráfego. É interessante observar que *não há um único exemplo* de um revendedor estabelecido com presença física que lidere o comércio varejista eletrônico em sua categoria.

Tanto os fornecedores de produtos quanto os revendedores tradicionais muitas vezes deixam de explorar a nova economia da informação: eles não oferecem nenhum aumento real de abrangência, definem o escopo e, portanto, a massa crítica em termos de economia física e oferecem muito pouco que possa ter valor para o consumidor. Eles se concentram ainda menos na abrangência *relativa*, ou seja, dos guias insurgentes. Não é de surpreender que os resultados sejam tão medíocres.

Mas o maior perigo não está nos resultados medíocres, e sim na conseqüência óbvia da busca de massa crítica por parte das empresas insurgentes enquanto as empresas tradicionais não o fazem. Em algum momento, justamente por terem liberdade, as empresas insurgentes conseguirão atingir essa massa crítica.

A estratégia de segunda geração utilizada pelas empresas tradicionais começa quando elas reconhecem que a abrangência é essencial à sobrevivência. Os fornecedores de produtos que estejam dispostos a vencer precisam entender que aquilo que pode parecer para eles um salto quântico em termos de abrangência é muitas vezes inadequado com relação à abrangência do guia insurgente. Os fornecedores precisam se concentrar na abrangência dentro de um domínio de busca *definido pelo consumidor* que reproduza a maneira como a empresa insurgente define o seu negócio. A nova metáfora da navegação é *solucionar o problema do consumidor*, não divulgar um folheto sobre o produto. Se para isso forem necessários mais produtos do que os fabricados pelo fornecedor, ele obterá a abrangência necessária ao site através de alianças com fornecedores complementares. E, se para os concorrentes, a abrangência é uma parte essencial do valor de navegação, os fornecedores concorrentes precisam encontrar uma forma neutra (e legal) de possibilitar isso antes que terceiros o façam. É preciso reduzir ao máximo os custos de distribuição física, independentemente das conseqüências para a infra-estrutura atual de distribuidores e revendedores. Em alguns casos, como de PCs e carros, a cadeia logística que apresenta os custos mais baixos é a de fabricação sob encomenda, que pode tornar o fornecedor que vende diretamente para o consumidor final mais barato até mesmo que o revendedor eletrônico mais eficiente. Através da combinação desses estratagemas, pode ser que o fornecedor de produtos nunca se iguale ao guia eletrônico em termos de abrangência, mas se conseguir atingir um nível *adequado*, poderá concorrer em várias outras dimensões, como veremos nos capítulos a seguir.

De forma semelhante, os revendedores tradicionais que seguirem uma estratégia de segunda geração deverão ter condições de concorrer de maneira muito eficaz contra os iniciantes *se* estiverem dispostos a gerenciar o negócio de vendas eletrônicas no varejo como uma operação séria e essencialmente independente. Eles poderão se igualar a qualquer um em termos de abrangência de produtos. Existem sinergias óbvias de compras entre operações físicas e eletrônicas. Pode ser que existam metas compartilhadas em termos de logística, apesar de isso não estar claro: um sistema eficiente de entrega em domicílio pode ser muito diferente do necessário para substituir as mercadorias nas prateleiras. As habilidades de comercialização podem ser transferíveis ou podem criar a ilusão de serem diferentes. A marca, se tiver algum valor no mundo físico, em geral é transferível. A presença física local pode servir de base para prestar ao cliente serviços que o revendedor eletrônico não tem condições de prestar.

Perguntas mais freqüentes

1. **A importância da massa crítica significa que o primeiro a entrar no mercado sempre ganha?**

    Não. Quem chega depois pode estabelecer e dominar segmentos que melhor se encaixem nos domínios de busca almejado por algum grupo de consumidores. Pode-se dividir o terreno dominado pelos primeiros a entrar no mercado ou pode ser que haja nichos dentro desse terreno. Nesse último caso, quem chegar depois teria que se sair melhor do que os pioneiros em termos de fidelidade ou riqueza (e os pioneiros, por saberem disso, não ficam de braços cruzados).

2. **Quais os tipos de negócios que serão mais afetados pela conectividade universal e abrangente e por padrões ricos em informações?**

    Aqueles em que o *trade-off* entre riqueza e abrangência está sendo deslocado, abolindo, *assim*, algumas concessões intrínsecas em termos de valor para o cliente.

3. **A abrangência é mais importante do que a fidelidade a um grupo ou do que a riqueza?**

    Inicialmente, a explosão da abrangência terá o maior e mais visível impacto sobre a alteração da *forma* dos negócios no futuro. Mas a fidelidade e a riqueza em geral têm mais peso a longo prazo como fontes de vantagem competitiva e, portanto, lucratividade.

4. **Quais as aptidões que devo tentar desenvolver para maximizar a abrangência?**

    A abrangência superior exige que você desenvolva maneiras eficazes de lidar diretamente com os consumidores finais. Ponha-se no lugar do novo guia, veja o consumidor pelos olhos dele. Para isso, pode ser necessário desenvolver uma série de novas aptidões, principalmente se você for o fornecedor de algum produto, um passo mais perto do seu consumidor final.

Tudo que o fornecedor de produtos e o revendedor tradicional precisam fazer é reconhecer que, se a canibalização vai ocorrer de qualquer maneira, é muito melhor fazê-la por conta própria.

Com o crescimento do volume de informações e do comércio na Web, conforme as limitações das estratégias de primeira geração vão se tornando mais aparentes, com a difusão das probabilidades de se replicar as estratégias dos heróis da primeira geração e com a melhor compreensão das leis de vantagem competitiva, é fácil prever que a abrangência se tornará o eixo de uma batalha competitiva ainda mais intensa e que as empresas tradicionais aceitarão a "autocanibalização" por ser inevitável. No caso da *Britannica* ou, já que tocamos no assunto, da Barnes and Noble, isso fica muito claro se olharmos para trás. O desafio, tanto emocional quanto intelectual, é conseguir prever.

Dicas úteis

- Os novos guias concorrem com base na abrangência, na fidelidade e na riqueza. Essa dinâmica competitiva não está necessariamente relacionada às maneiras definidas em termos físicos com base nas quais os guias tradicionais concorrem.
- O maior benefício do comércio eletrônico é a explosão da abrangência, mas a abrangência é apenas um emaranhado sem a navegação.
- O fluxo normal dos negócios (por exemplo, a *empurroterapia*, as vendas e a distribuição tradicionais) é uma conseqüência dos altos custos de busca. Se reduzirmos esses custos, o fluxo normal será substituído pelo fluxo inverso.
- É provável que a "adesão" seja transitória: ela só ocorre porque a abrangência se desenvolveu mais rápido do que a navegação. Nunca pressuponha que agora você tem uma renda passiva eletrônica.
- Inovações ocasionais em pequena escala talvez nunca atinjam massa crítica. As estratégias experimentais de primeira geração serão substituídas pelas estratégias de segunda geração que envolvem apostar alto.

7

A corrida pela fidelidade

Grande parte da vantagem dos novos guias (em relação aos concorrentes estabelecidos e aos seus semelhantes) vem do fato de definirem uma relação de fidelidade o mais forte possível com os interesses do consumidor. Essa inclinação favorável aos consumidores é conseqüência direta e fundamental do fim do *trade-off* entre riqueza e abrangência. Quanto mais abrangentes forem os guias em termos de fornecedores, e quanto mais intensa a concorrência entre guias para conquistar fidelidade e atenção dos consumidores, mais fraco será o vínculo entre os guias e qualquer vendedor e maior será a pressão para que trabalhem como compradores, e não como agentes dos vendedores. Essa tendência relativa à fidelidade passa o poder dos vendedores para os compradores.

A tendência de fidelidade ameaça a influência dos fornecedores sobre o processo de compra. Ela também ameaça a eficácia dos altos investimentos que estes fazem no controle dos canais de vendas a varejo e dos padrões de escolha dos consumidores. O surgimento de novos canais de navegação que fogem ao controle cria um grande dilema em relação àqueles que são controlados por fornecedores: é preciso decidir se manterão a fidelidade total à custa da competitividade a longo prazo ou se preservarão sua competitividade, sacrificando parte de sua eficácia como canais cativos. Os fornecedores de produtos têm que decidir se vão se adaptar à realidade dos guias fiéis ao comprador ou tentar evitar que ocorra a mudança de fidelidade a um grupo.

A fidelidade dos revendedores é mais complexa e ambígua do que a dos fornecedores. Por definição, os revendedores compram dos fornecedores e revendem para os consumidores: em alguns aspectos, eles são representantes dos interesses dos consumidores perante os fornecedores de produtos (procuram obter alta qualidade e preços baixos); em outros aspectos, são representantes dos interesses dos fornecedores perante os consumidores (fazem propagandas cooperativas e promoções em conjunto). O peso de cada papel varia de um revendedor para outro.

Todos os revendedores aceitam bem as propagandas cooperativas, materiais promocionais, vendas casadas e assistência de vendas oferecidos pelos fornecedores. A grande equipe de instrutores de vendas da Nike, denominada "Ekins" ("Nike" ao contrário), treina os vendedores dos varejistas para que saibam explicar a tecnologia dos calçados aos clientes e ajudá-los a escolher o modelo (Nike) mais adequado. Especialistas contratados por empresas de produtos embalados reorganizam seus produtos nas prateleiras dos supermercados para maximizar o efeito visual do espaço e atrair os clientes para a promoção atual. A Apple Computer gerencia seus revendedores de valor agregado como se fossem uma extensão da sua própria equipe de vendas. Os revendedores cujas economias físicas prendem-nos a uns poucos fornecedores (como revendedores de motocicletas ou lojas de câmeras) promovem com entusiasmo as ofertas de seus fornecedores preferenciais.

Entretanto, nem todas as relações são assim tão fortes. Os fornecedores de produtos duráveis e produtos embalados certamente não consideram o Wal-Mart como uma extensão de suas equipes de vendas. É muito mais provável que vejam o Wal-Mart como um (ou *o*) cliente. E apesar de não terem muita escolha a não ser cooperar com o Wal-Mart, dificilmente diriam que têm uma relação baseada em interesses comuns. Na verdade, por fazerem muita pressão para oferecer o máximo de opções e preços baixos todos os dias, desencorajando os fornecedores de gastar em autopromoções, o Wal-Mart, as cadeias de supermercados e os grandes varejistas são muito mais fiéis aos consumidores do que aos fornecedores. Mais precisamente, eles são fiéis aos interesses *coletivos*, não aos interesses *individuais* dos consumidores; continuam sendo varejistas de massa.

No caso de revendedores cujos vínculos com determinados fornecedores são sólidos, a tendência de fidelidade traz à tona perguntas sobre a viabilidade contínua de sua estratégia. No caso de revendedores cujos vínculos não são tão sólidos (como distribuidores universais e grandes varejistas), ela representa a oportunidade, na verdade a obrigação, de se posicionar de maneira ainda mais firme como defensores do consumidor.

O espectro da fidelidade

"Fidelidade" não significa se preocupar com o cliente: qualquer fornecedor, revendedor ou guia tem que fazer isso. Não diz respeito a nenhuma das atividades úteis e construtivas através das quais os vendedores promovem seus próprios interesses promovendo os interesses de seus clientes. Isso nada mais é do que ter bom tino comercial. Fidelidade diz respeito a uma relação em que o ganho do consumidor é o prejuízo do vendedor. Informar o consumidor sobre alternativas de compra disponíveis de outros fornecedores; explicar por que um recurso adicional não vale seu preço; compartilhar críticas ao desempenho do produto ou à satisfação do cliente: esses são os tipos de serviços de orientação que os consumidores esperam ver em um guia voltado para os interesses deles. Isso raramente acontece, pois atender os interesses dos consumidores não é o objetivo da maioria dos guias. O objetivo da maioria dos guias é atender os interesses dos vendedores.

Esse é o caso da publicidade, dos folhetos de produtos e das estratégias de vendas: o vendedor paga, cria e controla esses itens. Também é o caso, apesar de não ser tão óbvio, dos intermediários que facilitam ou negociam transações com terceiros, como agentes de seguros, decoradores e corretores de títulos e valores mobiliários. Quando o intermediário é pago pelo vendedor, pode-se dizer que ele tem em mente os interesses do vendedor.[1]

Alguns navegadores independentes prosperam através da manutenção de uma ambigüidade proposital com relação à sua verdadeira postura em termos de fidelidade. Revistas especializadas em computadores e aparelhos de som analisam a fundo os produtos de hardware e software. Porém mais de 80% de sua receita costuma vir de anúncios colocados pelos fornecedores desses produtos. Essas revistas não querem ofender um grande anunciante criticando seu novo produto, mas também não querem comprometer a objetividade com a qual seus leitores contam. Portanto, precisam atingir um ponto de equilíbrio delicado: testes rigorosos de laboratório, entusiasmo inócuo sobre as novidades tecnológicas da indústria e uma hesitação geral com relação a serem realmente incisivas sobre qualquer coisa. Os jornais e as revistas de notícias resolvem a mesma ambigüidade ao separarem as seções de editorial e de negócios da organização.

Os guias exclusivamente fiéis aos compradores são uma exceção. A revista *Consumer Reports* apresenta avaliações técnicas dos produtos, não contém anúncios e sempre evita qualquer relação com vendedores. Os leitores pagam US$2,95 por um número de trinta páginas, muito mais por página de texto do que o custo das revistas equivalentes sustentadas pelos anunciantes. Alguns guias humanos são fiéis aos compradores. Em geral, os arquitetos negociam com as empreiteiras em nome do cliente em troca de um percentual fixo do custo do projeto. Na esfera corporativa, os corretores de seguros trabalham explicitamente para seus clientes corporativos, avaliando as propriedades e os riscos de acidentes para comprar seguros em seu nome. Os departamentos de compras atravessam um oceano de opções de fornecedores com uma competência (e um dinamismo) que o restante da organização jamais conseguiria atingir. Mas, de qualquer modo, se os clientes quiserem um guia fiel ao comprador, terão que estar dispostos a pagar por isso.

A lógica da fidelidade

Há dois motivos pelos quais os guias estabelecem relações de fidelidade com fornecedores. Em primeiro lugar, o fato de que a riqueza em termos de navegação em geral é *específica* dos fornecedores. Em segundo lugar, os consumidores não estão dispostos a pagar pelo serviço.

Um vendedor que só tenha um produto para vender (como uma enciclopédia) e com milhares de clientes em potencial vai empurrar esse produto como se sua vida dependesse dele. De forma semelhante, um agente de compras que atenda uma editora de enciclopédias e lide com uma série de impressoras pode até dar a vida para proteger os interesses dessa editora. O vendedor ou o agente de compras não têm que ser funcionários da empresa fornecedora do produto para que a relação de fidelidade se aplique: eles são conseqüência da lógica da *especificidade*. Devido à abrangência restrita e às poucas opções adicionais, ambas as partes tornam-se altamente dependentes entre si, não havendo conflitos de interesse com relação à lealdade do guia. A especificidade, ou seja, o quanto a economia do guia depende da economia dos fornecedores ou dos compradores com os quais tem uma relação, é responsável por grande parte da relação de fidelidade. O vínculo empregatício entre a empresa e o vendedor ou o agente de compras é, portanto, uma *conseqüência* da fidelidade, não uma causa.[2]

No contexto da navegação, a especificidade é determinada pela abrangência. Um guia que tenha condições de ajudar o consumidor a fazer uma das escolhas iniciais na hierarquia de navegação pode conhecer bem (riqueza) quem está fazendo a busca (um agente personalizado de busca ou um consultor pessoal, por exemplo) e certamente terá informações com pouca riqueza de conteúdo e grande abrangência sobre o domínio ao qual a busca está relacionada (catálogos, listas de produtos, telefones). Desse modo, é *possível* que o guia seja específico com relação ao consumidor, mas certamente *não* o será com relação a qualquer vendedor individual que faça parte do domínio em questão. Por isso, é provável que o guia tenha uma relação de fidelidade no que diz respeito aos interesses do consumidor. Um guia situado no meio de uma hierarquia de busca, onde há conexões de alta abrangência e baixa riqueza para compradores e vendedores (como a seção de classificados de um jornal), terá uma posição de neutralidade entre as duas partes principais. Um guia posicionado para ajudar um consumidor em uma escolha mais *avançada* na hierarquia, onde as opções já foram limitadas a umas poucas alternativas (como um vendedor), dificilmente conhecerá profundamente o consumidor que chegou até ele. Mas é muito provável que tenha conhecimentos profundos sobre o domínio restrito de opções que abrange. Assim, tem-se um guia não específico com relação ao consumidor, mas muito específico com relação ao(s) fornecedor(es) cujos produtos ou serviços são objeto da busca. Por isso, é provável que esse guia tenha uma relação direta ou indireta de fidelidade com esse(s) fornecedor(es). É por isso que, no mundo do *trade-off* entre riqueza e abrangência, os guias que têm uma relação mais íntima de fidelidade com os fornecedores são responsáveis por grande parte das informações ricas e detalhadas.

Isso tem uma repercussão importante. Se a abrangência controla a especificidade e a especificidade controla a fidelidade, *as mesmas restrições que limitam a abrangência também limitam a fidelidade a um grupo*. Se a especificidade de um guia é simplesmente o resultado da abrangência limitada, qualquer fato que acabe com o *trade-off* entre riqueza e abrangência não só enfraquece a necessidade da busca hierárquica, mas também enfraquece a lógica da relação de fidelidade entre guias e fornecedores. *É possível deixar de existir fidelidade ao fornecedor quando acaba o* trade-off *entre riqueza e abrangência.*

O preço dos guias

A mudança em termos de fidelidade passa a ser possível, mas não inevitável. Há inúmeros exemplos de guias que abrangem os mesmos domínios, portanto têm a mesma abrangência operacional, mas agem de formas diferentes por serem pagos de maneiras distintas. Os "consultores financeiros", por exemplo, podem ser vendedores empregados e pagos por corretoras para vender títulos e valores mobiliários ou podem ser consultores independentes que cobram uma taxa de consultoria por hora do cliente. Alguns decoradores recebem uma comissão de 40% da loja de móveis (uma cifra que raramente admitem receber perante o cliente), outros cobram seus clientes por hora, como os arquitetos. O serviço de auxílio à lista e as Páginas Amarelas têm basicamente a mesma abrangência de navegação, mas um é pago na conta telefônica e o outro é um meio de propaganda. Em todos os casos, e de forma relativamente independente da abrangência, as opções apresentadas pelo guia, bem como a qualidade de suas orientações e a postura adotada, são sutilmente ou não tão sutilmente influenciadas pela economia do guia. Portanto, mesmo que a abrangência aumente muito e novos modelos de navegação passem a ser possíveis, a fidelidade da função de navegação continuará dependendo muito do preço a ser pago por ela.

Entretanto, em um mundo sem os limites da riqueza e da abrangência, a navegação torna-se muito mais *barata*. Quando todas as fontes de informação puderem ser acessadas eletronicamente, quando for necessário acessar qualquer informação apenas uma vez, quando os padrões se difundirem através da lógica de auto-organização das redes e quando os guias tiverem acesso ilimitado entre si, será possível realizar buscas altamente sofisticadas por frações de um centavo. Além disso, o custo e o potencial dessas buscas continuarão a ser baseados na Lei de Moore.

O simples fato de a navegação ser barata no domínio eletrônico muda a natureza do problema. A escolha entre um representante pago pelo fornecedor e um consultor pago pelo comprador é um verdadeiro dilema que se torna mais brando quando muitas dessas funções podem ser desempenhadas eletronicamente por alguns centavos. Os mecanismos de busca da Internet oferecem serviços de navegação sem cobrá-los do cliente. Dado o baixo custo do produto eletrônico, isso faz sentido: a navegação eletrônica é simplesmente *tão barata* que basta colocar alguns *banners* com anúncios, cobrar alguns centavos por um *hyperlink* ou obter um pequeno benefício colateral para justificar todo o serviço de navegação. Em um mundo de puras informações, a economia dos guias é muito diferente da economia de pessoas e objetos. O guia não tem que ser fiel a um vendedor para justificar o fato de oferecer seus serviços de graça.

Basicamente, com o aumento da riqueza e da abrangência nas buscas e a redução simultânea dos custos, a função de busca vai se tornando cada vez menos dependente do alto nível de assistência dado por alguns fornecedores e cada vez mais dependente de um envolvimento menor de diversos fornecedores (*banners* com anúncios, *hyperlinks*). Isso resulta em uma mudança em termos de fidelidade: o guia será fiel até certo ponto aos seus anunciantes como um grupo, mas não a um anunciante em particular, pois o fato é que há anunciantes demais. O guia é forçado a não criar nenhum vínculo devido à sua *abrangência*.

Mas essa afirmação foge um pouco à questão. A navegação de alta qualidade pode custar muito dinheiro e talvez só seja viável do ponto de vista financeiro se os clientes estiverem dispostos a pagar. De um modo geral, os clientes não querem pagar porque hoje não precisam fazê-lo, sendo difícil para eles distinguir a qualidade que valha o preço. No futuro, quando o clima de bangue-bangue do ciberespaço passar, pode ser que isso mude. Guias de marca, que ofereçam conteúdo de qualidade por uma assinatura, provavelmente surgirão. Sempre que o resultado de um processo de navegação for importante para os consumidores e sempre que as informações forem suficientemente simétricas para que esse valor se torne evidente, é provável que observemos a lógica do preço com base no valor.

A vantagem competitiva dos guias

Assim, chegamos ao princípio fundamental que definirá o rumo da evolução competitiva da navegação. Quando os guias atingirem seu limite com relação à abrangência, irão se conectar uns aos outros hierarquicamente, e os guias que fornecerem informações de alto teor de riqueza e baixa abrangência, estabelecerão um vínculo de fidelidade, que pode ser formal ou informal, com os fornecedores. Isso não seria bom para o consumidor, mas os consumidores não têm alternativa, a não ser que estejam dispostos a pagar pelo custo substancial de terem seu próprio guia.

Entretanto, uma vez quebrado o *trade-off* entre riqueza e abrangência, os guias deixarão de ser específicos aos fornecedores e se tornarão muito baratos em vários contextos. Como conseqüência, os guias passarão a concorrer entre si pela atenção dos consumidores com base em dois novos fatores: abrangência e fidelidade aos interesses do consumidor. Eles *poderão* concorrer assim porque as restrições de abrangência e, portanto, de especificidade terão sido reduzidas. Eles *vão* concorrer assim porque é assim que os consumidores preferem escolher seus guias. Por esse motivo, a corrida pela vantagem competitiva entre os guias deverá fazer com que caminhem em direção a uma abrangência mais ampla e a uma fidelidade maior com relação aos interesses do cliente. De fato, se a abrangência estiver sujeita à economia de rede da Lei de Metcalfe, os guias irão correr para o canto superior direito da Figura 6.3 com uma intensidade ditada pela consciência de que o vencedor fica com tudo. Nesse cenário, um grande vencedor em potencial será o guia que oferecer abrangência infinita e grande fidelidade com relação ao consumidor. Seria o equivalente cibernético do Wal-Mart.

Esse paralelo nos revela algo. O Wal-Mart não se dispôs desde o início a estabelecer uma relação íntima de fidelidade com os interesses do consumidor como vantagem competitiva principal. Em comparação com muitos varejistas, ele *não* têm uma relação muito íntima com seus clientes. A principal vantagem competitiva do Wal-Mart está em suas economias físicas: escala e logística. Essas economias físicas permitem que o varejista ofereça uma grande variedade, abrangendo muitos fornecedores, o que reduz a especificidade de suas relações com estes. As mesmas economias físicas fazem com que o Wal-Mart consiga atingir milhões de clientes. A falta de especificidade (dependência de um fornecedor) e o volume de clientes permitem que o Wal-Mart tenha o poder de barganha necessário para operar de maneira eficaz como um intermediário fiel aos interesses do consumidor através da negociação de preços mais baixos e entrega rápida. O segmento do Wal-Mart não é necessariamente um segmento em que a fidelidade ao cliente tem um valor especial. Para ser mais exato, foi a economia física que permitiu que (na verdade, foi ela que fez com que) o Wal-Mart passasse a ser fiel a outro grupo.

O mesmo ocorre com as empresas que trabalham unicamente com navegação. As mudanças em termos de favorecimento de um determinado grupo não são uma conseqüência da descoberta de necessidades subjacentes dos clientes com relação a guias fiéis, mas sim uma conseqüência da redução das limitações de riqueza e abrangência.

Conseqüências para os vendedores

Para os vendedores em geral, fornecedores e revendedores, o cenário resultante é preocupante. Ocorre o fim do *trade-off* entre riqueza e abrangência, permitindo que a busca universal substitua a busca hierárquica. Livres de suas restrições anteriores, os guias concorrem entre si com base na abrangência e na fidelidade ao cliente. Na batalha pela obtenção da massa crítica, os guias lutam para expandir a abrangência, realizam fusões e se concentram. O aumento da abrangência é inversamente proporcional à inflexibilidade da relação de fidelidade com os vendedores, o que é mais uma vantagem na concorrência pelos compradores. Alguns guias passam a frente dos outros, cruzam o limite de massa crítica e caminham em direção a posições de monopólio em seus respectivos domínios de busca. Quem chegar primeiro fica com tudo. As armas desse guia são abrangência superior, um nível mais alto de fidelidade ao cliente e confiança, além de riqueza equivalente (pois estamos supondo que o *trade-off* tenha chegado ao fim), o que o deixa em posição de vantagem em termos de navegação com relação a revendedores e fornecedores. Os revendedores são rebaixados à condição física de distribuidores. Os fornecedores observam a comoditização de seus negócios ou, no mínimo, são forçados a concorrer com base em características específicas ao produto, como custo, tecnologia e recursos. Ocorre uma abstração de grande parte do potencial de valor do negócio. Foi isso que o Wal-Mart fez com o setor de vestuário. É isso que a Microsoft faz com todo mundo.

Nada disso é plausível? Pode ser. Ainda não aconteceu. Na maioria dos negócios, não vai acontecer. Mas a *lógica* é esta: um conjunto de forças que compõem os cálculos estratégicos de todos os negócios. Se um fornecedor ou revendedor evitar essa lógica, deverá utilizar forças ou estratégias para contrabalançar sua posição. Na verdade, existem sete delas.

Continuação do *trade-off* entre riqueza e abrangência. A primeira linha de defesa está em áreas em que a atual curva de *trade-off* entre riqueza e abrangência resistirá. Ainda não se sabe, por exemplo, como a tecnologia de "áudio contínuo" permitirá que os consumidores escolham remotamente um par de alto-falantes estéreo de ponta ou se a tecnologia de realidade virtual algum dia permitirá que escolham um vestido sem experimentá-lo. Apesar de os revendedores on-line de roupas já oferecerem "manequins virtuais", personalizados de acordo com o tamanho e a aparência do consumidor, ainda há dúvidas se essa tecnologia algum dia realmente poderá substituir os provadores. Para esses tipos de produtos, a economia da informação e a economia dos objetos dificilmente serão separadas; portanto, o *trade-off* entre riqueza e abrangência continuará existindo, e os guias (como os funcionários de uma loja) continuarão sendo fiéis ao vendedor.

Essa lógica se aplica a fatias específicas do mercado de navegação. Os consumidores continuarão podendo desenvolver uma idéia preliminar daquilo que desejam com base em informações bidimensionais e, após a seleção física, poderão optar por encontrar o fornecedor que ofereça o preço mais baixo e a entrega mais rápida através de um processo de seleção sem limites de riqueza e abrangência. Como sempre, é necessário "desconstruir" uma compra detalhadamente, identificando as etapas que a compõem, e considerar a lógica de riqueza, abrangência e fidelidade de cada uma separadamente. Só porque *uma* etapa exige riqueza não quer dizer que o mesmo se aplique às outras etapas.

Do seu ponto de vista

Se você for um guia...
- Reconheça que uma relação mais íntima de fidelidade com os consumidores é uma grande vantagem competitiva para você. Faz parte da sua identidade na Web. Cultive-a. Não faça nenhuma concessão que comprometa os interesses do consumidor para obter um ganho de curto prazo para você mesmo. Nunca faça nada que não gostaria que seus usuários descobrissem, pois, dentro de alguns dias, eles descobrirão.

Se você for um fornecedor de produtos...
- Reconheça que estabelecer uma relação mais íntima de fidelidade com os consumidores representa uma grande mudança em seu modelo de negócios.
- Saiba que os novos guias, que têm uma relação mais íntima de fidelidade com os consumidores, podem reduzir, praticamente da noite para o dia, boa parte das vantagens competitivas da sua equipe de vendas, da sua publicidade, do seu material informativo sobre os produtos.
- Analise seriamente a possibilidade de formar alianças para abordar o problema da fidelidade: um *grupo* de fornecedores pode ter condições de criar um guia que tenha uma forte relação de fidelidade com o cliente, que seja mais abrangente e mais confiável do que qualquer um dos membros do grupo. Comece pelo domínio

de busca conforme definido pelo consumidor, identifique todo o escopo desejado de provedores de conteúdo e os provedores de credibilidade mais convincentes, e defina sua aliança a partir dessa lista.

Se você for um revendedor de "ampla abrangência" que não tenha relações íntimas de fidelidade com fornecedores...

- Na qualidade de comerciante em geral ou grande varejista, você está mais bem posicionado do que outros concorrentes estabelecidos (por exemplo, fornecedores de produtos, outros revendedores com abrangência restrita) para criar um negócio de navegação com base na abrangência e na fidelidade ao consumidor. Você não tem nenhum compromisso com fornecedores específicos. De qualquer forma, suas avaliações de produtos são rigorosas e isso faz parte da sua marca. É provável que você tenha a reputação de ficar do lado do consumidor. *Você só precisa estar disposto a canibalizar sua atual estrutura física de negócios.*
- O varejista mais bem posicionado para se tornar o equivalente cibernético do Wal-Mart pode ser... o Wal-Mart.

Se você for um revendedor de "abrangência restrita" que tenha relações íntimas de fidelidade com alguns fornecedores...

- Você é vulnerável. Os novos guias e os revendedores de "ampla abrangência" podem derrotá-lo em termos de abrangência e de fidelidade ao consumidor. Os seus fornecedores podem decidir lidar diretamente com os consumidores. É provável que sua verdadeira função seja criar uma "experiência" de compras. Mas como ela sobreviverá no meio multimídia?

Lembre-se também que a Lei de Moore está deslocando gradualmente o *trade-off* entre riqueza e abrangência. Daqui a dez anos, a tecnologia da informação será cem vezes mais poderosa. E as novas tecnologias não têm obrigação de definir a riqueza da mesma forma que as antigas. Pode ser que os monitores nunca tenham condições de exibir as cores com a precisão técnica da litografia (atualmente, as opiniões dos especialistas estão divididas quanto a essa questão), mas o som e o vídeo em movimento contínuo (*full-motion video*) poderão servir muito bem aos objetivos das compras através de catálogos eletrônicos. É fácil cair em uma definição de riqueza que reflita os *atuais* pontos fortes das tecnologias de abordagem em vez daquilo de que o consumidor realmente precisa de algum modo fundamental. Entretanto, há muitas opções em que o *trade-off* entre riqueza e abrangência não será deslocado e nas quais os guias fiéis aos vendedores continuarão prosperando.

Inexistência do valor da concessão. A segunda linha de defesa depende de se a explosão de abrangência e a transferência de fidelidade para outro grupo realmente geram algum valor. Será que precisamos de mecanismos de busca, bancos de dados, grupos de discussão e salas de bate-papo, ou seja, de toda a parafernália da navegação abrangente e objetiva, para escolher e comprar um pacote de chicletes? Existem parcelas enormes da economia em que o valor da navegação superior simplesmente não basta. Em muitas atividades, a concessão mútua observada entre a economia dos objetos e a economia da informação, entre riqueza e abrangência é trivial.

Entretanto, a economia trivial está sujeita a ser afetada por qualquer mudança. O fato de não haver nenhum motivo específico para alterá-la significa que também não há nenhum motivo específico para preservá-la. Ela pode se transformar como conseqüência acidental de eventos aparentemente isolados. A destruição do negócio das enciclopédias pode ser interpretado, ao menos em parte, como um subproduto informal da economia das promoções na indústria da informática. Mas esse risco não é nenhuma novidade. Muitas atividades teoricamente vulneráveis saem-se muito bem porque nem os concorrentes nem os clientes consideram que haja valor suficiente que justifique sua mudança.

Negação da massa crítica. A terceira linha de defesa é mais estratégica: tirar vantagem da *indefinição* da evolução da rede impedindo que os novos guias atinjam a massa crítica. Fornecedores e revendedores são as fontes de informações sobre recursos, preços e disponibilidade dos produtos de que os guias precisam. Portanto, basta que se recusem a tornar disponíveis essas informações. Deixe que o Yahoo! guie os usuários até o seu site na Web, mas não permita que ninguém disseque suas listas de produtos e as compare com as de seu concorrente. Se todos os vendedores fizerem isso, o Yahoo! ficará confinado ao seu papel atual de guia de alta abrangência, porém baixa riqueza: uma lista telefônica glorificada.

Essa questão apresenta dois problemas. O primeiro é que, tecnicamente, é muito difícil para o vendedor impedir que um guia disseque as informações publicadas eletronicamente pelo próprio vendedor. Se os clientes podem visitar o site na Web, os guias também podem. Não precisa ser uma visita pessoal: tecnologias como a Junglee permitem que um guia visite dezenas de sites na Web ao mesmo tempo, faça consultas no formato aceito por cada site, obtenha um retorno para dissecar e organizar as respostas, tudo isso em alguns segundos. O Yahoo! usa a tecnologia Junglee para operar como metaguia, ou guia dos guias, de compradores de livros. Consulte o Yahoo! sobre um livro e receberá ofertas de cerca de vinte livrarias eletrônicas, podendo escolher a opção com preço mais baixo e entrega mais rápida. Na média, essa abordagem resulta em uma economia entre 5% e 10% do preço que você pagaria se visitasse uma das livrarias eletrônicas. A Amazon.com adquiriu recentemente a Junglee. Isso não irá tirar os metaguias do mercado dos livros (existem muitas alternativas à disposição do Yahoo!), mas permitirá que a Amazon faça o mesmo com fornecedores eletrônicos de outras categorias.

É claro que, no fim das contas, o vendedor pode acabar com esse jogo, mesmo que a única atitude que possa tomar seja se recusar a ter um site na Web. Contudo, aqui nos deparamos com a segunda questão, mais fundamental: *não é óbvio que isso seja interessante para qualquer vendedor*. Mesmo o guia mais fiel do mundo ao cliente que tenha uma grande abrangência é uma fonte de negócios adicionais para qualquer vendedor. A menos que o negócio de vendas seja altamente concentrado, é improvável que a capacidade do navegador de atingir a massa crítica dependa da disponibilidade de dados de qualquer fonte individual. Assim, apesar de, sem dúvida alguma, ser do interesse de todos os vendedores *coletivamente*, não é do interesse de qualquer vendedor *individualmente* recusar-se a fornecer seu dados ao guia. Mas se todos raciocinarem assim, o guia atingirá a massa crítica.[3]

A questão não é meramente teórica. Levemos em conta as dificuldades pelas quais passou a indústria bancária no combate à ameaça da Intuit, da Microsoft e de outros guias que estabeleceram uma relação de fidelidade com os consumidores. No início, muitos bancos se recusaram a oferecer aos seus clientes suporte para esses "navegadores de valor agregado" porque não gostavam do seu alto grau de abrangência e da inexistência de fidelidade com relação ao vendedor. Em vez disso, eles empurravam seus próprios produtos proprietários. Os grupos dos setor chegaram a um acordo solene com relação a estratégias coletivas para se defenderem contra a ameaça. Entretanto, alguns bancos viram o apoio a esses novos navegadores como uma vantagem competitiva para conquistar clientes *de outros bancos*. Para cada banco que optou por fazer isso, o ganho em termos da *própria* vantagem competitiva compensou o risco ligeiramente maior que a indústria corria por conceder a esses navegadores um pouco mais de massa crítica. Mas conforme os bancos vão aderindo, a credibilidade, o valor agregado e o poder de barganha da Intuit e da Microsoft vão aumentando. Assim, a medida mais lógica a ser tomada pelos *outros* bancos é aderir. No setor bancário, a tentativa de negar a massa crítica aos guias que têm uma relação de fidelidade com o cliente está destinada a fracassar pelos mesmos motivos que os cartéis costumam fracassar.

Apesar de ser difícil para os vendedores parar um guia depois que ele ultrapassa o ponto de massa crítica, também pode ser extremamente difícil para o guia chegar a esse ponto. A Amazon.com, que tira vantagem de um banco de dados que já estava pronto, é uma exceção, não a regra. Fazer com que um produto ou serviço com base na rede decole costuma ser um grande desafio. Muitos guias baseados em vendedores sobreviverão por muito tempo, não devido às estratégias claras de defesa, mas porque nenhum guia que seja fiel ao cliente possui a disposição e os recursos para organizar um ataque bem-sucedido.

Perguntas mais freqüentes

1. **A tendência de estabelecer uma relação de fidelidade com o comprador é definitiva ou uma onda que vai e vem?**

    A explosão de abrangência é permanente, portanto a nova tendência em termos de fidelidade também é. Por outro lado, os vendedores lutarão muito para tentar preservar a fidelidade dos guias, e alguns deles conseguirão. Reconhecer a permanência da explosão de abrangência é essencial para a sobrevivência competitiva de longo prazo.

2. **Por que os guias do ciberespaço simplesmente não formam relações verticais conjuntas com os fornecedores assim como seus equivalentes do mundo físico?**

    Porque eles não precisam e não querem fazer isso. Eles não precisam fazê-lo porque podem chegar a todos os fornecedores, muito mais do que no mundo físico. Eles não querem fazê-lo devido à concorrência dos outros guias, muito mais intensa e instável do que a equivalente do mundo físico. Um revendedor tem todos os motivos para trabalhar para um fornecedor. O Yahoo! tem todos os motivos para não fazer isso.

3. Eu posso cobrar pela navegação de alta qualidade?

Pode ser que um dia isso seja possível, mas não enquanto há outros que oferecem o serviço de graça, seja isso racional ou não. Não permita que a incerteza com relação à cobrança o impeça de oferecer uma navegação de alta qualidade. O mercado de ações já decidiu que a abrangência vale mais do que os lucros atuais. Em breve, o mercado de ações chegará à mesma conclusão sobre a riqueza.

Mais fidelidade aos clientes. Na quarta linha de defesa, você adota a estratégia de fidelidade ao cliente e tenta se tornar um guia privilegiado. Copie a tendência que o guia independente tem de favorecer o consumidor, ou melhor, vá além dela. Ofereça um serviço de navegação que resolva problemas em vez de meramente empurrar produtos. Acrescente dados objetivos e softwares que ajudem os visitantes a tomarem decisões sobre o conteúdo que não esteja relacionado aos próprios negócios. Forneça informações objetivas e abrangentes sobre produtos e serviços que estejam dentro do domínio de busca do consumidor e que você *não* vende, efetuando a comoditização dos negócios de terceiros para proteger o seu próprio negócio. Talvez você possa oferecer dados abrangentes, mas não necessariamente comparativos, sobre seus produtos e os produtos de seus concorrentes diretos, influenciando levemente a apresentação através da ordenação das alternativas e com ocasionais ênfases ou omissões. Você pode se aliar a vendedores de outras indústrias que não sejam seus concorrentes e que tenham a mesma lógica de parceria para manter o domínio de busca escolhido. Disfarce perante o consumidor a relação de fidelidade do guia com o fornecedor. Todas essas opções (ou combinações delas) são formas distintas da mesma estratégia. Elas exigem que você abra mão de parte da sua fidelidade consigo mesmo (no que diz respeito a um guia cativo) em troca de uma abrangência coletiva maior e uma relação mais íntima de fidelidade com o consumidor. A teoria indica que talvez esse tipo de guia não seja ideal para o vendedor, mas é preferível à alternativa independente e pode ser suficiente para negar ao guia independente a massa crítica.

Pode ser que dê certo. Deu certo para o sistema SABRE da American Airlines, através do qual esta pôde influenciar a apresentação de uma listagem abrangente de vôos, dando à sua oferta um pouco mais de riqueza e destaque.[4] Mas há dois problemas. O primeiro é a probabilidade de o produto do guia ser inferior (do ponto de vista do cliente) ao fornecido por um concorrente. As pessoas não se deixam levar quando os vendedores afirmam que estão sendo "objetivos". Mesmo que eles *sejam* objetivos, a tendência das pessoas é não acreditar neles. Além disso, a simetria e a transparência dos fluxos de informação, juntamente com as motivações óbvias de um guia independente, garantem que os usuários não vão deixar passar despercebido qualquer indício de que o guia esteja "puxando a brasa para a sua sardinha". Existe a esperança de que alguma combinação entre o momento certo, a prevenção e a formação de uma aliança possa superar as limitações em termos de abrangência e fidelidade ao cliente. No setor de sistemas de reservas (CRS) das companhias aéreas, a complexidade surpreendente das exigências de processamento de dados acabaram sendo uma barreira duradoura que impedia a entrada de novos concorrentes. Mas em muitos negócios de navegação baseados na Web as barreiras técnicas são pequenas. É por isso que devemos nos preocupar com a capacidade de defesa de longo prazo de um "guia pouco tendencioso".

O segundo problema é uma conseqüência do sucesso. Suponhamos que um fabricante de televisores crie um guia sobre *home theaters* que oferece informações abrangentes e objetivas sobre como escolher os componentes de áudio e vídeo (e apresente, de maneira quase imperceptível, seus próprios produtos e tecnologia de forma parcial, favorecendo-os). Suponhamos que esse guia se torne popular. Como reagirão os fabricantes de sistemas de processamento de sons ou alto-falantes diante do temor da comoditização? Obviamente definindo uma estratégia paralela. Isso pode resultar, rapidamente, na criação de uma meia dúzia de sites na Web sobre *home theaters*, cada um mantido por uma aliança de vendedores rivais e com um alto grau de fidelidade ao consumidor e objetividade abrangente exceto por uma *pequena* área onde os proprietários têm capital investido. Mas se todos esses sites tiverem o mesmo nível de qualidade, as chances de um cliente que selecione um desses guias para comprar um aparelho de televisão *não* escolher o produto do fabricante são muito grandes (cinco entre seis compradores). O fabricante do televisor (e, seguindo a mesma lógica, todos os outros vendedores) estará evitando a comoditização *apenas um sexto das vezes*. Assim chegamos a um paradoxo: pode ser que o consumidor seja *sempre* orientado por um guia fiel ao vendedor, mas isso não quer dizer que o guia agirá para proteger os interesses do vendedor específico cujo produto o consumidor comprar. Para proteger seus negócios individuais da comoditização, os vendedores, por conta própria, efetuarão a comoditização dos negócios de terceiros.

E basicamente, é claro, o motivo pelo qual isso acontece no mundo virtual, mas não no mundo físico, é o fato de o domínio de busca virtual ideal para o consumidor não corresponder a nenhuma indústria física.

Escolha do guia. A quinta linha de defesa é fechar um negócio com o guia. Coloque anúncios no site do guia. Pague o guia por cada indicação. Ofereça ao guia alguma consideração em troca de assistência favorável na navegação. Isso não pode ser feito em segredo (as informações sobre esses acordos serão de conhecimento público logo de início), mas não precisa ser tão óbvio. Se o guia ainda estiver na briga pela obtenção da massa crítica, pode ser que haja uma receptividade limitada porque, desse modo, o guia estará comprometendo sua própria competitividade, e alguns guias que fecharam negócios desse tipo foram forçados, devido à indignação dos consumidores, a abrir mão deles. Mas se o guia já tiver assumido uma posição de liderança em algum domínio de busca, pode ser que esteja aberto à idéia de ter um fluxo adicional de receita. É provável que muitos guias (principalmente aqueles que têm um público cativo) fechem negócios lucrativos com vendedores para colocá-los em uma posição de exclusividade ou destaque.

Obviamente, é preciso tomar cuidado para que isso não vá de encontro à tendência de longo prazo no sentido de aumento da riqueza e da abrangência, favorecendo os guias que tiverem mais abrangência em termos de fornecedores e mais riqueza em termos de informações sobre o cliente. Sempre que um guia tradicional dá um passo na direção inversa, abre um espaço para um guia insurgente. E, no mundo flexível da economia da informação, não existem posições cativas. É por isso que os guias insurgentes vão enfraquecendo aos poucos a posição dos tradicionais ou o guia tradicional acaba sendo forçado a ajustar a estratégia. Enquanto isso, a inclinação favorável ao consumidor vai ficando para depois.[5]

Desconstrução do negócio do vendedor. A reação estratégica mais extrema a esses dilemas é a desconstrução dinâmica da sua própria cadeia de valores. Separe a função de navegação da função de fornecimento do produto e administre-as como negócios distintos. Se o guia orientar os clientes para produtos e serviços da concorrência, assim seja. A relação com o cliente pode ser mais importante do que a margem adicional do produto, pelo menos a longo prazo. Se houver um enfraquecimento do negócio do fornecedor, mude de ramo. Sobreviva como um guia totalmente fiel ao cliente. Em vez de tratar a navegação como uma função de marketing do negócio de um fornecedor, pense nos produtos como um ponto de partida para começar um negócio de navegação. Pode parecer uma medida extrema, mas alguns dos bancos comerciais mais inteligentes e fortes, instituições com ativos que valem centenas de bilhões, consideram essa a sua estratégia de longo prazo.

Intensificação da riqueza. A última linha de defesa, e talvez a mais potente, é adiar a abrangência, intensificando a riqueza. Esse assunto merece um capítulo à parte.

Dicas úteis

- As restrições de abrangência fazem com que muitos guias sejam específicos aos vendedores, sendo, portanto, fiéis a eles. Se acabarmos com essas restrições, esses guias passarão a ser fiéis aos compradores.
- A mudança de grupo forçará todos os concorrentes a voltarem suas próprias ofertas de navegação para uma relação de maior fidelidade e mais abrangência com o consumidor.
- O mais surpreendente não é o fato de que os guias irão concorrer com base na fidelidade ao consumidor no futuro, mas sim que eles não faziam isso antes.
- O negócio do guia pode valer mais do que o negócio do fornecedor; não está claro se a competitividade do primeiro deveria ser comprometida em benefício do segundo.

8

A corrida pela riqueza

Nós descrevemos como a abrangência e a fidelidade podem abalar as estruturas estabelecidas de negócios, sugando boa parte da vantagem competitiva. Também identificamos algumas estratégias de reação para fornecedores de produtos e revendedores. Porém, a maneira mais eficaz de concorrência para empresas tradicionais e insurgentes, considerando-se a desconstrução, é usar a riqueza para aprofundar as relações com os clientes e cultivar o valor da marca.[1]

A desconstrução é resultado do fim do *trade-off* entre riqueza e abrangência. Como o deslocamento desse *trade-off* vai para fora, torna quase inevitável o aumento da abrangência com todas as conseqüências descritas em capítulos anteriores. Mas também é possível e provável que os vendedores e guias explorem novas tecnologias para oferecer mais riqueza. E, considerando que o *trade-off* é deslocado, não abolido, *quanto maior o aumento em termos de riqueza, menor será o aumento em termos de abrangência*. A prioridade estratégica, conforme ilustrado na Figura 8.1, passa a ser o deslocamento para cima, não para a direita. O movimento para a direita é o movimento da comoditização, da desintermediação e da comparabilidade direta. O movimento para cima é o movimento da utilização das informações como a nova cola que une vendedores e consumidores em uma relação mais sólida.

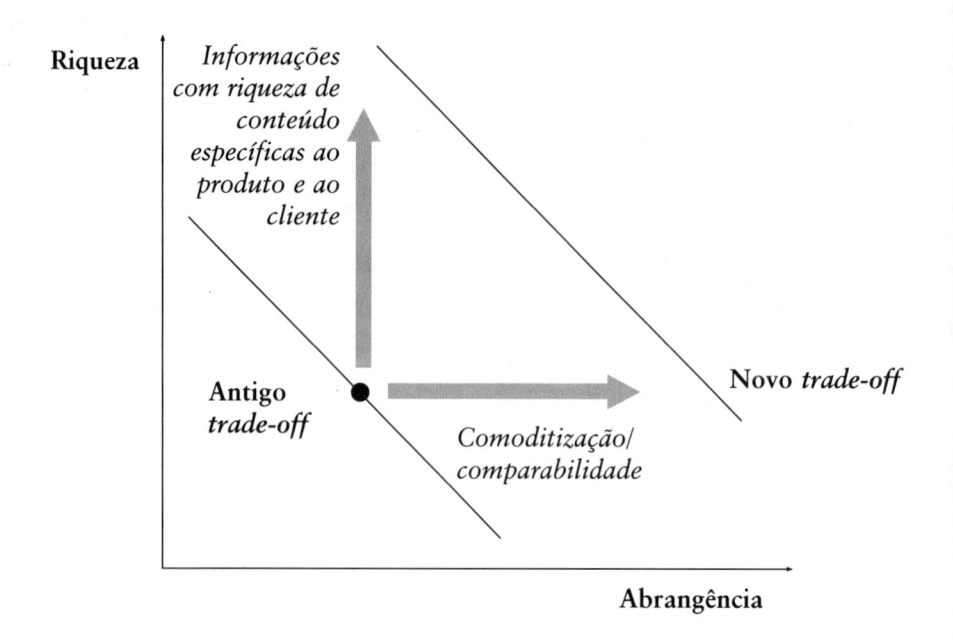

Figura 8.1 Riqueza X abrangência.

Os fornecedores de produtos podem usar a riqueza para criar valor a partir de uma relação direta com o consumidor: não o pseudovalor de grande parte das atuais comunicações de marketing, mas o verdadeiro valor com base no intercâmbio produtivo e voluntário de informações. Se o produto e a marca forem adequados, eles poderão desenvolver um canal multimídia rico em termos de conteúdo para a comunicação direta, podendo, assim, reforçar sua posição contra os revendedores estabelecidos e os novos guias que estão se amontoando no mesmo espaço.

Os revendedores, tanto tradicionais quanto eletrônicos, podem e devem tentar fazer o mesmo. Sua ampla abrangência em termos de produtos e sua relação mais íntima com o consumidor são vantagens que eles têm sobre os fornecedores, mas lhes falta a profunda credibilidade relativa ao produto que os fornecedores têm, a capacidade de criar um ambiente voltado para o produto. O importante é saber se a riqueza que pode ser acrescentada de forma útil (do ponto de vista do *consumidor*, é claro) se adapta melhor ao domínio restrito do fornecedor ou ao domínio mais amplo comandado pelo revendedor. Isso varia de uma categoria para outra.

Estratégias de riqueza

Em um contexto de marketing, as informações podem ser ricas em termos de conteúdo em dois sentidos: com relação ao consumidor ou com relação ao produto. As informações sobre o consumidor ricas em conteúdo em geral são descritas como marketing de bancos de dados, extração de dados ou personalização em massa. O termo que usaremos é *segmento individualizado*, pois é o que mais se aproxima da essência da estratégia: usar informações específicas sobre o cliente para executar o marketing específico ao cliente. As informações sobre o produto ricas em conteúdo abrangem todas as categorias óbvias de fatos técnicos, histórico do produto e conselhos para a solução de problemas, além de tudo aquilo que está relacionado ao estabelecimento da marca.

O segmento individualizado e as informações sobre a marca são *atalhos* para reduzir o processo de busca hierárquica do consumidor. Os comerciantes de segmentos individualizados identificam as necessidades, ou predisposições, do consumidor com relação a uma determinada configuração de produtos ou serviços e oferece exatamente essa configuração para o comprador em potencial sem que este tenha solicitado tal informação. Pode ser que a personalização não seja tão boa quanto aquela que o consumidor escolheria se passasse por toda a rotina de busca hierárquica sozinho, mas é *suficiente*. Ele aceita o "atalho" oferecido através de sua hierarquia de decisão e compra o produto.

Os bancos acompanham os aniversários e os créditos salariais para identificar o aparente momento de aposentadoria e, assim, oferecer a seus clientes serviços de planejamento financeiro. As empresas de vendas por catálogos compram, vendem e trocam listas de clientes que tenham uma tendência identificada de comprar artigos de cozinha ou itens de coleção. As companhias aéreas e os hotéis personalizam ofertas de desconto com base na freqüência e nos padrões de uso. Os clubes de livros definem ofertas de acordo com seus conhecimentos ou especulações sobre os hábitos de leitura de cada sócio. A American Express, que possui um dos bancos de dados mais abrangentes sobre os padrões de despesas de famílias de alto poder aquisitivo, extraiu esses dados para comercializar alguns produtos improváveis: é a maior vendedora de relógios dos Estados Unidos.

De forma semelhante, as marcas funcionam como atalhos que cortam o caminho da escolha hierárquica. Na cabeça do consumidor, a marca é sinônimo de informações ricas sobre um produto, serviço relacionado e outros atributos (sejam eles reais ou observados). As informações são obtidas através de propaganda, reputação e, acima de tudo, experiência anterior. Não são abrangentes ou necessariamente objetivas, mas *facilitam* a escolha do produto. O conhecimento da marca permite que o consumidor evite a árdua e praticamente impossível tarefa de tentar fazer escolhas de maneira sistemática. A fidelidade à marca é surpreendentemente estável: das 25 marcas de bens de consumo mais vendidas em 1960, 16 ainda estão entre as 25 mais vendidas atualmente.[2]

Independentemente de serem específicas ao cliente ou ao produto, os vendedores se valem de informações ricas em conteúdo para estabelecer em seu favor relações com os consumidores, usando os canais e hábitos relacionados às escolhas destes. A riqueza de informações contrabalança a desconstrução.

O impacto da explosão de abrangência

A explosão de abrangência afeta o poder das estratégias de informações ricas em conteúdo de duas formas bastante opostas. Por um lado, se a abrangência aumenta *sem um aumento equivalente em termos da capacidade de navegação*, as estratégias de segmento individualizado e estabelecimento da marca tornam-se mais poderosas. Como argumentamos no Capítulo 6, a infinidade de opções, por si só, leva apenas à confusão infinita. Frente a uma gama de opções desnorteante, o consumidor tende a preferir ofertas personalizadas feitas pelos vendedores, sendo também mais provável que confie nas informações sobre marcas fornecidas pelos poucos vendedores que conseguirem se destacar em meio às declarações dos concorrentes. Grande parte da questão depende da coerência e da credibilidade dessas declarações: em alguns negócios, as ofertas cuidadosamente discriminadas e altamente personalizadas feitas pelo vendedor nada mais são do que correspondência não solicitada pelo consumidor; em outros (como na indústria bancária), campanhas intensivas de propaganda não ajudaram muito a fixar uma imagem persuasiva da marca na mente do consumidor. Mas, de um modo geral, o marketing com um alvo definido e mensagens consistentes sobre o produto mostraram ter um verdadeiro poder de fixação que será *reforçado* pela proliferação de uma gama "inavegável" de alternativas clamorosas.

Entretanto, por outro lado, se a abrangência aumenta *no contexto da estrutura e dos padrões*, com base no qual a gama habitual de bancos de dados, mecanismos de busca e softwares de comparação prosperam, para o consumidor, o valor da riqueza oferecida pelo vendedor diminuirá. Os guias reduzirão os custos de busca, aumentarão sua abrangência e alinharão o processo de busca com os interesses do comprador. Se, dessa forma, a busca universal tornar-se mais eficiente do que antes, haverá menos dificuldades a serem evitadas e o consumidor poderá obter mais valor ao ser sistemático. Assim, as informações ricas em conteúdo fornecidas pelos vendedores passarão a ser menos valiosas para o consumidor, enfraquecendo o apelo do segmento individualizado e das marcas.

Nessa situação, é improvável que os clientes tomem uma decisão consciente no que diz respeito a *deixar* de aceitar ofertas não solicitadas ou *parar* de comprar com base na marca. A mudança é menos direta. Haverá uma melhoria das informações e elas serão distribuídas de maneira mais simétrica. Os clientes encontrarão fragmentos de informações, fatos ocasionais, comentários e comparações que os levarão a questionar se essa oferta personalizada ou se essa proposta de estabelecimento da marca era tão boa quanto eles acharam de início. As dicas, as dúvidas e a facilidade com que podem fazer experiências farão com que experimentem algumas alternativas.

O posicionamento da marca se complica pelo fato de que a navegação universal cria suas próprias marcas. A busca tem que começar em algum lugar. Por definição, não é possível chegar ao ponto de partida *em si* através da busca. Quem efetua uma busca deve saber dessa possibilidade por meio de propagandas, reputação ou experiência anterior. Mas isso quer dizer que o ponto de partida em si já é uma marca. O Yahoo! é uma marca (e muito poderosa segundo seu valor no mercado de ações). As marcas dos guias concorrem com as marcas de produtos tradicionais pela atenção do consumidor. O CarPoint da Microsoft, com sua capacidade de procurar novos modelos de carros por especificação, é uma marca rival em potencial não só do Auto Trader, mas também, de certa forma, da Ford. E se o conjunto de marcas das quais os consumidores se lembram espontaneamente é pequeno, se o espaço mental ocupado por marcas poderosas é necessariamente limitado, as marcas dos guias precisam ocupar o lugar das marcas de produtos.

A pergunta que todas as empresas devem se fazer é: como é possível usar informações ricas em conteúdo específicas sobre o consumidor e sobre o produto para reforçar as relações, se destacar na multidão e evitar o impacto desconstrutivo dos guias?

Informações específicas sobre o consumidor

O advento das novas tecnologias da informação oferece maneiras eficazes de expandir os recursos do segmento individualizado. A comunicação eletrônica mantém muito baixos os custos de coleta e extração de arquivos com informações detalhadas sobre o cliente. Apesar de os protocolos de comunicação subjacentes da Net serem anônimos, os programas de navegação contêm *cookies* que são colocados dentro da máquina do usuário e, em seguida, registram e transmitem informações detalhadas sobre as atividades deste. Em princípio, todos os sites e páginas visitados, todas as informações inseridas, todos os movimentos do mouse podem ser rastreados, registrados e repassados para o servidor host. Esses dados podem ser usados para direcionar mensagens e ofertas com base em informações *comportamentais* (não só demográficas ou de atitude) sobre o consumidor. Assim, obviamente, a Net pode ser usada para enviar ofertas direcionadas por custo zero.

Por exemplo, o serviço 1-800-FLOWERS trocou o telefone pela Internet para servir de canal principal de comunicações com os clientes, permitindo um conjunto muito mais rico de ofertas personalizadas por um custo adicional mínimo. A empresa mantém um arquivo de dados sobre o cliente com informações de datas importantes e de aniversário, bem como um registro de compras anteriores de presentes para pessoas específicas. Desse modo, ela pode avisar ao cliente que uma data em que precisa dar um presente está se aproximando e fazer sugestões adequadas para esse indivíduo de acordo com a quantia que o cliente pretende gastar. Esses presentes já não ficam mais restritos a flores: a empresa está se transformando em um serviço de assistente eletrônico.

O CDNOW permite que seus clientes definam uma interface personalizada, "My CDNOW", solicitando informações sobre seus artistas preferidos. O CDNOW rastreia essas informações e as relaciona às compras efetuadas pelo indivíduo. Em seguida, aplica uma tecnologia de correspondência estatística, criada pela Net Perceptions,[3] para identificar o universo de pessoas com preferências semelhantes e recomendar os títulos escolhidos por esse grupo mais amplo, mas pode ser que o indivíduo identificado no processo não esteja a par do uso dessa tecnologia. Ela chama atenção para opções das quais uma pessoa poderia gostar e que talvez não tivesse encontrado de outra forma. É claro que a motivação é vender gravações, mas muitos clientes amam o serviço e tornaram-se fiéis ao CDNOW por isso.

No Capítulo 5, descrevemos como a Dell usa configuradores para oferecer uma interface mais rica ao consumidor que deseja comprar um computador on-line. A Dell apresenta opções detalhadas e define instantaneamente o preço resultante das escolhas feitas. Além disso, a Dell criou 1.500 home pages personalizadas para que seus melhores clientes corporativos tenham acesso direto a configurações especificadas pela empresa, descontos negociados e registros de pedidos e pagamentos.[4]

Os configuradores mais sofisticados vão além das preferências em termos de recursos, abordando as *necessidades*. A Whirlpool, por exemplo, está criando uma interface que faz perguntas sobre a estrutura familiar, a freqüência com que as roupas são lavadas e as restrições em termos de espaço; calcula as especificações da máquina de lavar adequada e recomenda a opção equivalente mais próxima da linha da Whirlpool.

Quase todas as empresas que ofereceram guias com configuradores descobriram que as pessoas tendem a selecionar *mais* recursos do que em outra situação. A passividade modesta da interface e a sensação de controle que dá ao cliente parecem vender de maneira mais eficaz do que a assistência licenciosa de um vendedor.

Essas tecnologias ilustram maneiras diferentes usadas pelas empresas para acrescentar riqueza a suas próprias interfaces de navegação, criando valor. As empresas procuram encontrar assim maneiras de contrabalançar integral ou parcialmente a ameaça da abrangência e o problema da fidelidade a um grupo. A estratégia do CDNOW faz com que seja menos provável que o cliente use um metaguia baseado na tecnologia Junglee para descobrir quem vende mais barato um CD escolhido. É mais provável que os consumidores procurem a Dell ou a Whirlpool para configurar seus produtos, apesar da limitação das linhas de produtos restritas, porque a riqueza da interface oferece mais utilidade do que a abrangência obtida com buscas mais genéricas.

Fornecedores e revendedores estão criando valor para si próprios e para seus clientes através da exploração de informações ricas, o que nos leva à seguinte pergunta: será que essas estratégias são sustentáveis a longo prazo?

A primeira questão, mais óbvia, é a privacidade do consumidor. Ele está disposto a compartilhar dados pessoais tão ricos, abrangentes e talvez íntimos com uma empresa que está tentando vender algo e que poderia repassar os dados para terceiros? No mundo físico, as limitações de riqueza e abrangência, talvez mais do que as leis ou o autocontrole ético, sempre foram o principal meio de proteção da privacidade individual. Mas essas limitações estão desaparecendo rapidamente. Hoje em dia, muitas pessoas configuram seus navegadores para que não aceitem os *cookies* que rastreiam suas atividades on-line. Muitos ficariam chocados se soubessem quantas informações sobre eles são obtidas, apesar de em geral serem para fins inofensivos.

Os comerciantes diretos estão certos quando dizem que há um elemento de "soma positiva" no intercâmbio de dados entre consumidores e fornecedores ou revendedores: os consumidores obtêm informações sobre os produtos e serviços desejados e os vendedores têm um canal mais eficiente de marketing e promoção. A questão está nos elementos *diferentes de zero*: a capacidade dos consumidores de preservar o anonimato, de evitar que informações pessoais sejam vendidas a terceiros, de evitar o "spam", de se proteger contra informações falsas, de evitar que sejam superados em termos de poder de fogo e manipulados por vendedores armados com as últimas novidades em termos de análise discriminativa. Além disso, apesar de os vendedores poderem colocar *cookies* nos computadores dos consumidores, estes não podem colocar *cookies* nos sites dos vendedores: eles não têm como saber quais os acordos financeiros subjacentes às informações e recomendações que lhes são apresentadas. Os padrões embutidos nos navegadores (como P3P, *Platform for Privacy Preferences*, plataforma de preferências de privacidade) são uma das soluções. Os padrões adotados voluntariamente pelos vendedores e validados por certificados e auditorias (como os oferecidos pela Trust-e) são outra. As leis, como a Diretriz Européia de Proteção dos Dados, são uma terceira opção.

Sem que haja uma regulamentação, talvez a evolução mais provável seja a promulgação de códigos concorrentes de privacidade, cada um com algum tipo de autoridade independente para distribuir certificados de conformidade. Os revendedores eletrônicos e guias poderão afirmar, com credibilidade, que obedecem a um padrão que o consumidor pode entender, ao menos em teoria, e o consumidor será responsável pela diferenciação entre os padrões. Mas com manipulação inevitável, vulnerabilidade dos menos sofisticados e importância essencial da fidelidade ao consumidor como dimensão de vantagem competitiva, qualquer um que utilize a estratégia do segmento individualizado terá que violar a conduta de cuidado e transparência com relação ao uso das informações. Ética à parte, é provável que se tenha muito mais a ganhar sendo fiel ao consumidor através da adesão a um padrão voluntário rígido do que através da exploração das informações que os consumidores não forneceriam se lhes fossem pedidas. Do ponto de vista competitivo, a política de privacidade está destinada a tornar-se o problema de fidelidade a um grupo que se repete de uma forma particularmente intensa.

A segunda questão que levanta dúvidas é a possibilidade de integração inversa do cliente. Em serviços financeiros, os programas de gestão financeira pessoal como o Quicken ou o Microsoft Money incluem configuradores para permitir que os consumidores comparem e combinem opções de investimento ou empréstimo. A fim de comparar hipotecas, os clientes não precisam depender da calculadora de hipotecas do Citibank; eles podem usar a que vem com o software, que fornece a mesma comparação objetiva, a mesma facilidade de navegação, a mesma riqueza em termos de informações, mas uma abrangência muito maior e nenhuma confusão no que diz respeito à fidelidade a um grupo.[5]

Assim como seria difícil para uma empresa de hipotecas preservar sua posição competitiva ao oferecer uma calculadora com diversos recursos para produtos de hipoteca, podemos nos perguntar se, a longo prazo, o configurador da Dell apresenta uma vantagem competitiva sustentável. Os guias-agentes poderiam fornecer aos consumidores uma interface rica para que personalizassem seus PCs sem que ficassem restritos a uma linha de produtos. O Yahoo! ou a Amazon.com poderiam usar a tecnologia Junglee para fazer exatamente isso e teriam toda a motivação do mundo para distribuir gratuitamente o produto de navegação apenas pela publicidade que ele geraria.

Quanto tempo, porém, vai levar para que isso aconteça? Pode ser que qualquer recurso valioso *específico* seja copiado pelos guias-agentes, nem que seja só porque a Lei de Moore o torna absurdamente barato e os padrões impõem ordem no domínio. Mas até lá os vendedores já terão seguido em frente com outra coisa. Parte do padrão competitivo que está surgindo é uma corrida contínua entre vendedores e guias-agentes: os primeiros criam uma riqueza que limita a abrangência e os segundos criam os padrões que acabam com o *trade-off*. Os vendedores saem-se bem no uso da riqueza para evitar a desconstrução a ponto de poderem manter aberto um espaço com riqueza ainda não ocupado pelos guias. Como a Rainha Vermelha de *Alice no País das Maravilhas*, os vendedores precisam correr muito para se manterem no lugar.

Existe uma terceira questão possível. As estratégias de segmento individualizado baseiam-se na montagem de um arquivo muito rico de informações sobre o cliente: levará vantagem o concorrente que tiver o arquivo mais rico. Mas há duas partes em cada transação. O cliente possui as mesmas informações e poderia montar, se quisesse, o mesmo arquivo. Na verdade, ele tem condições de montar o arquivo de custo mais baixo e mais abrangente sobre si mesmo porque se conhece melhor do que qualquer um.[6] Leis ou convenções de privacidade aumentam ainda mais a vantagem competitiva do consumidor no "negócio das informações sobre o cliente". Se o arquivo contendo informações sobre o cliente tem valor, *ele pode vendê-lo*. O valor de mercado corresponderia ao valor das informações para os comerciantes menos o valor das informações que estes já têm. Assim o cliente pode acabar com o valor de arbitragem competitivo de um arquivo montado de forma altamente estruturada por um vendedor. Isso não acontece no mundo físico porque na verdade é muito difícil para os consumidores rastrearem de maneira sistemática as próprias transações. Seria fácil no mundo do comércio eletrônico: terceiros poderiam *pagar* os consumidores em dinheiro ou espécie para instalar um software que rastreasse seu comportamento, fornecendo relatórios. A primeira providência desse software seria desativar todos os outros *cookies*.[7]

Isso ilustra o infinito regresso da desconstrução: *qualquer estratégia é vulnerável a um ataque com o objetivo de lhe tirar a principal fonte de vantagem competitiva relativa às informações*. Nesse caso, o principal ativo da estratégia de segmentos individualizados, o arquivo de informações sobre o cliente, é responsável pela maior oportunidade competitiva para o consumidor, não para o vendedor. De um modo mais geral, *qualquer* estratégia de marketing com enfoque nas informações sobre o cliente pode, teoricamente, ser superada por uma estratégia de marketing com enfoque nas mesmas informações, porém com mais abrangência e maior fidelidade ao cliente. O consumidor tem mais incentivo para iniciar ou apoiar essa estratégia. E pessoas muito inteligentes vão tentar fazer com que isso aconteça.

Na verdade, é muito improvável que os consumidores saiam vendendo os próprios arquivos de informações por aí, principalmente porque o grau de massa crítica necessário é muito alto. Para que seja possível criar qualquer valor real, é necessário reunir e formatar um conjunto abrangente e uniforme de informações específicas sobre uma grande quantidade de consumidores. Além disso, dessa maneira, as duas fontes de informações (provenientes dos compradores e dos vendedores de cada transação) se tornariam alternativas concorrentes em um contexto em que uma substituísse a outra perfeitamente e o custo marginal fosse insignificante. Essa é uma receita para um negócio que nunca trará lucros, o que pode ser suficiente para impedir que concorrentes sérios insistam em obter a massa crítica incerta. Ao contrário de tantas outras oportunidades de negócios, esta nunca se tornará um monopólio. Talvez o principal motivo para a tomada de controle por parte dos consumidores no que diz respeito às próprias informações fosse o resultado de um colapso do respeito verdadeiro e observado pela privacidade. A paranóia, mais do que a economia da integração inversa, poderia levar os consumidores a privar os vendedores de todas essas informações.

Cada uma dessas questões (privacidade, integração inversa por parte do cliente e desconstrução do arquivo de informações do cliente) limita de alguma forma o poder das informações específicas sobre o cliente em caso de mudança significativa do *trade-off* entre riqueza e abrangência. Entretanto, nada disso invalida a estratégia: simplesmente delimita o escopo dentro do qual tais estratégias podem prosperar. Através do respeito rigoroso às questões de privacidade (uma limitação verdadeira, séria e necessária no que diz respeito ao escopo da estratégia), além do enfoque e da redefinição contínua do enfoque sobre informações ricas em que os agentes ainda não criaram padrões, tanto os fornecedores de produtos quanto os revendedores têm uma arma poderosa para se anteciparem ao impacto desconstrutivo da abrangência.

Informações específicas sobre o produto

Muitos fornecedores estão explorando informações específicas sobre o produto para aumentar a utilidade de seus produtos atuais e criar riqueza que se antecipe à abrangência. Na indústria fonográfica, por exemplo, as gravadoras estão começando a fornecer biografias, histórico de gravações, letras de músicas, salas de bate-papo e discografia dos artistas, tudo isso na forma de sites independentes, de modo que os revendedores eletrônicos, e até mesmo os próprios consumidores, as recebam através de CDs aperfeiçoados que se conectam on-line quando tocados em um computador. Parte da intenção é realizar vendas cruzadas com catálogos de lançamentos anteriores. Parte é criar uma facção de seguidores do artista. Parte é oferecer a toda a indústria de revendas eletrônicas os recursos de marketing que, caso contrário, talvez estivessem apenas à disposição da Tower Records ou da Amazon, desencorajando a concentração dos revendedores e a mudança do poder de barganha do colaborador. Essa estratégia que envolve a riqueza de informações sofre limitações em termos de abrangência: muitas vezes, os consumidores não sabem aonde ir para acessá-la. Ela sofre limitações em termos de fidelidade: sites patrocinados pelos produtos em geral não são uma fonte confiável no que diz respeito às escolhas e críticas ou às fofocas bobas e subversivas que dão às vidas dos artistas um significado tão mítico. Mas como um meio de baixo custo para enriquecer a experiência musical e manter um canal de comunicação em torno dos revendedores, o potencial da estratégia é muito poderoso.[8]

Apesar de suas desvantagens em termos de abrangência e fidelidade, a riqueza referente às informações de navegação dadas pelo fornecedor do produto muitas vezes pode apresentar vantagens sobre aquela fornecida por um revendedor ou guia. Quando há uma evolução contínua do produto e o fornecedor dá informações superatualizadas sobre as últimas inovações, isso pode ser mais interessante e útil para os consumidores do que as ofertas abrangentes, porém desatualizadas, de um revendedor ou guia-agente. Os fabricantes de câmeras digitais ou telefones celulares têm uma vantagem legítima sobre um guia no que diz respeito ao fornecimento de informações aos clientes sobre os recursos desses novos produtos em constante evolução. Devido à velocidade das mudanças, o guia nunca conseguirá estabelecer um padrão atualizado para manter a comparabilidade e explorar sua vantagem em termos de abrangência.

A mudança contínua não é necessariamente tecnológica. Em categorias de produtos altamente suscetíveis aos preços, como serviços de chamadas telefônicas de longa distância e alguns produtos de serviços financeiros, a concorrência entre as empresas baseia-se na mudança contínua de suas ofertas para minimizar o poder de comparação. Nesses casos, apesar de os clientes (e revendedores) não aprovarem o comportamento, eles podem ser forçados a usar as informações fornecidas diretamente pelos vendedores, pois os guias não têm condições de se manter atualizados. Os guias tentam, e isso passa a ser um jogo de gato e rato. Nas reservas de passagens aéreas, o custo do produto e o valor da abrangência são suficientemente altos para justificar os grandes esforços realizados pelos guias dos sistemas de reservas (como o SABRE) para se manterem atualizados perante as complexidades continuamente acrescentadas pelas companhias aéreas.

A navegação através dos fornecedores pode dar certo quando a inovação é mais estética do que real. Produtos como componentes de som, carros e até mesmo facas de cozinha afirmam ter características nas quais as pessoas *querem* acreditar. As afirmações técnicas impressionantes, ou até mesmo enigmáticas, feitas sobre aparelhos de som (que descrevem "A *Tecnologia Uni-Q*, que possui uma capacidade excepcional de combinação dos fatores *coplanar* e *coaxial* de diretividade na região vital de *intersecção*")[9] podem ou não resistir a uma análise objetiva dos testes práticos de engenharia. Mas muitos amantes do som preferem ler esses materiais e acreditar neles (e gabar-se disso perante seus amigos) do que enfrentar uma crítica fria da revista *Consumer Reports* que insinua que esses alto-falantes de US$3.000 não são melhores do que um par de US$300 vendido na Circuit City. Nesse contexto, a "fidelidade" passa a ser um conceito altamente ambíguo: não fica claro se a *Consumer Reports* está fazendo um favor para o consumidor. De certa forma, a literatura sobre o produto torna-se parte dele.

O fornecedor do produto também pode estar em posição de vantagem no que diz respeito à credibilidade absoluta. Quando um fabricante de remédios afirma, em uma propaganda, que um produto oferece determinados benefícios, fica exposto a críticas, fiscalizações e até mesmo processos se a afirmação não for verdadeira. O consumidor sabe disso e, por isso, pode acreditar mais nela quando feita de maneira visível e explícita por uma grande corporação (apesar do seu interesse óbvio) do que quando a mesma afirmação é feita por um guia qualquer cujo único fator de distinção é a "objetividade". Se o guia for o médico da família, no entanto, talvez a mesma lógica não se aplique.

Portanto, a riqueza de informações sobre o produto é uma carta excelente, porém incerta, que o fornecedor do produto tem na manga. Se o consumidor gostar de dedicação fanática, de entusiasmo e de riqueza em termos de contexto conotativo que digam respeito a melhorias do produto, as estratégias de riqueza podem ser muito eficazes. Se o mais importante for uma frieza que traduza impassividade, objetividade e abrangência, esses esforços podem ser contraproducentes.

Marcas

Muitos desses mesmos princípios aplicam-se às marcas, que nada mais são do que informações ricas e específicas sobre o produto adquiridas, mantidas e consideradas verdadeiras pelo consumidor independentemente de qualquer ato específico de consumo. Alterações no *trade-off* entre riqueza e abrangência têm os efeitos opostos sobre os papéis de "credibilidade da marca" e "experiência com a marca".

O papel de credibilidade da marca refere-se às informações que o fabricante passa para o comprador sobre o produto e que podem ser consideradas como um conjunto de propostas referentes ao produto. O papel da experiência com a marca refere-se à riqueza de informações que o fabricante passa para o comprador e que *não* podem ser traduzidas: emoções, associações, memórias.[10] A "Sony" é um exemplo da credibilidade da marca. A proposta da marca pode ser resumida como um conjunto de atribuições do produto: tecnologia superior, maior qualidade de fabricação, miniaturização e um preço ligeiramente mais alto, porém aceitável. Cada um desses fatores diz respeito a uma *crença* sobre os produtos da Sony que pode ser verdadeira ou não. A "Coca-Cola" é um exemplo da experiência com a marca. A marca Coca-Cola não pode ser resumida como um conjunto de propostas *sobre* a Coca-Cola. A marca *é* o sabor, a garrafa cheia de curvas, o logotipo e o conjunto consistente de conotações emocionais e visuais que a bebida transmite pelo mérito de um século de propagandas. É apenas uma experiência.

Não há uma separação entre dois tipos de marcas: todas as marcas ficam em algum ponto do espectro que vai da credibilidade à experiência e contêm elementos de ambos os fatores.[11] Muitas categorias de produtos cruzam um escopo. Algumas marcas de carros são definidas, acima de tudo, em termos de credibilidade, um conjunto de propostas sobre a confiabilidade, a eficiência e os recursos. Outras marcas caracterizam-se mais pela imagem, o estilo e a idéia de que, ao terem o carro, os clientes estão fazendo uma declaração sobre si mesmos. O Corolla da Toyota e o Jaguar XK8 são propostas de marcas muitos diferentes.

Os canais de informação que oferecem riqueza têm impactos muito diferentes sobre a credibilidade das marcas e a experiência com elas. Se considerarmos que a marca é uma questão de credibilidade, a mensagem da marca é basicamente uma mensagem de *navegação*. Compre este produto e você terá os seguintes atributos ou recursos. Compre um produto da Sony e você terá uma tecnologia melhor, mais leveza e maior qualidade de fabricação. Essas mensagens poderiam ser passadas por um guia objetivo. *Por isso, a credibilidade da marca concorre com o guia.* Se um guia com credibilidade insistisse em demonstrar que produtos específicos da Sony não apresentavam, de fato, uma tecnologia melhor, mais leveza e assim por diante, haveria uma desmoralização da marca. Seria uma disputa de credibilidade entre dois meios de navegação.

Na verdade, mesmo que o guia sempre validasse as afirmações da Sony, se as pessoas passassem a respeitar os produtos da Sony *por causa* da aprovação do guia, a marca se tornaria redundante. A credibilidade da marca nada mais é do que uma generalização que as pessoas têm em mente sobre os recursos e o desempenho dos produtos de alguém. Os guias reduzem a necessidade de tais generalizações mesmo que continuem a validar as afirmações específicas feitas pelo fornecedor. Portanto, justamente porque o produto está aberto à navegação independente, a credibilidade da marca também é vulnerável.

A experiência com a marca, contudo, são outros quinhentos. A Barbie é um mundo de fantasia para as meninas e uma peça de coleção para os adultos. A Mattel dedica vastos recursos à criação e à preservação da consistência com que esse mundo de fantasia se apresenta. A Barbie é uma experiência com a marca que será *aumentada* por canais mais ricos de comunicação. Quando a Mattel puder chegar às meninas através de um ambiente de banda larga, interativo e personalizado (o que será comum daqui a alguns anos), poderá enriquecer a fantasia da Barbie com roupas chiques, histórias e conversas. Isso torna não só a marca melhor, mas também o produto e a experiência de possuí-lo. Na verdade, a marca, o produto e a experiência são uma coisa só.

Hoje, grandes varejistas como a ToysRUs.com ficam entre os fabricantes de brinquedos e os consumidores. A capacidade da Mattel de passar a experiência relacionada à Barbie fica restrita não só pela natureza estática da exposição das mercadorias, mas também pelo espaço disponível e o fato de o revendedor não estar disposto a favorecer um determinado fabricante de brinquedos. O valor de qualquer riqueza criada através do canal de vendas a varejo é determinado, ou até mesmo apropriado, pelo revendedor. A apresentação direta em banda larga da experiência relacionada à Barbie permitirá que a empresa evite o revendedor e crie uma experiência ainda mais fascinante com a marca do que a da loja física. O poder volta para as mãos do fornecedor.

Um revendedor eletrônico, como eToys ou ToysRUs.com, pode reagir através da criação de um mundo de fantasias interativas com personagens emprestados de *vários* fornecedores, o que talvez esteja mais próximo à forma como uma menina brinca de verdade com seus brinquedos.[12] É a abrangência contra a riqueza. Esse revendedor pode se aliar a emissoras educativas para criar um site mais "inspirador" concebido de uma forma com maiores probabilidades de obter a aprovação dos pais: é a fidelidade contra a riqueza. *Se* a mistura de bonecas ou doses maiores daquilo que é considerado politicamente correto é como as meninas querem imaginar a experiência, essas estratégias estariam em vantagem. Mas isso é improvável. As marcas que contam com um papel de experiência poderosa têm uma força narrativa que transcende as grandes produções. A riqueza ganha da abrangência.

O novo espaço competitivo

A nova economia da informação permite a concorrência com base na *abrangência*, na *fidelidade* e na *riqueza*. Com o fim do *trade-off* entre riqueza e abrangência, esses fatores passam a ser (pela primeira vez de fato) dimensões livres e independentes de posicionamento competitivo.

- Os **fornecedores de produtos** podem explorar a abrangência para fugirem do revendedor. Mas sua vantagem de longo prazo baseia-se fundamentalmente na riqueza, principalmente se ela for especí-

- Os **revendedores eletrônicos** estão em vantagem com relação aos concorrentes tradicionais em termos de abrangência e potencialmente em termos de informações específicas sobre o consumidor.
- Os **guias-agentes** podem ter um trunfo em termos de abrangência e fidelidade até mesmo sobre os revendedores eletrônicos, mas precisam dar duro para se igualar aos outros em termos de riqueza.
- Os **revendedores tradicionais** podem passar para o formato eletrônico e usar a marca e a escala estabelecidas para derrotar os novos revendedores eletrônicos em seu próprio jogo. O único problema é que os revendedores tradicionais precisam atacar seu atual modelo de negócios.
- Os **fornecedores e revendedores integrados verticalmente** estão em todas as frentes desses conflitos, o que é bom e ruim. É bom porque podem escolher como querem concorrer. É ruim porque muitas vezes se recusam a fazer essas escolhas, sendo desconstruídos por concorrentes mais centrados.

A experiência que se tem com algumas marcas diz respeito a compras únicas, que não se repetem como no caso da Barbie. Os filmes, por exemplo, são marcas com uma "data de vencimento" definida nos cinemas. Eles têm o papel de experiência com a marca criado em parte através da combinação com outro tipo de marca, os astros de cinema. Os clientes escolhem os filmes a que vão assistir através de críticas de cinema e de propagandas e *trailers*. Ao contrário de uma crítica feita pela *Consumer Reports* sobre minifornos, o crítico de cinema só pode dar uma opinião: por definição, não há uma base objetiva para se recomendar a experiência relacionada a uma marca. A independência do crítico de cinema tem o seu valor, porém menos por se tratar de uma questão de opinião do que de um fato. Devido à limitação do valor de navegação através de terceiros, os *trailers*, que são pequenas experiências com a marca, passam a ser meios eficazes de informar sobre a marca e causar entusiasmo. Desse modo, a possibilidade de enviar *trailers* via correio eletrônico para cada usuário de computador desenvolverá o marketing direto relacionado à experiência dos filmes e diminuirá o papel do guia. Mas isso acaba reafirmando a lógica da confusão. Se cada estúdio utilizar esse novo canal de promoção, haverá um aumento da cacofonia das marcas concorrentes. A ausência de padrões e a ausência de qualquer base de comparação objetiva tornarão essa explosão de abrangência inavegável. Os vencedores, como em qualquer contexto de opções desordenadas, serão as marcas suficientemente fortes para se destacar na multidão. Na indústria de filmes, aumentará a tendência de controle por parte de uma pequena quantidade de grandes sucessos. É a vitória da riqueza.

DICAS ÚTEIS

- A maneira mais eficaz de evitar a desconstrução é aumentar a riqueza.
- A privacidade é o calcanhar-de-aquiles da economia da informação: os vencedores a longo prazo serão os concorrentes que tiverem um compromisso determinado, público e explícito com um conjunto eficaz de padrões de privacidade e permanecerem fiéis a eles. Além de ser correta, essa estratégia também está em vantagem competitiva.
- Lembre-se de que o consumidor é seu concorrente: o que você está fazendo por ele que ele não pode fazer sozinho?
- O valor da riqueza dos vendedores *aumenta* com o crescimento da riqueza, pois é assim que eles chamam atenção e se destacam entre a multidão. O valor da riqueza dos vendedores *diminui* com o crescimento da riqueza dos guias.

9

A desconstrução das cadeias de fornecedores

Os TRÊS CAPÍTULOS ANTERIORES DISCUTIRAM A desconstrução de uma cadeia de fornecedores específica: aquela que vincula consumidores, revendedores e fornecedores de produtos. Todas as conclusões a que chegamos se aplicam igualmente às cadeias de fornecedores *industriais*: aquelas que envolvem fabricantes de componentes, prestadores de serviços, OEMs (*Original Equipment Manufacturers*, fabricantes de equipamentos originais) e distribuidores. As tecnologias são as mesmas; a lógica é a mesma; as oportunidades e ameaças são basicamente as mesmas.

O fato de esses negócios em geral envolverem objetos, não informações, é verdadeiro, porém bastante irrelevante: em um contexto industrial, assim como no varejista, as informações são a cola que une os vínculos verticais e define grande parte da vantagem competitiva. A desconstrução pode ocorrer onde quer que ocorra o *trade-off* entre riqueza e abrangência.

Os membros das cadeias de fornecedores industriais são obviamente mais inflexíveis e sofisticados do que os consumidores; os volumes de transação são muito maiores; o valor da abrangência é mais alto; é mais provável que a fidelidade seja definida através de um contrato; as exigências de riqueza são mais complexas e rigorosas. Boa parte da abrangência, no sentido da simples conectividade, já se encontra instalada e foi explorada por grandes corporações durante anos na forma de redes dedicadas, como o EDI (*electronic data interchange*, intercâmbio eletrônico de dados). Do ponto de vista operacional, essa conectividade vem se transformando já que esses sistemas caros e proprietários estão sendo substituídos por "extranets"[1] desenvolvidas com os mesmos protocolos TCP/IP abertos e universais da Internet. Mas o principal desafio não é técnico, mas sim *estratégico*: promover a conectividade para estabelecer *padrões*.

Em um contexto industrial, os padrões têm muito mais valor, mas também é bem mais difícil criá-los e fazer com que operem no sentido de atingir a massa crítica. Por isso, a desconstrução das cadeias de fornecedores industriais é bastante dependente da criação desses padrões, que envolve investimentos de peso, alto risco e vários problemas. O contexto industrial apresenta um grau de *incerteza radical*, ou seja, vai ganhar quem utilizar estratégias audaciosas, fizer as parcerias certas e dedicar um nível suficiente de recursos a estratégias baseadas em padrões que derem certo. Assim como cristais colocados em uma solução, quando bem-sucedidas, essas estratégias terão o impacto de ocasionar o realinhamento de indústrias inteiras, assim como o realinhamento *entre* indústrias: não existe nenhum motivo pelo qual a economia da informação deva se encaixar em um espaço restrito definido pela economia dos objetos.

O escopo da escala

O *trade-off* entre riqueza e abrangência na verdade envolve três fatores: riqueza X abrangência X *custo*. Se você investir o suficiente, mesmo em tecnologias antigas, a maior parte dos níveis de riqueza e abrangência poderá ser atingida de alguma forma. E essas despesas terão valido a pena quando as partes da transação, bem como seu volume e sua freqüência forem suficientemente altos. Isso define um *escopo de escala* dentro do universo de relações da cadeia de fornecedores. A lógica da desconstrução opera de maneira diferente em vários pontos ao longo desse espectro.

- Quando grandes corporações, em conjunto, investem alto em transações com grandes concentrações de informação, em geral elas já têm sistemas EDI instalados. As corretoras de Wall Street e os fabricantes automotivos com seus fornecedores principais já operam redes sofisticadas e dedicadas. Elas podem ser inflexíveis e baseadas em antigas tecnologias de compradores de grande porte, mas *já possuem o grau de riqueza e abrangência desejado*. O impacto das novas tecnologias é, portanto, *operacional*, não estratégico: elas permitem maior funcionalidade e custos operacionais mais baixos.

- Se a corporação e a transação forem um pouco menores (muitas relações entre revendedores e fornecedores, por exemplo), a infra-estrutura atual de informações sacrifica a abrangência: as empresas restringem as relações entre fornecedores e clientes a fim de justificar o alto custo das comunicações EDI com riqueza. A relação do Wal-Mart com muitos de seus fornecedores de médio porte faz parte dessa categoria. O impacto das novas tecnologias serve para permitir a substituição das plataformas de comunicação proprietárias pelas abertas: os padrões comuns permitem uma expansão da abrangência e um afrouxamento dos laços verticais.
- No caso de empresas menos sofisticadas e até mesmo de grandes corporações, quando as transações são pequenas e periféricas com relação à principal linha de negócios (a aquisição de papel timbrado em detrimento da aquisição de componentes), é improvável que haja uma infra-estrutura especial de comunicação e transações. Um telefone, um fax e um caderno pessoal de telefones são suficientes. Aqui a possibilidade de uma infra-estrutura baseada em dados, não em voz, permite uma explosão de abrangência e poder de comparação a custos de busca e intercâmbio insignificantes: um impacto semelhante ao que vimos acontecer no campo dos consumidores.
- Quando empresas de pequeno porte fecham algum negócio entre si, o simples fato de se encontrarem já é um desafio, e as restrições em termos de abrangência impõem custos de busca e o ônus de ineficiências de mercado. Os *market makers* têm uma grande oportunidade de fazer a conexão entre essas empresas, permitindo um grau de colaboração e de fluidez nas transações que só era possível dentro dos limites da corporação.

O escopo da escala define uma *seqüência* com base na qual é provável que a desconstrução tenha um impacto sobre as cadeias de fornecedores. As grandes corporações introduzem novas tecnologias na forma de atualizações operacionais, reduzindo os custos e aumentando a confiabilidade e a funcionalidade daquilo que já está sendo feito. Quase como um subproduto, essas novas tecnologias demonstram que podem ser facilmente estendidas a transações menores, a empresas menores que negociam com empresas de grande porte e até a empresas menores que negociam entre si. Nos segmentos em que não houver interesse ou capacidade por parte das grandes corporações de assumirem o papel de catalisadoras, os *market makers* prosperarão. Para as pequenas empresas, serão abertos novos canais de marketing e aquisição, eliminando muitas das barreiras de informação que limitavam suas relações externas. Para todos, se permitirá uma abrangência fora da seqüência linear estabelecida da cadeia de fornecedores, de modo que os OEMs poderão se comunicar e colaborar de maneira eficaz com os fornecedores de seus fornecedores ou com os distribuidores de seus distribuidores. Com o passar do tempo, os concorrentes ou *market makers* dominantes irão introduzir aos poucos padrões de informação mais sofisticados que mantenham níveis crescentes de riqueza, permitindo, assim, que empresas distintas atinjam um grau de colaboração e coordenação mútuas que, até agora, só era possível dentro dos limites de uma organização hierárquica.

A desconstrução da cadeia de fornecedores da indústria automotiva

A Automotive Network Exchange, ANX, é a maior extranet do mundo, da qual já participam mais de cinco mil empresas da cadeia de fornecedores da indústria automotiva do mundo inteiro. Inicialmente patrocinada pelos três maiores OEMs de Detroit, a ANX dotará a indústria de uma rede de comunicações globais não-proprietária desenvolvida com base na tecnologia da Internet. Através da utilização de rotas dedicadas de alto desempenho e de protocolos especiais, a rede garante conexões rápidas e níveis de confiabilidade e segurança que vão muito além daqueles disponíveis na Internet padrão ou na maior parte das redes proprietárias de dados. O operador da rede fecha contratos com provedores de acesso da Internet selecionados para fornecimento e manutenção de uma rede física de alto desempenho dentro da arquitetura pública da Internet, um esquema que funciona mais ou menos como o de linhas arrendadas da companhia telefônica. Através dessa infra-estrutura física, a ANX opera como um utilitário aberto, da mesma forma que a Internet, mas com níveis industriais de velocidade, confiabilidade e segurança. Ela sustenta comunicações entre todas as empresas participantes, além de oferecer "redes virtuais particulares" para seus membros, permitindo que os funcionários de uma empresa comuniquem-se entre si com segurança.²

Um executivo da indústria automotiva compara a ANX a "aquilo que as companhias telefônicas realizaram há 50-75 anos com a conectividade universal. Se você pegar um telefone, certamente ouvirá um sinal de discagem. A ANX é o sinal de dados da indústria automotiva".³

Daqui a algum tempo, a ANX disseminará uma série de padrões para tipos distintos de transações, que serão autorizadas pelos principais OEMs. Em breve, permitirá a realização de videoconferências e o uso de telefonia através do IP. A produção e a logística terão forte conexão ao longo da cadeia de fornecedores, já que todos os participantes irão trocar informações sobre os detalhes de programação que apenas grandes empresas com sistemas EDI comuns têm condições de compartilhar atualmente.⁴ Padrões automatizados para o recebimento de propostas de fornecedores permitirão o anúncio de licitações e ofertas entre empresas que mal se conhecem. As equipes poderão compartilhar aplicativos através dos servidores da ANX para que engenheiros de diversas empresas do mundo inteiro possam trocar arquivos de projetos e engenharia e ver as alterações efetuadas por seus colegas em tempo real durante reuniões.

O impacto mais óbvio e imediato da ANX será sobre os custos. Atualmente, os OEMs e seus grandes fornecedores principais de componentes usam redes proprietárias para se comunicar. Essas redes EDI em geral não apresentam interoperabilidade e empregam uma tecnologia incompatível e duplicativa. A Chrysler, por exemplo, tem milhares de linhas que a conectam com seus principais fornecedores. "Somos quase uma companhia telefônica", reclamou um executivo da empresa.⁵ Com a substituição desses sistemas por uma única rede aberta, os custos de comunicação diminuirão muito. Se descermos um pouco mais na cadeia de fornecedores, veremos que o telefone e o fax são o protocolo escolhido; aqui, a ANX não só reduzirá os custos, mas também irá acelerar a comunicação e eliminar os erros. Uma mudança de especificação anunciada em Detroit, hoje, leva cerca de noventa dias para ser comunicada a toda a cadeia de fornecedores através de uma variante corporativa do jogo "telefone sem fio". A ANX abreviará esse tempo a uma questão de minutos. De acordo com as estimativas da indústria, se no futuro houver 20.000 empresas conectadas, se fará uma economia de cerca de US$1 bilhão por ano devido ao custo mais baixo do processamento das informações e da transmissão mais rápida de dados. Isso corresponde a uma economia de cerca de US$70 por carro vendido.⁶

Entretanto, o mais importante é que a ANX reduzirá os custos indiretamente, através da intensificação da concorrência em toda a cadeia de fornecedores. Os novos padrões tornarão fácil para os compradores anunciar solicitações de fornecimento em quadros de avisos eletrônicos, gerenciar um processo de licitação em tempo real e maximizar o poder de comparação e a concorrência entre seus fornecedores em potencial. Para as empresas maiores, isso não é uma inovação, pois essas práticas de licitação já são a regra, mas o impacto da ANX está no fato de que levará essa sofisticação às empresas de pequeno e médio portes na negociação com *seus* fornecedores. (Os fornecedores de pequeno e médio portes são responsáveis por mais de metade do valor agregado da indústria automotiva.) Assim como no mundo dos consumidores, uma explosão da abrangência do comprador diminuirá o valor das "relações" e intensificará a concorrência com base em características específicas ao produto: qualidade, pontualidade e preço (veja a Figura 9.1).

Novos intermediários estão trabalhando em cima da ANX para desenvolver padrões para atividades específicas. O CIMSOURCE, um esforço patrocinado pelos maiores fornecedores de ferramentas de corte da Alemanha, desenvolveu um catálogo com mais de 100.000 produtos distintos que abrange as linhas de produtos completas de mais de quatorze grandes fabricantes. Atualmente, o banco de dados encontra-se disponível apenas em CD-ROM, mas está sendo criado um aplicativo com base na Web. O banco de dados permite que os compradores procurem e comparem o desempenho de produtos com parâmetros específicos. O CIMSOURCE também tem imagens em CAD e diretrizes de aplicação com explicações sobre as mais recentes tecnologias de corte. Os fabricantes de ferramentas ganham abrangência no mercado mundial; os compradores ganham abrangência pois têm um universo amplo e navegável de alternativas de produtos.[7] Apesar de não haver informações sobre os preços e de não ser possível efetuar transações on-line, esses recursos serão conseqüências naturais do serviço.

Para muitos fornecedores, como os fabricantes de ferramentas de corte, isso significa a intensificação daquilo que já é um mercado muito competitivo. Eles são forçados a pensar em uma estratégia de custos muito baixos de produtos associada, talvez, a uma linha de produtos voltada para itens duradouros e padronizados. Aqueles que optarem por essa estratégia dependerão de um *market maker* de baixo custo como o CIMSOURCE para chegarem ao conhecimento de clientes que trabalham com altos volumes e são suscetíveis aos preços. Por outro lado, um fabricante poderia optar por se concentrar em produtos especializados

Canais de comunicação da hierarquia tradicional

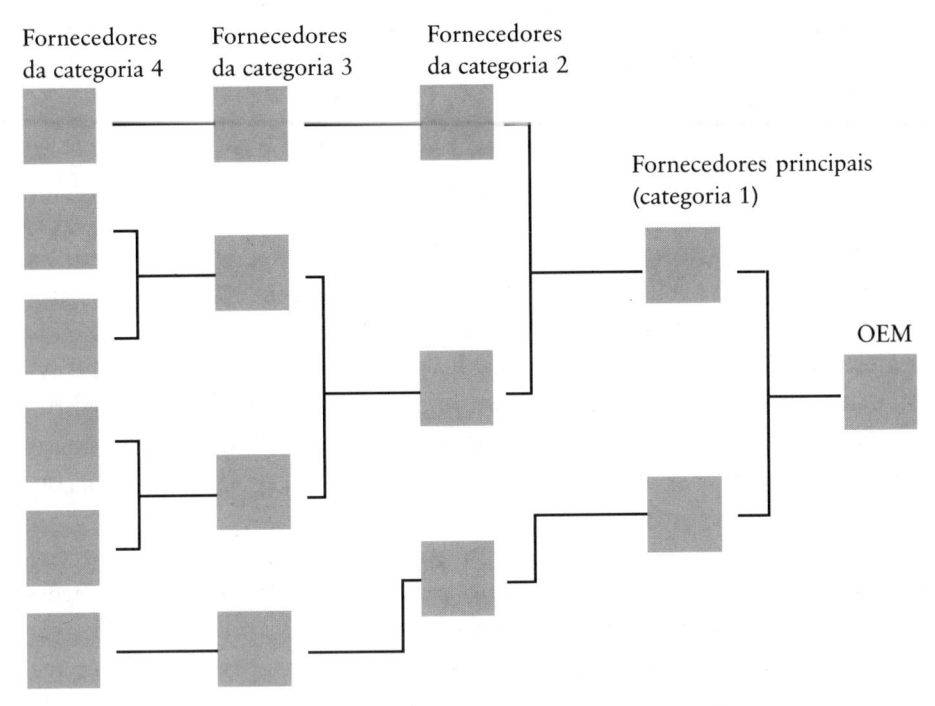

Fornecedores da categoria 4   Fornecedores da categoria 3   Fornecedores da categoria 2

Fornecedores principais (categoria 1)

OEM

Comunicação universal e direta com a ANX

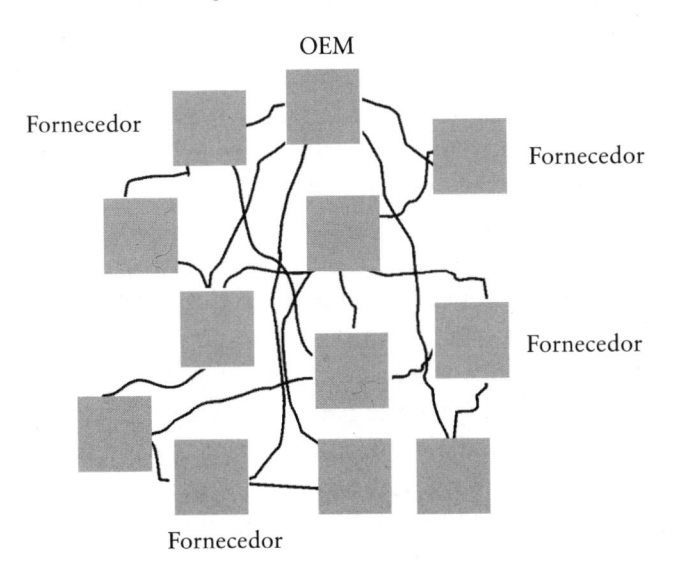

OEM

Fornecedor

Fornecedor

Fornecedor

Fornecedor

Fonte: Philip B. Evans e Thomas S. Wurster, "Strategy and the New Economics of Information", *Harvard Business Review*, setembro-outubro de 1997, p. 75.

Figura 9.1 ANX: a conectividade universal e direta desestabiliza a hierarquia tradicional.

e soluções personalizadas, evitando padrões, processos de licitação e pressões no sentido da comoditização, mas ainda assim explorariam a ANX como uma plataforma rica para consultoria e solução de problemas junto a clientes do outro lado do mundo.

A mudança do cenário competitivo

A ANX irá gerar grandes oportunidades para aqueles que tiverem os melhores produtos. Um fornecedor de pequeno porte que tenha uma idéia de projeto ou inovação de processo poderá apresentá-la a dezenas de parceiros de um modo barato: pode até conseguir influenciar o OEM com quem em geral não faz nenhum negócio. A ANX abre a possibilidade de se passar por cima da hierarquia tradicional da cadeia de fornecedores, permitindo a colaboração direta entre participantes de níveis distintos.

A ANX também permitirá que pequenos fornecedores colaborem uns com os outros de maneira muito mais fácil e eficaz. Eles poderão compartilhar recursos, criar produtos juntos em tempo real, realizar a engenharia simultânea e até mesmo formar "empresas virtuais" para participarem de licitações relacionadas a grandes projetos. Os OEMs aprovam isso. Faz parte de sua filosofia recorrer aos fornecedores em busca de *sistemas*: soluções integradas de engenharia em vez de meros componentes fabricados segundo especificações pelo custo mais baixo. Os fornecedores sabem que não podem concorrer através de falsas afirmações referentes ao fato de monopolizarem projetos e inovações. Por isso, a colaboração flexível e organizada entre fornecedores, não apenas entre os doze maiores, onde isso já ocorre, mas dentro do universo de pequenas empresas onde se dá grande parte das inovações atualmente, representa uma meta gerencial fundamental que a ANX possibilita.[8]

Isso representa uma grande mudança no pensamento gerencial. Os níveis mais baixos da indústria automotiva em geral são associados à fabricação de subcomponentes de baixa tecnologia baseada em custos: fábricas de peças matriciadas no México e outras do gênero. Em breve, um fornecedor de categoria 4 ou 5 terá muito mais probabilidade de ser uma empresa de alta tecnologia situada, digamos, no Vale do Silício. Os OEMs precisam entender o que essas pequenas empresas estão fazendo, colaborar no que diz respeito a novas funções e levar as inovações resultantes a todos os níveis intermediários da cadeia de fornecedores da área de fabricação. A ANX fornece a base de uma infra-estrutura que permite o tipo de inovação rica e com novas combinações pela qual o

Vale do Silício é famoso, mas permite que ela se espalhe além das barreiras geográficas, industriais e de cultura corporativa.

A ANX tem tanta força porque os três maiores OEMs de Detroit se dedicam muito a ela. Devido ao fato de a indústria automotiva dos EUA ser tão concentrada, essas três empresas simplesmente podem determinar padrões, pois têm certeza de que as indústrias fornecedoras cumprirão suas exigências rapidamente. O governo dos EUA e uns poucos revendedores de grande porte poderiam fazer o mesmo (na verdade, o governo dos EUA fez isso quando patrocinou a Internet em seus primórdios). Mas a maior parte das indústrias não são dominadas por uns poucos membros fortes, por isso o acúmulo de massa crítica em outros setores é bem mais incerto.

A migração dos padrões

A ANX não é o único aplicativo de redes e padrões. O OASIS define transações de capacidade de transmissão entre as companhias públicas de eletricidade. O CPFR serve de base para a coordenação logística e de marketing entre revendedores e seus fornecedores. O Serviço de Informação da GE está agindo como *market maker* na área de produtos industriais com base nas categorias do Thomas's Register. A RosettaNet é uma organização formada por 29 empresas, entre elas a Microsoft, a CISCO, a Sun e a Netscape, e está criando um dicionário que "define propriedades de produtos, parceiros e transações de negócios".[9] Através de um padrão denominado PIP (*Partner Interface Process*, processo de interface entre parceiros), o dicionário permite que as empresas definam, procurem, solicitem e respondam a licitações referentes a qualquer produto com especificações definidas no dicionário (veja a Tabela 9.1).[10]

Mesmo que essas inovações pareçam ser específicas a uma indústria, não são. Os padrões migram. As indústrias de aço, borracha, vidro, máquinas-ferramentas, hidráulica, plástico e muitas outras estão adotando os padrões da ANX por serem fornecedoras da indústria automotiva. Uma vez adotados, é natural que elas usem esses padrões em suas negociações *entre si* e que exijam que esses padrões sejam adotados por empresas sobre as quais elas têm influência. Já há sinais de que a arquitetura básica e alguns dos principais aplicativos da ANX estão indo muito rápido além das fronteiras da indústria automotiva. Quando um padrão atinge a massa crítica, a interconexão de *todas* as indústrias físicas garantirá sua expansão inevitável para todo o domínio onde tenha vantagem competitiva.

Tabela 9.1 Iniciativas referentes a padrões de conteúdo em diversas indústrias.

Indústria	Padrão	Descrição
Nenhuma em específico	RosettaNet	Dicionário de propriedades de produtos, parceiros e transações
Serviços financeiros	Open Financial Exchange (OFX)	Intercâmbio de dados financeiros entre instituições, empresas e consumidores
Companhias públicas de eletricidade	Open Access Same-time Information System (OASIS)	Transações de capacidade de transmissão entre fornecedores de eletricidade
Varejo	Collaborative Planning, Forecasting, and Replenishment (CPFR)	Intercâmbio de dados sobre pontos de venda, estoque, marketing e promoções entre revendedores e fabricantes
Saúde	HL7/KONA	Criação, intercâmbio e processamento de fichas médicas eletrônicas entre os fornecedores e as organizações de saúde

Fontes: Site do OFX na Web (<www.ofx.net>); site do WebOASIS na Web (<www.weboasis.com>); "Trading Partners Unite — New Standards Take Guess Work out of Supply Chain Management", revista *Internet Week*, 23 de fevereiro de 1998; site do KONA na Web (<www.mcis.duke.edu/standards/HL7/sigs/sgml/WhitePapers/KONA>); site da RosettaNet na Web (<www.rosettanet.org>).

A ANX é um mito. Ela abrange os temas familiares da desconstrução: conectividade e padrões, a explosão da riqueza e da abrangência, a substituição da hierarquia pela auto-organização e a economia da informação que vai além das fronteiras tradicionais da economia dos objetos.

É um mito que no futuro incluirá a estratégia de todas as empresas da indústria automotiva e muitas mais, um mito que está atingindo um estágio global muito rapidamente. Podemos descrevê-lo na forma de narrativa, bastante confiantes em seu potencial, porque *já atingiu o ponto de massa crítica*, portanto sua rota está clara.

Mas e se não existissem as três grandes empresas que criaram a ANX? E se a indústria for duas ou três vezes maior e seu maior membro tiver um décimo do tamanho? Como a lógica da desconstrução afetaria uma indústria mais fragmentada, até mesmo mais complexa, como a de saúde?

A desconstrução da indústria de saúde

A indústria de saúde é a maior indústria da informação da economia dos EUA. Conforme mencionado no Capítulo 2, um terço do seu custo de US$1 trilhão corresponde ao custo de criar e processar informações.[11]

Na qualidade de indústria da informação, a indústria de saúde é complexa e ineficiente. Ela é uma teia de canais fixos de comunicação estabelecidos entre o paciente e o médico, o médico e o hospital, o médico e o plano de saúde, o plano de saúde e o empregador, o clínico geral e o especialista, o médico e a empresa farmacêutica. Para cada relação entre esses pares, há um custo substancial de configuração, sendo os registros de informações que sustentam a relação mantidos de formas diferentes e divergentes por cada um desses participantes.[12]

Dessa maneira, é difícil, caro e lento para que qualquer participante exerça as formas mais simples de abrangência. A falta de padrões e a maneira como as informações são passadas fazem com que haja muitos obstáculos para os pacientes conseguirem segundas opiniões ou compararem dados de resultados de instituições ou procedimentos distintos. Os médicos têm dificuldades para mudar de hospital ou plano de saúde ou verificar as qualificações dos especialistas, e os empregadores não têm como comparar de maneira eficaz os planos de saúde caso desejem mudar de plano. As empresas farmacêuticas têm dificuldades para acompanhar a segurança e a eficácia dos seus produtos na prática clínica, pois é um procedimento caro.

Nessa teia de relações contratuais cativas, existem contratos complexos para a distribuição dos riscos. Em alguns contratos, o risco fica por conta do plano, em outros, fica por conta do paciente, em outros, por conta de quem fornece o plano. Isso cria problemas referentes aos *grupos*, pois pacientes, colaboradores e empregadores têm interesses distintos no que diz respeito a quem assume o risco. Esses problemas e as *assimetrias* substanciais das informações existentes entre os diversos participantes levam a sistemas onerosos de monitoração e controle. Os empregadores, através de planos de saúde, tentam influenciar o comportamento de pacientes e colaboradores, muitas vezes contra a vontade ou a opinião profissional destes.

A redistribuição dos riscos tem como conseqüência o agrupamento dos riscos e, portanto, subsídios cruzados. Aqueles que estão saudáveis subsidiam os que estão doentes; departamentos, procedimentos, doenças e instituições diversos subsidiam uns aos outros. Apesar de que, em parte, essa situação é uma política deliberada, um reflexo do fato de que a indústria de saúde não é um produto para ser comprado e vendido como refrigerante, por outro lado ela reflete uma profunda incapacidade de saber exatamente onde estão os custos. Hospitais e planos de saúde funcionam como lojas de departamentos que só têm uma vaga idéia do papel da economia de suas atividades distintas na economia como um todo.

Conseqüentemente, tem-se um sistema que todos odeiam: burocrático, caro, difícil de navegar, opaco e dividido por conflitos inadmissíveis de interesses e controles intrusivos. Há riqueza na relação entre médico e paciente, mas pouca abrangência que tenha algum valor tanto para o médico quanto para o paciente fora dos canais fixos e preestabelecidos que constituem a estrutura de informações da indústria.

Diversos participantes novos e inovadores estão tentando reduzir aos poucos esses problemas através do uso da captação eletrônica de dados, criando padrões de informação abertos e comparáveis e oferecendo mais abrangência e navegação para pacientes, médicos e empregadores.

- Houve uma proliferação de milhares de sites e salas de bate-papo dedicados a questões relacionadas à saúde que vão desde alergias a doenças agudas. Principalmente no caso de doenças de grau moderado e incomuns (como a hepatite C), essas comunidades de interesses tornaram-se uma fonte importante de estudos para pacientes e médicos.[13]
- A revista *Consumer Reports* está publicando críticas dos leitores onde os planos de saúde são comparados. Entre os dados, temos a variedade de escolha, a qualidade e a disponibilidade dos médicos, bem como o tempo de espera para o atendimento. Essas informações encontram-se disponíveis na revista e através de um serviço baseado na Web.

- A Decision Innovations, uma empresa localizada na Carolina do Norte, utiliza a tecnologia conjugada para ajudar os pacientes a escolher um plano de saúde. O paciente responde a uma série de perguntas sobre a importância relativa de questões como tempo de espera, custo e risco. Através da comparação dessas informações com um banco de dados de características dos planos, a empresa recomenda o plano que melhor se adaptaria às necessidades do indivíduo.[14]
- A Access Health, um serviço pago pelo empregador localizado na Califórnia, ajuda as pessoas a escolher fontes adequadas de tratamento. Quando um paciente tem um problema, liga primeiro para a Access Health, que faz um diagnóstico rápido e o encaminha para um pronto-socorro, um clínico geral ou indica alguma forma de autotratamento. Essa triagem simples reduziu o uso desnecessário dos setores de emergência, que custam caro, reduzindo o custo geral do tratamento. Os empregadores parecem estar encantados: a Access Health tem uma taxa de retenção de 95%.
- A HealthPartners, em Minneapolis, criou um sistema rudimentar de classificação e preços para ajudar os consumidores a escolher médicos e hospitais. A empresa publica informações sobre credenciais, experiência, filiação a hospitais e resultados clínicos dos médicos associados de acordo com os padrões definidos pelo NCQA (*National Committee for Quality Assurance*, comitê nacional de garantia da qualidade). Os médicos estão divididos de acordo com as categorias de preços: uma taxa padrão coberta pelo plano, um percentual de 10% ou um percentual de 20%, ambos pagos pelo paciente. Com os dados comparativos e as opções de preços nas mãos, os consumidores ficam livres para fazer uma escolha com mais informação baseada no mercado.

Como conseqüência da disponibilidade de informações melhores sobre os resultados, os empregadores estão começando a usá-las para questionar as opções feitas pelos planos de saúde. Pacientes mais informados estão começando (com ou sem razão) a questionar as recomendações de seus médicos. Colaboradores que prestam serviços de atendimento especializado e intenso começam a disputar a indicação dos clínicos gerais com base nos resultados e o auxílio dos planos com base na gestão eficaz dos custos.

Cada um desses avanços representa a promulgação de um padrão, a criação de serviços de navegação e a possibilidade de conexão e comparação, permitindo que os participantes atinjam de diversas maneiras mais riqueza e abrangência. Considerando-se, no entanto, a inflexibilidade em termos de informações que observamos na indústria, ainda se está longe da massa crítica: por enquanto, não há nenhum equivalente à ANX na indústria de saúde.

A *ficha médica*

Algo que faria muito bem à indústria de saúde seria promulgar um padrão para manter e compartilhar eletronicamente as fichas de pacientes. Atualmente, os colaboradores e os planos de saúde têm versões parciais da ficha de cada paciente, cada uma em seu próprio formato. Partes da ficha médica são escritas a mão, outras vêm na forma de raios X e outras informações especializadas estão em formato analógico. Devido à inexistência de um padrão, os médicos solicitam repetidamente as mesmas informações; as fichas só podem ser transferidas fisicamente; os protocolos e resultados só podem ser comparados através de interpretações humanas complexas e imprecisas; e os planos, as empresas farmacêuticas e os pesquisadores não têm como medir os resultados de maneira sistemática.

Se existisse uma ficha médica com padrão universal, ela poderia ser armazenada em cartões inteligentes que os pacientes levariam consigo e que seriam gravados em um servidor on-line.[15] Os pacientes poderiam enviar pelo correio eletrônico suas fichas completas para qualquer colaborador e receber uma consulta ou diagnóstico virtual: é claro que isso não substituiria um exame pessoal (alguns tipos de *trade-off* entre riqueza e abrangência são inerentes na medicina), mas seriam muito úteis mesmo assim. O custo de uma segunda ou terceira opinião, o custo para mudar de colaborador e o custo de lidar com vários colaboradores para situações diversas cairiam muito.

Com base em uma ficha médica padronizada, os *resultados* (por colaborador, por grupo populacional ou por protocolo de tratamento) poderiam ser medidos sistematicamente em um universo abrangente. Os pacientes e seus clínicos gerais poderiam usar essas informações para escolher o melhor especialista. Os especialistas em doenças agudas poderiam ser sujeitados a uma análise rigorosa para que houvesse concorrência em termos de qualidade. Os planos de saúde e os empregadores poderiam usar os resultados como base para a determinação de regras mais diferenciadas de tratamento e aprovação.

Com base em uma ficha médica padronizada, médicos, pesquisadores e empresas farmacêuticas poderiam acompanhar o andamento longitudinal das condições crônicas dos pacientes em vez do histórico de episódios distintos que se tem atualmente. Eles poderiam usar essas informações para medir o impacto das intervenções iniciais sobre o histórico geral da doença. Os planos de saúde, a par das informações referentes à economia do histórico de uma doença, poderiam encorajar os colaboradores a darem mais enfoque, e até mesmo gastar mais, na prevenção, melhorando a saúde dos paciente e reduzindo os custos de longo prazo ao mesmo tempo.

A padronização das informações sobre os pacientes poderia beneficiar muito as empresas farmacêuticas. Hoje em dia, estas empresas realizam programas substanciais de pesquisas para testar a eficácia dos diversos protocolos de tratamento através de grupos de voluntários para reunir informações padronizadas. Se as fichas médicas dos pacientes fossem padronizadas e os planos de saúde compartilhassem dados de saúde ou agregados sobre pacientes e tratamentos, as empresas farmacêuticas teriam um banco de dados pronto muito maior do que qualquer um desses grupos de teste. Elas teriam mais condições de avaliar e sintonizar a eficácia de regimes distintos e poderiam identificar áreas promissoras para pesquisas no futuro.

As fichas médicas padronizadas transformariam até mesmo a lógica do compartilhamento de riscos. Se elas fossem abrangentes e uniformes, os atuários poderiam explorar o tamanho e a uniformidade do banco de dados para desenvolver discriminações aperfeiçoadas em relação ao custo do plano de saúde para pessoas distintas e até mesmo para diferentes tipos de doenças. Os planos de saúde poderiam usar essas informações para ir em busca das parcelas do mercado com subsídio, evitando as que não têm. Como na área de seguros para propriedades comerciais, as pessoas poderiam adquirir diversos tipos de planos para níveis distintos de risco e talvez para tipos distintos de doenças. Seria possível optar por custear, por conta própria, uma série de itens cobertos pelos planos de saúde atualmente. Para pessoas com fichas médicas boas, os planos de saúde seriam baratos; para pessoas com fichas médicas ruins, eles seriam caros. Se essa possibilidade for levada a sério, segmentos inteiros da população poderiam não se qualificar para adquirir um plano de saúde.

Enfim, esse tipo de lógica poderia tirar os empregadores da área de financiamento de planos de saúde. Quando os funcionários deixarem de constituir um grupo de risco significativo, quando as opções de planos se proliferarem, quando a transferência eficiente das informações entre planos de saúde e colaboradores se tornar a regra, pode ser que os empregadores simplesmente optem por dar aos funcionários um benefício em dinheiro para que eles escolham o seu próprio plano de saúde. Pode ser que muitos funcionários optem por pagar suas consultas e tratamentos médicos diretamente, sem a intermediação de nenhum plano. A típica família de classe média poderia adquirir um plano de saúde para se proteger contra doenças catastróficas, mas abrir mão do seguro para o tratamento de problemas comuns. A evolução se daria mais ou menos como no caso da previdência: atualmente os empregadores dão aos seus funcionários dinheiro através de planos do tipo 401(k) e estes decidem como querem investi-lo.

Não estamos afirmando que nada disso esteja fadado a acontecer, muito menos que seja desejável. Estamos simplesmente mostrando que a conectividade e os padrões (e o pior, fichas médicas uniformes) teriam conseqüências devastadoras no que diz respeito à desconstrução dos vínculos verticais de informação e às relações cativas que unem os participantes da indústria de saúde. *Se* esses padrões fossem desenvolvidos, *se* eles atingissem a massa crítica, haveria uma explosão de abrangência, uma desintegração das relações estabelecidas, os subsídios cruzados se tornariam insustentáveis e os concorrentes voltados para segmentos específicos maximizariam os lucros escolhendo as parcelas mais ricas do mercado, o que poderia ser bom para uns e ruim para outros. Em grandes faixas da indústria, o pagamento direto de atendimento médico substituiria os planos de saúde: a estrutura social e moral de compartilhar os riscos e dos mais fortes ajudarem os mais fracos (frágil como já o é hoje) cairia por terra.[16]

Nada disso tem a intenção de negar o caráter central da relação entre paciente e médico nem o lado intuitivo e humanista da medicina. Também não tem a intenção de impedir ou questionar a intervenção do governo para proteger os interesses dos menos abastados. Também não tem a intenção de diminuir a importância das preocupações totalmente legítimas quanto à privacidade das fichas médicas. Nós simplesmente queremos mostrar que padrões estratégicos de informações, se definidos com o intuito de atingir a massa crítica, resultariam na desconstrução das relações vinculadas pelas informações na indústria de saúde, exatamente como já aconteceu em indústrias menos complexas e menos permeadas de ambigüidades morais e sociais.

Mas o que vai acontecer? Não há um movimento óbvio, pelo menos não por enquanto. Grupos de estudo da indústria estão trabalhando em um padrão-mestre para dados clínicos denominado HL7, tendo sido propostos alguns formatos específicos para as fichas médicas, entre eles o KONA. O HIPAA (*Health Insurance Portability and Accountability Act*, lei de conformidade e responsabilidade dos planos de saúde) propôs padrões administrativos. Diversos esforços no sentido de estabelecer esses padrões fracassaram devido a discórdias entre os especialistas no que se refere ao formato e ao conteúdo. A tecnologia XML (*eXtensible Markup Language*, linguagem extensível de marcação), que permite a autodescrição de um banco de dados, pode trazer um grande avanço. Isso permitiria que instituições distintas continuassem a armazenar informações sobre os pacientes como quisessem, mas a linguagem XML comum permitiria que houvesse referências cruzadas e comparações com perfeição.

Na Europa, o serviço nacional de saúde provavelmente será o patrocinador do padrão equivalente ao da ANX. Nos Estados Unidos, uma aliança entre os planos de saúde teria capacidade suficiente para isso. Talvez a ANX da indústria de saúde seja a ANX: a indústria automotiva gasta mais em planos de saúde do que em aço, de modo que, um dia, poderia optar por voltar suas energias para a racionalização de um dos principais elementos de sua estrutura de custos. Ninguém sabe ao certo. A indústria está pronta para algum tipo de desconstrução, sendo os princípios e as conseqüências muito claros. Mas a vontade, a visão e o poder econômico em si ainda precisam ser colocados em prática.

Perguntas mais freqüentes

1. **Quando acontecerá tudo isso na minha indústria?**

    Responder a essa pergunta é como tentar prever um terremoto. Podemos observar o aumento da pressão, sabemos (no caso de algumas indústrias) que haveria uma liberação enorme de valor, sabemos que a liberação exige um padrão definido e identificável para atingir a massa crítica e sabemos também que esse padrão pode ser voltado para a massa crítica em outra indústria e migrar de uma para outra. Podemos demonstrar que algumas indústrias estão em cima do equivalente a uma linha de falha tectônica na área de negócios. Seria sensato afirmar que o terremoto vai ocorrer, pois a pressão é simplesmente muito grande. Mas é impossível garantir especificamente *quando*. A estratégia tem que viver com essa incerteza.

2. **Até que ponto os argumentos apresentados nos Capítulos 6 a 8 se aplicam às empresas industriais?**

Eles se aplicam de forma muito semelhante às relações entre pequenas e grandes empresas, que são praticamente iguais às relações entre consumidores e corporações. No caso de grandes empresas envolvidas nessas relações, as questões de abrangência, o surgimento de guias, a fidelidade, a concorrência pelas informações específicas sobre os clientes e a concorrência com base na marca do produto são *exatamente* as mesmas.

No caso de pequenas empresas que negociam entre si, as questões de abrangência e navegação são as mesmas, mas as de riqueza e marca têm menos importância.

No caso de grandes empresas que negociam entre si, a principal questão é a riqueza da colaboração orgânica, que pode atingir novos níveis de sofisticação.

Cadeias de fornecedores desconstruídas

A evolução das extranets e os padrões de conteúdo que deslocam o *trade-off* entre riqueza e abrangência irão alterar drasticamente as bases de vantagem competitiva. Esses fatores reduzirão o valor das relações de negócios estabelecidas. A maior abrangência permitirá que os compradores que desejam adquirir o melhor produto encontrem fornecedores que oferecem o melhor produto em qualquer lugar do mundo. A maior riqueza permitirá que as empresas que têm problemas complexos para resolver ou tarefas difíceis para concluir obtenham ajuda de outras que possam oferecer as habilidades e as tecnologias necessárias, mais uma vez, em qualquer lugar do mundo.

A *terceirização* irá prosperar porque a abrangência que permite que encontremos os melhores fornecedores de produtos é maior, porque é mais fácil chegar a um acordo sobre as especificações e porque a dependência mútua é minimizada pelas alternativas disponíveis.

Os *market makers* também irão prosperar, pois as empresas que são grandes compradoras descobrirão que seu próprio volume pode dar início a um negócio independente que una compradores e vendedores. O segmento de *market making* (com base na economia da informação, não na economia dos objetos) evoluirá rapidamente, indo além dos limites do mix de compras original da controladora. Este será o principal caminho pelo qual as eficiências obtidas pelos grandes serão filtradas para beneficiar os pequenos.

A *auto-organização descentralizada*, ou seja, a capacidade dos funcionários de se agrupar, se separar e se reagrupar além das fronteiras corporativas, irá prosperar conforme as pequenas empresas forem explorando a riqueza e a abrangência em uma colaboração mútua. Conforme as empresas forem aprendendo a fazer isso, demonstrarão que são capazes de concluir projetos complexos, o que antes só era possível através da direção hierárquica de uma grande corporação.

Quem enfrentará o desafio máximo da desconstrução das cadeias de fornecedores será a própria organização. Se diversas organizações pequenas conseguem se auto-organizar e colaborar entre si através de um padrão de alianças flexíveis, poderíamos nos perguntar qual a necessidade de uma grande corporação hierárquica. Talvez não haja muita diferença entre equipes com poderes próprios de uma corporação e cadeias de fornecedores desconstruídas entre corporações. Talvez, de fato, não haja muita diferença entre o que ocorre dentro da corporação moderna e o que ocorre além de suas fronteiras. Talvez as fronteiras não tenham a menor importância.

Vamos passar à questão final.

Dicas úteis

- Em um contexto industrial, a conectividade já existe; os padrões são um desafio mais vital.
- A estratégia tem que conviver com a *incerteza radical* no comando da evolução dos padrões. A necessidade e o valor dos padrões são de fácil identificação; mas se eles surgirão, onde isso acontecerá e quem os controlará pode ser impossível de se prever.
- As extranets, os padrões e os *market makers* começam dentro das indústrias, mas não ficam restritos a elas. Eles seguem a economia da informação, não a economia dos objetos fabricados pela indústria.
- A explosão de riqueza e abrangência irá mudar as bases de vantagem competitiva e intensificar a concorrência em todos os níveis da cadeia de fornecedores.
- As extranets promovem a terceirização. Elas reduzem simultaneamente o custo da transação, aumentam os benefícios e diminuem os riscos.

10

A desconstrução da organização

COMO NO CASO DAS CADEIAS DE VALORES E das cadeias de fornecedores, a desconstrução da organização de negócios se dá quando o *trade-off* entre riqueza e abrangência termina. Surge a possibilidade de novos modelos organizacionais, modelos que oferecem muito mais riqueza *e* abrangência.

As mudanças ocorridas em termos do *trade-off* entre riqueza e abrangência (como sempre motivadas pela conectividade e pelos padrões) já permitiram a desconstrução substancial das relações com os investidores. Atualmente, a desconstrução está começando a redefinir os mercados de trabalho. A desconstrução abrangente do emprego e dos investimentos está começando a resultar em ambientes de negócios mais flexíveis, como o Vale do Silício, e essa forma abrangente representa um desafio fundamental para toda a lógica das grandes corporações.

A organização hierárquica tradicional

É fácil encontrar falhas na organização hierárquica: ela pode ser lenta, difícil de gerenciar, burocrática e politizada. Mas ela continua a ser o modelo básico de organização da atividade econômica e continuará a ser o tipo dominante de organização em muitos setores da economia durante anos a fio.

A organização tradicional baseia-se nas grandes restrições impostas pelo *trade-off* entre riqueza e abrangência. Na organização tradicional, a economia da informação sempre foi determinada, ao menos em parte, pela economia das entidades físicas ali gerenciadas. (É por esse motivo, por exemplo, que é comum ver escritórios ao lado de fábricas.)

O *trade-off* resultante dificultou a movimentação das informações, e a organização foi estruturada para acomodar essa limitação. As características de uma hierarquia clássica (divisão do trabalho, responsabilidade, disciplina, previsibilidade) são conseqüências do *trade-off* entre riqueza e abrangência.

Quando se tem uma grande quantidade de funcionários, eles não têm condições de se comunicar diretamente e com riqueza, por isso a organização tradicional tem camadas de gerentes de nível intermediário para passar as informações tanto às camadas superiores quanto às inferiores. O escopo de controle existente no organograma tradicional, o fato de que ninguém tem condições de gerenciar de maneira eficaz mais do que um número limitado de subordinados diretos, pode ser visto como uma medida das restrições de abrangência dentro das quais a organização opera.

Portanto, a hierarquia clássica permite riqueza de coordenação dentro de uma abrangência definida por relações de subordinação comuns. É um veículo através do qual as decisões importantes ficam nas mãos de um único indivíduo cujo escopo gerencial abrange os recursos essenciais e que garante que a responsabilidade de seus subordinados seja justamente cumprir suas ordens.

Pode-se reduzir os problemas relacionados à coordenação de uma hierarquia quando há possibilidade de dividir todo o negócio em tarefas *o mais desvinculadas possível umas das outras*. As unidades organizacionais são definidas com o intuito de *minimizar* o grau de colaboração mútuo. Além disso, devido aos altos custos da definição de canais de informação, não é possível alterá-los com muita freqüência. As empresas têm que estabelecer estruturas de prestação de contas e sistemas de informação definitivos e viver com suas escolhas. Independentemente de a estrutura hierárquica ser definida por funções, mercados ou áreas geográficas, é um conjunto de canais de informação estáticos que reduzem a um nível gerenciável a quantidade de informações que precisam circular. O problema da estrutura organizacional hierárquica é, portanto, o da *divisão* da tarefa gerencial no maior número possível de tarefas distintas e independentes para depois se criar um conjunto *fixo* de canais de informação que mantenham essa divisão.

Os *trade-offs* rígidos existentes entre riqueza e abrangência resultam em assimetrias de informação. Os altos executivos têm uma visão mais abrangente do "quadro geral". Os subordinados têm um conhecimento mais profundo do que está acontecendo em seus respectivos departamentos. Essa assimetria necessita de estruturas complexas para a manutenção do controle. Equipes corporativas, informações gerenciais e sistemas de prestação de contas, bem como uma filosofia de responsabilidade rígida, são necessários para garantir que os funcionários das camadas inferiores trabalhem pelos interesses da corporação como um todo.

As assimetrias de informação resultam em assimetrias de poder: os jogos políticos que sabemos que giram em torno da monopolização de vários tipos de conhecimentos. Para minimizar a politização, a organização hierárquica tradicional enfatiza a formalidade, a disciplina e a impessoalidade. O compromisso com a empresa e a integridade do seu "sistema" é essencial para o bom funcionamento de seus mecanismos e para a sua legitimidade. A *justiça* é uma parte muito importante do seu sistema de valores, em geral à custa de recompensar aqueles que apresentam melhor desempenho de acordo com o seu valor econômico (ou, que seja, punir aqueles que apresentam o pior desempenho). As pessoas são promovidas e pagas de formas diferentes dentro de um conjunto de restrições definido por aquilo que é considerado justo.

Considerando todas as críticas feitas à organização hierárquica tradicional nos últimos quinze a vinte anos, é fácil esquecermos que ela cumpriu o seu papel. Durante grande parte do século XX, foi uma solução eficaz para as restrições de informação às quais ficavam sujeitas as grandes empresas devido às limitações tecnológicas.

Mercados e hierarquias

As hierarquias tradicionais permitem mais riqueza e menos abrangência. Os mercados permitem mais abrangência e menos riqueza.*

As hierarquias encorajam a *colaboração*: dentro de uma organização, as pessoas podem trabalhar em conjunto sem terem que negociar responsabilidades e recompensas antecipadamente de forma muito detalhada, pois quem assume o risco é o seu empregador comum. Nos mercados, no entanto, não há terceiros que assumam os riscos, por isso cada contingência da colaboração tem que ser negociada pelas partes envolvidas ou por seus advogados. Entretanto, através da minimização da interdependência informativa e moral e da concentração dos riscos e recompensas, os mercados tornam a *iniciativa* mais fácil e potencialmente muito mais recompensadora. A escolha entre mercados e hierarquias tradicionais é, portanto, um *trade-off* entre colaboração e iniciativa.

As hierarquias estão sujeitas à liderança e à estratégia. Os mercados, em geral, não estão. As hierarquias podem explorar fatores não-lineares: elas podem investir em empreendimentos estratégicos que não gerem nada de início, mas que podem vir a gerar com tempo e sorte. Mas os mercados se adaptam aos poucos e sem as complexidades políticas das hierarquias. Eles evoluem mais ou menos como sistemas biológicos. A menos que liderados por governos ou por uma aliança de participantes dominantes, eles são donos do próprio nariz: cada passo em direção à evolução que dá certo motiva o passo seguinte.

Contudo, conforme as novas organizações criam mecanismos que operam como o mercado internamente e mecanismos de colaboração externamente, as distinções caem por terra. Estamos observando o surgimento de estruturas híbridas que atingem um grau mais elevado de riqueza *e* abrangência, um *trade-off* melhor entre colaboração e iniciativa e um equilíbrio melhor entre estratégia e adaptabilidade.

---

*Para uma descrição clássica sobre a relação entre hierarquias e mercados, consulte Ronald Coase, *The Firm, the Market and the Law* (University of Chicago Press, 1990) e Oliver Williamson, *Markets and Hierarchies* (Free Press, 1983).

A corporação japonesa: mais riqueza, menos abrangência

Atualmente, o método japonês de gestão perdeu um pouco de seu brilho após os problemas econômicos que assolaram o país, mas as corporações japonesas já foram bastante elogiadas por muitos observadores como a principal alternativa à hierarquia ocidental tradicional.[1] Elas continuam sendo hierárquicas: elas têm que ser, pois continuam sofrendo as mesmas restrições com relação à informação. Mas seus *trade-offs entre riqueza e abrangência são muito diferentes.*

A organização japonesa clássica concentra-se mais do que sua correspondente ocidental em aumentar a riqueza dos fluxos de informação. Para atingir esse nível mais elevado de riqueza, ela investe mais nesses fluxos, sacrificando a abrangência em alguns sentidos. Em parte, são opções organizacionais. Em parte, são reflexos da cultura mais ampla em que a corporação japonesa está embutida.[2] Conseqüentemente, ela representa uma alternativa importante à corporação ocidental, baseada não só em qualquer utilização superior da tecnologia da informação, mas em seu posicionamento distinto ao longo da curva de *trade-off* entre riqueza e abrangência, uma posição que enfatiza mais a riqueza e menos a abrangência.

A diferença mais visível aos olhos do observador informal diz respeito à freqüência e à intimidade da *colocação* física. Na maioria das empresas do Japão, mais gerentes são *colocados* em um prédio ou complexo de prédios de modo que trabalhem juntos do ponto de vista físico. Empresas onde trabalham mais funcionários de nível administrativo, como os bancos, relutam em transferir até mesmo parte de suas equipes das sedes, situadas em escritórios apertados e caros demais nos bairros Otemachi e Marunouchi do centro de Tóquio, basicamente porque se preocupam em manter a equipe junta.[3] Nesses prédios, escritórios separados por paredes são raros, até mesmo para os mais altos executivos: a maioria dos funcionários administrativos trabalham em escrivaninhas situadas em salas grandes e abertas. A privacidade é quase inexistente.

A conseqüência da cultura da colocação é a dificuldade de lidar com a separação geográfica. Os novos executivos japoneses vêem as filiais estrangeiras com um misto de confusão e aprovação devido ao risco de separação do "clima de intimidade" do Japão. De um modo geral, as empresas japonesas sentem-se menos à vontade do que suas concorrentes ocidentais quando se trata de delegar decisões às subsidiárias situadas no exterior. Executivos que não sejam japoneses se adaptam mal à hierarquia das multinacionais japonesas.

Dentro de seu contexto físico restrito, a corporação japonesa investe muito em comunicação. As decisões dificilmente são tomadas de forma unilateral pelos altos executivos. Em vez disso, chega-se a uma decisão através de um processo empregado para se obter um consenso denominado *nemawashi*, do qual participam mais indivíduos, inclusive de camadas hierárquicas inferiores, do que nas empresas ocidentais. Os planos são desenvolvidos por equipes que trabalham juntas por longos períodos e cujos membros vêm de diversas áreas e níveis da organização. As origens de uma proposta em geral tornam-se obscuras; todos se tornam "proprietários" pelo mérito de terem participado do processo exaustivo de discussões. Uma condição para que se tome qualquer medida é que seja quase unânime, escolhendo-se a proposta para aprovação final apenas após uma rodada exaustiva de consultas, um processo denominado *ringi-seido*. Indivíduos ou grupos sofrem grandes pressões para que aceitem o consenso geral.

Na clássica corporação japonesa, aqueles que têm um alto desempenho se alternam em uma série de tarefas. Desse modo, os altos gerentes adquirem uma grande exposição perante a empresa, talvez compensada por habilidades especializadas menos desenvolvidas. A rotatividade diminui a fidelidade a uma seção e aumenta a fidelidade à corporação como um todo. Essa maior "abrangência" em termos de planejamento da carreira *dentro* da corporação é compensada por uma menor abrangência *entre* corporações. A "clássica" corporação japonesa oferece e espera o emprego por toda a vida, pelo menos no que diz respeito a seus funcionários do sexo masculino.[4] A contratação de funcionários de outras empresas sempre foi muito incomum. As ordens ou pedidos de demissão são (ou eram até pouco tempo) um evento raro e vergonhoso.

Estes dois aspectos, o alto grau de fluidez lateral dentro da corporação e o baixo grau de fluidez além da fronteira corporativa, moldam o comportamento de maneira considerável. A fidelidade corporativa é muito forte: os funcionários sabem que têm que trabalhar juntos por toda a sua vida profissional. Para os indivíduos, existe um alto grau de "risco para a reputação": qualquer manobra que busque uma vantagem política de curto prazo será lembrada por muito tempo, sendo até punida. Essa transparência em relação às ações dos funcionários limita o comportamento oportunista e aumenta a confiança. Assim, o controle enfatizado na hierarquia ocidental é substituído pela confiança.

As relações com os investidores apresentam muitas características das relações com os funcionários: alto grau de riqueza e baixo grau de abrangência. Os principais acionistas e credores da corporação japonesa tradicional são bancos. Seus investimentos tendem a ser altos, portanto ilíquidos, mas os bancos japoneses participam ativamente da definição da política corporativa e têm representantes no conselho. A esses investidores institucionais falta a abrangência, na forma de liquidez, à disposição dos investidores nas organizações ocidentais, mas eles gozam de um nível mais alto de riqueza em termos de participação nos fluxos de informações e de tomada de decisões gerenciais. A alta gerência reage a sinais sutis de seus grandes investidores (e às orientações administrativas dos poderosos Ministério da Fazenda e Ministério da Indústria e Comércio Internacional), mas os investidores que não fazem parte desse "clube" dificilmente têm algum privilégio.

Mecanismos assim permitem que a corporação japonesa atinja um nível muito alto de riqueza na comunicação, mas paga-se um preço por isso: a perda de abrangência e a lentidão e os altos custos da tomada de decisões. Colocação física, transparência na tomada de decisões, consenso, risco para a reputação, emprego para a vida toda e relações íntimas com os investidores mantêm a riqueza em termos dos fluxos de informação, mas também podem resultar em comportamento provinciano, lentidão e mudanças incrementais. De forma semelhante, os funcionários e investidores gozam de segurança e têm muitos motivos para fazer com que o empreendimento corporativo coletivo dê certo, mas essa motivação se baseia na falta de alternativas reais. Adquire-se riqueza à custa da abrangência.

Se comparado ao modelo hierárquico tradicional do Ocidente, o modelo japonês realmente apresenta grandes vantagens devido à maior riqueza em termos de comunicação: identifica melhor oportunidades de melhorias incrementais; combina melhor os talentos de muitas pessoas, cada uma das quais tem uma pequena contribuição a fazer; mobiliza melhor os recursos humanos em torno de uma única meta; analisa melhor seus próprios processos de aprendizado para aperfeiçoá-los.

Em alguns aspectos, no entanto, a corporação japonesa está em desvantagem. Processos que exigem um grande envolvimento de muitas pessoas limitam a capacidade da organização de fazer mudanças decisivas na direção estratégica. A falta de recompensas individuais pode desencorajar a inovação. A pressão para seguir o consenso prevalecente pode desencorajar a criatividade.

Se nos basearmos na história ambígua das duas últimas décadas, fica difícil concluir se um dos sistemas é superior ao outro (o que também poderíamos dizer com relação às sociedades). O que há são *trade-offs* diferentes entre riqueza e abrangência em relação aos fluxos principais de informação. Conseqüentemente, há uma redefinição das relações de poder, confiança, mobilidade, justiça, incentivo e adaptabilidade.

Contudo, a corporação ocidental tradicional e a corporação japonesa tradicional apresentam muito mais semelhanças do que diferenças. Elas se posicionam na mesma curva de *trade-off* entre riqueza e abrangência determinada pela tecnologia (apesar de estarem em pontos diferentes). Ambas têm estruturas hierárquicas e físicas, permanentes e essencialmente impermeáveis. Portanto, ambas são alvos em potencial da desconstrução.

A desconstrução da propriedade, da responsabilidade pelos riscos e do controle

A desconstrução da propriedade corporativa se deu ao longo do tempo, e quase todos sabem como aconteceu. Os mercados de capitais faziam a conexão entre investidores e empresas, e os instrumentos financeiros eram os padrões que definiam os contratos de investimento. Isso acabou com o *trade-off* entre riqueza e abrangência para os investidores: eles podem gozar de um alto grau de entendimento dos riscos e dos retornos potenciais sem ter que restringir seus investimentos a um número limitado de firmas individuais. Os recentes avanços em termos de conectividade e padrões continuam reduzindo o *trade-off* entre riqueza e abrangência da propriedade corporativa.

Antigamente, as firmas eram de propriedade de um indivíduo ou de uma família. O capital, os riscos, o poder e o controle estavam nas mesmas mãos. A explosão da escala industrial fez com que a propriedade evoluísse para o formato de sociedades de pessoas, depois de sociedades por ações, permitindo que várias pessoas tivessem uma participação na empresa sem de fato controlá-la. Essas participações podiam ser compradas e vendidas em mercados de ações. Essa foi a primeira desconstrução da relação de propriedade. Ela tornou a propriedade corporativa líquida, permitindo muitas possibilidades de financiamento. Ela também separou a propriedade do controle, favorecendo o desenvolvimento da classe gerencial.

A corporação, assim como o sistema legal dentro do qual ela prosperou, desenvolveu um conjunto de mecanismos para oferecer aos seus inúmeros e distantes proprietários as informações de que precisavam para tomar decisões de investimento. Diretores externos. O relatório anual. Padrões de contabilidade. A auditoria independente. Em um sentido mais amplo, o jornalismo financeiro, os analistas de ações e os administradores profissionais de portfólios evoluíram como "guias" em meio à floresta de fatores qualitativos que influenciam as decisões de investimento. As dívidas corporativas evoluíram de formas semelhantes. Os empréstimos, e posteriormente os títulos de dívidas, desconstruíram a função de assumir riscos dos mercados de capitais, transformando-a no risco estruturado do credor ou do portador do título e no risco residual assumido pelo acionista, permitindo que investidores distintos assumissem tipos distintos de riscos. Os padrões, na forma de convênios, obrigações de falência e avaliações de títulos, agiam em conjunto com a conectividade oferecida pelos mercados de capitais para permitir a desconstrução da responsabilidade pela dívida da empresa.

Durante muito tempo, parecia que a securitização e a fragmentação da propriedade estavam assumindo o controle da corporação, tirando-o dos proprietários e colocando-o nas mãos de uma hierarquia gerencial que não era subordinada a ninguém.[5] Entretanto, a tomada de controle hostil desconstruiu a relação fixa entre os ativos da corporação e a equipe gerencial. Hoje existe um robusto "mercado do controle corporativo", e qualquer equipe gerencial que não tenha a capacidade de extrair o valor máximo de uma corporação está sujeita a ser sumariamente substituída. Portanto, além da fragmentação da propriedade e da desagregação do risco, a função empresarial em si está sujeita à capacidade da gerência de justificar o seu desempenho.

Atualmente, a desconstrução continua a se expandir pela propriedade, pelos riscos e pelo controle. O *factoring*, o arrendamento e a venda de títulos a receber permitem que as empresas passem categorias inteiras de ativos e riscos de seus balanços para instituições que tenham mais condições de assumi-los. A securitização dos ativos financeiros, como hipotecas e títulos a receber do setor automotivo e de cartões de crédito, permitiu que as instituições financeiras se concentrassem em emitir, processar ou portar o empréstimo: uma "desconstrução" da atividade integrada de empréstimos de trinta anos atrás. Essa desconstrução é facilitada pela liquidez dos mercados (abrangência) e pelos padrões que definem os riscos e os retornos referentes a vários grupos de empréstimos (riqueza).

A desconstrução também está se materializando na desintegração deliberada da propriedade integrada. O reconhecimento de um "desconto conglomerado" levou muitas empresas a efetuarem a cisão de negócios distintos para que os investidores pudessem ser proprietários de "investimentos centralizados" desconstruídos (como a venda da Hughes Electronics pela GM). Empresas que consideravam que determinados ativos estavam sendo subvalorizados por fazerem parte de uma corporação maior realizaram cisões parciais, suficientes para estabelecer um valor acionário independente para esses ativos sem perder o controle. A Thermo-Electron ficou famosa por definir a cisão como uma recompensa pelo sucesso: os gerentes operacionais são "incentivados" através da definição de um patrimônio líquido provisório para suas divisões que se torna um patrimônio real se a operação for suficientemente bem-sucedida a ponto de ser vendida.[6]

No mundo dos novos empreendimentos, o portfólio do investidor é uma alternativa desconstruída à estrutura corporativa. Os investidores tornam-se especialistas na avaliação de planos e pessoas. Eles negociam tecnologias, fazem apresentações e ajudam a recrutar a equipe gerencial. Eles fornecem capital, mas quem assume grande parte dos riscos (e o incentivo) é a administração. Eles arrumam a bagunça se alguma empresa falir. Acima de tudo, e em contraste com as corporações, eles vêem a propriedade como *transitória*, não como a essência do negócio: um investimento bem-sucedido é liquidado assim que se torna atraente para um comprador corporativo ou para os mercados de capitais.

Essas tendências continuarão a existir. As funções de fornecer capital, assumir riscos e controlar são independentes do ponto de vista lógico. Dentro de cada função, podemos distinguir tipos diferentes de investimentos, grupos de riscos variados e diversas facetas do poder. O mundo se torna mais eficiente quando cada um se concentra em uma função diferente de acordo com sua vantagem competitiva. Mas a desconstrução dessas funções exige *padrões*: para a troca de informações, para contratos e para medir o risco e o retorno. E esses padrões, assim como qualquer padrão, precisam de massa crítica: aquilo que chamamos de "liquidez" no jargão financeiro.

A conectividade é uma exigência para a liquidez, e essa conectividade já existe: aqueles que participam dos mercados de capitais estão conectados através da tecnologia moderna. Na verdade, porém, o que determina a liquidez é o número de participantes que *avaliam* a transação, não o número de participantes da transação em si. Os avanços tecnológicos permitem que os investidores efetuem análises e tomem decisões referentes a transações com *muito mais* potencial do que era possível há apenas dez anos. A liquidez dos mercados de capitais, se medida pelo número de participantes que avaliam transações, está crescendo a uma taxa proporcional à Lei de Moore. Apesar de que isso não garante a evolução dos padrões ou uma desconstrução maior da propriedade e da responsabilidade pelos riscos, mas as torna bem mais prováveis.

A desconstrução do emprego

A profundidade e a sofisticação dos mercados de capitais modernos explicam por que a desconstrução da propriedade e da responsabilidade pelos riscos já progrediu. Os mercados de trabalho são bem menos sofisticados, mas a mesma situação está ocorrendo: uma grande explosão de riqueza e abrangência.

A difusão da conectividade com a Internet e a proliferação dos mercados eletrônicos de trabalhos estão começando a ter impacto sobre todo o mercado de trabalho, principalmente sobre os cargos gerenciais e que exigem especialização. A maior parte das seções de classificados de empregos dos jornais também são colocadas no site do jornal na Web. Mercados de empregos existentes apenas na Internet, como o Careers.com, estão crescendo mais rápido do que qualquer outra categoria de classificados eletrônicos. As grandes corporações em geral usam seus sites como porta de acesso para quem está à procura de emprego, e o objetivo principal dos sites da maioria das empresas especializadas é o recrutamento. Entre os formandos das faculdades, realizar buscas na Internet para avaliar empregadores em potencial já é uma prática comum. Uma pesquisa realizada em 1997 pela Associação Americana de Administração concluiu que 53% das principais empresas encontravam os candidatos certos para seus cargos via Internet, e o diretor do Centro de Carreiras da Universidade de Stanford acredita que, dentro de cinco anos, 95% de todas as ofertas de empregos serão colocadas na Internet.[7] Além disso, as vantagens habituais dos *hyperlinks* e da personalização eletrônica permitem que os serviços de listagem on-line incluam informações importantes que os candidatos em potencial precisariam saber para julgar opções de emprego, como salário, custo de vida, escolas e moradia. A facilidade de acesso permite que mesmo quem já tem emprego fique por dentro do mercado de trabalho: as pessoas estão cada vez mais cientes das possibilidades externas de empregos, têm informações sobre as médias salariais e sabem quais são as alternativas específicas ao seu emprego atual. Atualmente, os funcionários podem rastrear, com facilidade e dentro do anonimato, informações que antes só podiam ser obtidas através de uma busca dedicada. A assimetria da informação deixa de existir.

Mas a desconstrução dos mercados de trabalho transcende em muito maior eficiência na caça ao emprego. Em alguns setores, estamos observando um movimento no sentido de tornar as *relações* entre funcionário e patrão *mais baseadas no mercado*. O custo de *mudar* de emprego está caindo junto com a redução das assimetrias da informação e do custo de procura. Assim como no caso dos mercados de capitais, essa crescente "liquidez" do mercado de trabalho permite que indivíduos assumam riscos: se um emprego não der certo, tenta-se outro. O grande aumento do número de profissionais autônomos, em geral aliado à possibilidade de se trabalhar remotamente, é uma conseqüência direta.[8]

Pode-se observar esse padrão extremo mais claramente nas indústrias concentradas geograficamente e baseadas em talentos, indústrias onde a mão-de-obra cria valor em vez de capital, onde os níveis de habilidade são altos, mas não específicos a um determinado empregador e onde a concentração geográfica permite a alta mobilidade. Nessas indústrias, encontramos todas as características da desconstrução: a explosão da abrangência através da conectividade e dos padrões, o derretimento da cola que vincula o funcionário ao patrão, a substituição da hierarquia estática por redes flexíveis de colaboração e a "desproporcionalização" dos padrões de recompensa.

Em Wall Street, por exemplo, os negociantes criam um valor substancial. O trabalho que fazem em uma empresa é praticamente o mesmo que fazem em outra, por isso podem mudar de emprego facilmente; além disso, elas são em geral muito próximas. É fácil medir o desempenho individual tendo em vista os lucros das negociações: a reputação das "estrelas" se espalha rapidamente. É impossível replicá-las. A facilidade de saída (abrangência) e a existência de padrões comuns de desempenho fazem com que uma relação que, de outro modo, seria hierárquica passe a ser autocrática. Os melhores profissionais têm que ganhar o que valem, caso contrário, eles pedem demissão. É difícil pagar os negociantes de acordo com o tempo de empresa, a "justiça" ou outros critérios valorizados por organizações hierárquicas. Os negociantes são fiéis à sua profissão (ou a si mesmos), mas raramente aos seus empregadores. A "promoção" não é um grande incentivo à submissão. O valor das habilidades, sejam elas inatas ou adquiridas com a prática, é creditado ao indivíduo. Pode ser que o negócio exija muito capital, mas o capital é menos escasso do que as habilidades. Sendo assim, é muito difícil para o investidor obter um grande retorno por possuir parte de uma operação bem-sucedida: grande parte do valor vai para as mãos de quem a criou.

Hollywood evoluiu de maneira semelhante. No ponto alto do sistema de estúdios, na década de 1940, as estrelas eram criadas através dos esforços promocionais dos estúdios, que tinham um contrato exclusivo com elas e podiam extrair o grosso do valor das "marcas" que haviam criado. Entretanto, ao longo das décadas de 1950 e 1960, essa estrutura foi se desfazendo, quando o valor absoluto do "talento", as grandes discrepâncias relativas a esse valor e a *visibilidade* dessas discrepâncias aos olhos de todos os participantes foram se tornando mais aparentes. Agentes e advogados começaram a negociar contratos mais curtos e não-exclusivos para seus clientes. Com o aumento da liquidez do mercado de talentos, as estrelas passaram a ter condições de extrair cada vez mais do valor criado por elas. Atualmente, a maior parte do valor de um filme diz respeito ao "talento", seja ele do produtor, do diretor ou do ator. As estrelas estão se tornando empresários: recebem um percentual do bruto ou participam de sociedades *ad hoc*, que assumem grande parte dos riscos. Os estúdios, como as corretoras, passam a ser itens secundários.

A indústria de esportes profissionais passou pela mesma evolução praticamente por motivos idênticos. Houve um tempo em que os grandes eventos esportivos eram as maiores fontes de lucro das redes de televisão. Através de negociações agressivas (auxiliadas pela proliferação das redes concorrentes), as ligas de esportes extraíam esse valor. Mas com o advento do passe livre nos EUA, os clubes ficaram nas mãos de seu principais jogadores, que passaram a concentrar o verdadeiro valor nas mãos. O valor das estrelas vai muito além do campo, assim como a lógica da desconstrução. O nome de Michael Jordan foi usado de forma brilhante pela Nike para comercializar a linha Air Jordan de calçados esportivos. A Nike, porém, foi pega de surpresa quando Jordan anunciou sua primeira aposentadoria. A empresa se deu conta da sua importância para o negócio da Nike e permitiu que Jordan tivesse a sua própria marca de calçado. A Nike foi obrigada a aceitar os termos de Jordan, inclusive a exclusão da palavra Nike daquilo que havia se tornado a marca Jordan.[9] Quaisquer que sejam as contribuições relativas do ponto de vista histórico, Jordan passou a extrair seu valor de saída do negócio pelo mérito da visibilidade e da navegabilidade da sua contribuição.

Em todas essas indústrias, a principal unidade da criação de valor é o *indivíduo*, e esse valor basicamente independe da equipe com a qual esse indivíduo trabalha.[10] Os empregadores em potencial podem estar a par do valor criado, assim como os atuais empregadores, o indivíduo pode criar tanto valor em um contexto de trabalho quanto em outro, sendo os custos da mudança baixos se comparados ao que se pode ganhar com isso. A densidade da indústria, onde há sempre caçadores de talentos, agentes e advogados de olho, além de contatos pessoais intensos, facilita a conectividade. Os padrões para medir o desempenho e definir os termos e a duração dos contratos facilitam a comparação e a troca de empregos.

A desconstrução do contrato de trabalho representa o fim das questões de paridade e o funcionário não precisa mais agir como um soldado que marcha no mesmo ritmo que seus colegas, características tão importantes na organização hierárquica e mais ainda na organização japonesa. O indivíduo é fiel à estrutura profissional à qual pertence, não à empresa para a qual trabalha no momento. E a lógica da desconstrução das cadeias de valores é levada até o seu limite: funcionários individuais (o menor segmento possível do negócio) extraem o valor criado exclusivamente por eles.

Desconstrução abrangente: O Vale do Silício

O melhor exemplo da desconstrução simultânea da mão-de-obra e dos mercados de capital é o Vale do Silício. Inicialmente, os responsáveis pela elaboração das políticas das empresas temiam que a estrutura fragmentada da indústria eletrônica da Califórnia a deixasse em desvantagem com relação à capacidade em termos de escala e de distribuição estratégica dos recursos de grandes concorrentes da costa leste e da Ásia. Hoje o Vale do Silício é considerado o novo modelo de organização industrial (veja a Figura 10.1).

Entre os trabalhadores do Vale há uma grande mobilidade: estudos mostram que há taxas de rotatividade de mais de 35% em empresas locais de eletrônica e de até 59% nas empresas menores. Em média, as pessoas ficam em um emprego durante cerca de dois anos.[11] Isso é possível porque as habilidades em todos os níveis tendem a ser específicas à

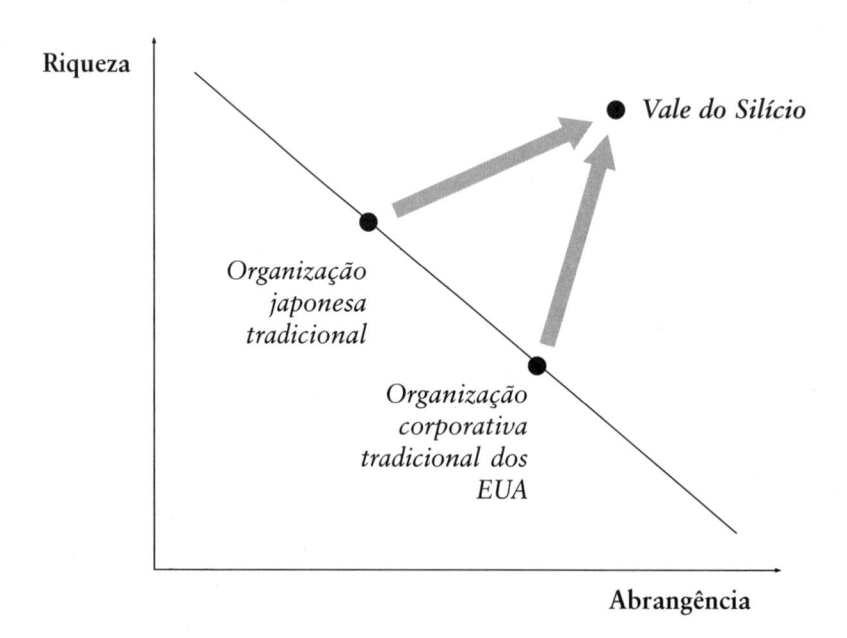

Figura 10.1 Organização: o fim do *trade-off* entre riqueza e abrangência.

região, mas não a uma determinada empresa. Os trabalhadores também têm um histórico em comum: em sua maioria, são engenheiros elétricos que se formaram nas faculdades de engenharia de Stanford e Berkeley e passaram por uma mesma empresa, a Fairchild Semiconductor. As relações de fidelidade refletem esse histórico. Um executivo observou: "Aqui no Vale do Silício as pessoas são muito mais fiéis à profissão do que à empresa. Uma empresa é apenas um veículo que permite que você trabalhe."[12] A homogeneidade e a colocação possibilitam a flexibilidade da força de trabalho.

A homogeneidade e a colocação também servem de base para a comunidade. As organizações profissionais e de ex-alunos, os *happy hours* nos bares favoritos e as amizades feitas no vaivém das carreiras mantêm um padrão de relações pessoais intensas. Assim tem-se um alto grau de *transparência*: as pessoas criam reputações conhecidas por toda a comunidade e o risco para a reputação, mais ou menos como na corporação japonesa, molda o comportamento. O fato de que um concorrente pode vir a se tornar um colega e o de que o papel de chefe e de subordinado são intercambiáveis sustentam uma cultura regional que define um equilíbrio entre os valores de concorrência e colaboração.

Os investidores têm um papel paralelo na distribuição e redistribuição da mão-de-obra, do capital e da tecnologia. Em geral, eles têm mais conhecimentos técnicos do que financeiros. Considerando que é normal que vários investidores tenham participação em cada empresa, eles também têm uma relação simultânea de concorrência e colaboração.

Como conseqüência, tem-se um ambiente de negócios caracterizado por limites permeáveis. As empresas não podem definir relações exclusivas com seus investidores ou funcionários; para elas, já é muito difícil manter a exclusividade em termos de tecnologias e *know-how*. Porém, enquanto para as firmas individualmente essas questões podem representar problemas, como um todo elas ganham com as pessoas, os fundos ou o conhecimento absorvido tanto quanto perdem com aquilo que emanam. A permeabilidade estimula a capacidade de inovação mais do que dissipa a motivação.

As empresas individuais vêm e vão — alianças temporárias de pessoas que trabalham em projetos específicos e altamente definidos. A realidade mais permanente é o "ecossistema" fluente de negócios dentro do qual essas empresas concorrem. Em alguns sentidos, o Vale do Silício é como uma corporação de grande porte descentralizada. O Vale, não as empresas que o compõem, possui o grupo de mão-de-obra. O Vale, através de sua comunidade de capital de investimento, inicia projetos, os conclui e distribui o capital entre eles. O Vale, não as empresas que o compõem, é o verdadeiro local onde se encontram as competências essenciais. Devido à facilidade de diversificação que concede a investidores e funcionários, é o Vale que absorve coletivamente grande parte da responsabilidade pelos riscos.[13]

Na qualidade de "corporação", o Vale do Silício superou as corporações hierárquicas tradicionais da Rota 128 de Boston. Ele também superou as corporações extremamente dinâmicas e competentes do Japão. Ele fez isso sem um departamento financeiro ou de recursos humanos. Ele fez isso sem uma estratégia corporativa. E sem um CEO.

O Vale do Silício tem a mobilidade interna e a transparência valiosa de uma corporação japonesa, o que permite que atinja altos níveis de confiança e colaboração. Mas também tem a responsabilidade da tradicional organização hierárquica ocidental. E oferece a relação direta entre iniciativa, inovação e recompensa dos mercados abertos. Para funcionários e investidores, o fim dos *trade-offs* tradicionais entre riqueza e abrangência abre espaço para modos de colaboração e iniciativa que captam algumas das melhores características dos modelos tradicionais de organização.

Implicações que vão mais além

Seria esse apenas um caso especial? O Vale do Silício dá certo devido à concentração geográfica, à força das habilidades, à homogeneidade e à sofisticação de seus trabalhadores e investidores. Ele também dá certo devido ao *sucesso*: o crescimento e a possibilidade de grandes ganhos de capital mantêm todo o sistema em boas condições. A maioria dos negócios é muito diferente.

Todavia, como já dissemos várias vezes, não importa como é a "maioria" das empresas: se *partes* do negócio puderem concorrer de maneira mais eficaz em uma estrutura como a do Vale do Silício, isoladas elas se tornariam objetos a serem desconstruídos. (Obviamente essas partes têm grandes possibilidades de corresponder às partes de maior valor do negócio.) As empresas farmacêuticas podem ser grandes empresas movidas pelas marcas e pela distribuição, mas *se* a função de pesquisa tiver a possibilidade de operar melhor segundo um modelo diferente, o fato de a gestão da produção e da equipe de vendas exigirem hierarquia e controle é bastante irrelevante. Simplesmente é um argumento para que as duas partes do negócio sejam gerenciadas de formas diferentes e, possivelmente, para que sejam desvinculadas uma da outra.

Na verdade, o papel em expansão de empresas farmacêuticas e de pesquisas biotecnológicas independentes sugere que é exatamente isso que está começando a acontecer.

Atualmente a limitação da proximidade geográfica é muito real. Entretanto, extranets como a ANX estão caminhando rapidamente no sentido de deslocar o *trade-off* entre riqueza e abrangência física. A comunicação em banda larga aumentará a riqueza da colaboração a distância.[14] Muitos executivos e comentaristas já estão especulando sobre as possibilidades da formação de equipes virtuais.[15] Ninguém sabe aonde isso vai chegar, até que ponto a amizade, a confiança, a obrigação moral e a ligação humana das relações profissionais podem evoluir remotamente. Mas não devemos desconsiderar a possibilidade, principalmente se a recompensa for um desempenho nos níveis do Vale do Silício.

A desconstrução dos mercados de capitais, a desconstrução dos mercados de trabalho e as conseqüências multiplicativas da desconstrução simultânea de ambos representam desafios fundamentais para os modelos tradicionais de organização do Ocidente e do Oriente. Elas abrem uma alternativa organizacional que fica em algum ponto entre os mercados e as hierarquias, uma alternativa que pode atingir boa parte da riqueza dos mercados junto com a abrangência das hierarquias. Não sabemos ainda até que ponto e quando esse novo modelo penetrará nas realidades da gestão prática. Mas é difícil negar que essas perguntas estão aí para serem respondidas.

Perguntas mais freqüentes

1. **Quais as partes da minha organização mais suscetíveis à desconstrução?**

    As partes que envolvem um alto grau de habilidade e de conhecimento. As partes em que as habilidades individuais são mais importantes. As partes em que as habilidades coletivas se beneficiam mais da exposição ao universo mais amplo possível de praticantes. As partes que contribuem de forma desproporcional para o valor do negócio.

2. **A permeabilidade dos limites significa que a corporação jamais receberá um retorno por seus investimentos? Caso positivo, por que investir?**

    Esse é um verdadeiro dilema. Se as empresas "emanassem" com perfeição idéias ou habilidades, não haveria mais motivos para investir; se elas fossem perfeitamente "impermeáveis", fazer parte de um "ecossistema" de negócios não traria nenhum benefício. Na verdade, elas emanam *um pouco*, e o equilíbrio parece dar certo. Knight Ridder, mediante a digitalização do negócio da informação, optou por transferir sua sede de Miami para San Jose em busca dos benefícios de fazer parte do Vale do Silício, mas correndo o risco de deixar passar suas melhores idéias, pessoas e habilidades para concorrentes iniciantes. A Kodak, mediante a digitalização da fotografia, rejeitou essa opção e decidiu ficar em Rochester, em Nova York. A Knight Ridder provavelmente tomou a decisão acertada.

A reação da organização

A desconstrução simultânea dos mercados de capitais e dos mercados de trabalho desafia a idéia de que a corporação realmente tem controle sobre suas vantagens competitivas. Ela sugere a visão da empresa como *manifestação* de competências e vantagens competitivas cuja verdadeira fonte é formada por indivíduos ou pelo "ecossistema" dentro do qual a empresa se encontra. Ela sugere ainda que a colaboração flexível e auto-organizadora pode dar certo sem a infra-estrutura tradicional de hierarquia, controle e liderança. Surge o modelo do Vale do Silício, que oferece uma abrangência além daquela do mercado convencional. É claro que não é um modelo para todos os negócios, mas um modelo para as partes com alta concentração de habilidades e conhecimentos responsáveis pelos lucros.

A Microsoft, de longe a corporação mais bem-sucedida dos últimos vinte anos, superou uma ameaça competitiva convencional após a outra. Sua maior vulnerabilidade de longo prazo, segundo alguns comentaristas, está em uma federação eclética de engenheiros de software denominada Open Software Alliance. Os membros da aliança, através da colaboração mundial com base em um conjunto de padrões acordados e em evolução, produziram um sistema operacional denominado LINUX, considerado por muitos como o melhor disponível. Ele já é usado em sete milhões de computadores no mundo inteiro. E é grátis. Mas se algo tão amorfo quanto a Open Software Alliance realmente for a ameaça mais séria para uma empresa tão forte quanto a Microsoft, o que isso significa para as outras?

Parte da resposta é que as organizações podem e devem concorrer agindo como os modelos desconstruídos que as desafiam. Outra parte diz respeito ao fato de que *ainda* há coisas importantes que as organizações individuais podem fazer melhor do que ambientes amorfos como o Vale do Silício, bem como ao fato de que as organizações devem voltar seu escopo e sua vantagem competitiva exatamente para esses tipos de atividade que ainda são de seu domínio.

A organização voltada para os objetos

Os softwares modernos são criados a partir de "objetos": fragmentos complexos de código independente feitos de instruções e dados. Cada objeto tem uma tarefa específica e ativa outros objetos para obter ajuda conforme necessário. Em princípio, qualquer objeto pode chamar outro: os objetos podem ser organizados e reorganizados se for necessário para executar a tarefa em questão. A arte da definição dos objetos é a arte de captar complexidades que exigem uma lógica interna complicada, porém conexões simples com o resto do universo da computação. Os objetos são modulares: cada um pode ser removido e substituído sem afetar os outros. A programação voltada para objetos é muito ineficiente em termos de medidas tradicionais como ciclos de computação e linhas de código. Mas a facilidade de atualização das partes seguida de sua recombinação para novos objetivos supera as considerações referentes à eficiência estática. A programação voltada para objetos é uma arquitetura que maximiza a *adaptabilidade*.

As equipes são os "objetos" da nova organização. Elas também podem ser recombinadas e são modulares. Para desempenhar uma tarefa predeterminada, elas são sempre menos eficientes do que a divisão definida de mão-de-obra da hierarquia tradicional. Mas com o deslocamento do *trade-off* entre riqueza e abrangência, a ineficiência estática passa a valer menos e com a aceleração do ritmo da concorrência, sua *adaptabilidade* superior vale mais.

Ao se tornar "voltada para objetos", a organização pode operar com níveis mais elevados de complexidade, preservar uma cultura de colaboração e atingir níveis de adaptabilidade à disposição, até o momento, apenas dos mercados.

Como forjar a desconstrução

As organizações estão reagindo aos novos desafios competitivos através da cópia de muitas características dos ambientes organizacionais desconstruídos. *Internamente* elas estão explorando a conectividade e os padrões para manter a fluência e a auto-organização de talento, tecnologia e capital que costumamos associar aos mercados. *Externamente* elas estão explorando a riqueza de conectividade para manter o alto grau de colaboração, as competências compartilhadas e as estratégias comuns que costumamos associar às organizações. A distinção tradicional entre a hierarquia interna e os mercados internos se torna obscura.[16]

Dentro da organização, por exemplo, muitas corporações estão implantando padrões válidos para toda a empresa para medir o desempenho e distribuir o capital de formas semelhantes aos procedimentos dos mercados de capitais. Elas estão adotando métodos de avaliação para os acionistas que permitem que seja medida a contribuição estimada de cada unidade de negócio para o preço das ações da corporação. Esses métodos, por sua vez, permitem que os gerentes das divisões sejam recompensados como proprietários da "empresa" que controlam.[17] Eles assumem os riscos e também passam a ter novas possibilidades de obter prosperidade pessoal.

Por outro lado, *entre* as corporações, está havendo uma proliferação de alianças. As corporações encontraram formas de colaborar umas com as outras de maneira ilimitada nas áreas de pesquisas, projetos e logística. As empresas se unem para agrupar competências complementares. Elas colaboram entre si para definir padrões industriais para produtos ou tecnologias, principalmente em áreas em que as inovações só darão certo se adotadas por uma massa crítica de usuários. Elas concorrem e colaboram entre si ao mesmo tempo.

Em um nível mais profundo, a reação à desconstrução depende menos dos padrões de desempenho e aliança e mais das normas culturais e gerenciais emergentes da organização. Esse processo será dominado por três características: *flexibilidade, horizontalização* e *confiança*.

Flexibilidade

A estrutura "fixa" da organização corporativa convencional reflete o alto custo do estabelecimento de canais de informação. Mas com a redução desses custos, a organização pode ser tornar "adaptável". As pessoas podem se agrupar e se reagrupar em equipes. Os indivíduos podem participar de diversos projetos simultaneamente. Os membros de uma equipe podem definir papéis e responsabilidades sem grandes intervenções da gerência. As equipes também pode se unir. Elas podem se fundir por algum objetivo comum e depois separar-se. Assim como os papéis substituem as descrições de cargo fixas, as equipes substituem os departamentos fixos. Os papéis e as equipes não têm permanência. A organização está sempre se reorganizando e se adaptando. Desse modo, ela obtém vantagem competitiva não através daquilo que é ou faz, mas através da maneira como analisa, aprende com e corrige os próprios procedimentos e estrutura.[18]

Horizontalização

As extensões de controle são proporcionais à abrangência. Se dobrarmos a extensão de controle e todos os outros fatores permanecerem iguais, as camadas de gerência necessárias em uma organização serão reduzidas à metade. A autoridade nunca será eliminada, pois uma estratégia continua sendo necessária, mas o número de camadas da hierarquia pode ser radicalmente reduzido. Mais importante do que uma horizontalização da estrutura formal da organização é a horizontalização dos canais informais usados para compartilhar, confortar, influenciar e orientar, onde os altos gerentes normalmente têm maior impacto. A arte de dirigir uma organização através de diversas intervenções informais em vez de planos e análises formais passa a ser a marca registrada da nova liderança organizacional. A gestão via correio eletrônico em vez de reuniões.

Confiança

O aumento da riqueza e da abrangência implica o aumento da simetria da informação. Quando as informações são mais ricas e podem fluir livremente na organização, as ações de todos tornam-se mais transparentes. Como no caso da corporação japonesa, a importância do *risco para a reputação* aumenta. Fica mais difícil esconder funcionários insatisfeitos e o baixo desempenho. Todos ficam sabendo dos êxitos gerenciais sem que seja necessário fazer alarde sobre eles. Com o aumento da simetria da informação e do risco para a reputação, os funcionários passam a ter mais motivação para ser bons cidadãos corporativos que colocam (de forma *visível*) os interesses coletivos acima de suas preocupações provincianas. Assim como nas comunidades sociais, a transparência coloca a corporação em condições de esperar e de obter um nível mais alto de colaboração entre seus membros.[19] Os mecanismos formais de análise e de controle são substituídos pela reputação.

Essas três implicações — flexibilidade, horizontalização e confiança — são ingredientes fundamentais de um novo modelo organizacional. Elas correspondem, porém, a mudanças em termos de grau, não de tipo. Os elementos da estrutura, a hierarquia e a assimetria da informação sempre existirão.

Quando as organizações adotam essas práticas internamente, surge um certo padrão "fractal". As pessoas trabalham em equipe de maneira fluente. As equipes trabalham dentro de corporações de maneira fluente. As corporações trabalham dentro do "ecossistema" de negócios de maneira fluente. Em todos os níveis, a unidade menor sustenta mais riqueza internamente, mas atinge a abrangência através do contexto fornecido pela unidade maior. Em todos os níveis, os canais de organização e informação se recombinam e são adaptáveis. Em todos os níveis, a transparência sustenta a confiança. Em todos os níveis, a riqueza sustenta a colaboração e a abrangência permite a concorrência.

Dicas úteis

- Dois debates organizacionais foram abordados: mercados *versus* hierarquias e, dentro das hierarquias, o modelo ocidental *versus* o modelo japonês. Novas combinações de riqueza e abrangência estão permitindo o surgimento de novas formas organizacionais que combinam o melhor de todas as estruturas.
- Os "ecossistemas" de negócios são limitados pelo fato de que a distância restringe a riqueza, mas *apenas* por esse fato. Essa restrição acabará. Não temos que nos perguntar se vai acabar, mas *quando*.
- Se as informações forem simétricas, o controle é substituído pela confiança.
- A organização dentro da empresa e a organização entre empresas estão se tornando, cada vez mais, variantes da mesma coisa, o que torna os limites da corporação confusos e indeterminados.
- A organização de grande porte e a organização de pequeno porte estão cada vez mais se tornando variáveis da mesma coisa. Indivíduos, equipes, negócios e corporações interagem com base em horizontalização, flexibilidade e confiança.
- A cooperação e a concorrência, a colaboração e a iniciativa, a riqueza e a abrangência podem coexistir em todos os lugares.

11

A rotina das manhãs de segunda-feira

Grande parte da função de gerenciamento diz respeito à solidez e à tática: soluções passo a passo para problemas práticos priorizados. A desconstrução, por sua vez, apresenta um grau estonteante de flexibilidade, imprecisão e instabilidade. É o oposto daquilo com que a maioria dos gerentes foram treinados para lidar, o que a torna complicada. É mentalmente estafante. O que se quer é uma simples previsão, instruções diretas, uma lista específica de coisas para fazer na segunda-feira de manhã.

Isso é muito difícil. A desconstrução não é um novo conjunto de regras sobre estratégia; é um argumento que afirma que todas as regras antigas se aplicam, mas em um nível bem mais avançado de granulosidade. À exceção parcial dos negócios puramente relacionados à informação, as estratégias em si são praticamente as mesmas: escala, participação no mercado, custo, inovação, recursos, competência e assim por diante. Mas os *objetos* dessas estratégias são diferentes. E, portanto, a tarefa diz respeito à identificação desses novos objetos para repensar e reaplicar os mesmos princípios antigos de vantagem competitiva.

Não há como cortar caminho para se chegar lá, não há soluções simples e abrangentes que substituam uma análise incansável das questões específicas do negócio. Entretanto, gostaríamos de sugerir doze *princípios de orientação* que podem ser úteis na tarefa de repensar a estratégia em uma era de desconstrução.

Alguns princípios de orientação

1. *Atualmente, nenhum líder de negócios pode pressupor que as definições de negócios do seu ramo continuarão valendo daqui a alguns anos.*

    A desconstrução significa que as definições tradicionais de negócios não podem mais ser consideradas um fato. Os fornecedores, os clientes, os concorrentes, a indústria, a cadeia de valores, a cadeia de fornecedores, os grupos de consumidores fiéis e as relações com funcionários e proprietários passam a ser *variáveis*. Seu molde é redefinido pela economia mutante da informação e pelas estratégias utilizadas por aqueles que exploram essa economia. Além disso, o processo de desconstrução é contínuo. Motivados pela conectividade e pelos padrões, os avanços inovadores em termos de riqueza e abrangência desafiarão sucessivas definições de negócios com as possibilidades de um grau ainda mais elevado de desconstrução. Não existe cartada final.

2. *A desconstrução tem maiores probabilidades de atacar justamente as partes do negócio em que as empresas tradicionais têm muito a perder, embora não estejam muito dispostas a reconhecer isso.*

    É fácil negar a importância da desconstrução indicando uma parte central e possivelmente grande do negócio que *não* será desconstruída: a relação entre médico e paciente, a necessidade que o investidor tem de conforto humano, a fidelidade à marca, a necessidade de controle hierárquico na fábrica. Mas gerenciar não é ser um guardião dos ativos, é *criar valor*.

    As novas oportunidades de criação de valor estão onde se dá a mudança da economia subjacente. Os gerentes precisam se concentrar nessas oportunidades. E é provável que produtos, segmentos ou funções que a economia está modificando sejam justamente as áreas onde se cria um valor desproporcional. Portanto concentre-se no jogo da desconstrução para criar um *novo* valor.

3. *Esperar que outra pessoa demonstre a viabilidade da desconstrução é entregar de bandeja a maior vantagem que um concorrente poderia desejar: tempo.*

No tempo da Internet, tudo é uma corrida. É fácil negar a desconstrução através do levantamento de um histórico de fracassos daqueles que tentaram. Isso é muito perigoso. Quando o importante é se prevenir e os novos negócios evoluem a uma velocidade estonteante, o primeiro concorrente que acertar terá uma grande vantagem. *Por definição*, esse primeiro concorrente ignorou as provas que indicavam uma série anterior e ininterrupta de fracassos.

A estratégia de "correr na cola" pode dar certo em maratonas, mas não em corridas curtas.

4. *Os líderes precisam lutar com toda a gama de padrões de desconstrução possíveis.*

Existem quatro possibilidades quando se trata da desconstrução dos negócios. Alguns serão divididos em componentes distintos da cadeia de valores, que já não estão mais vinculados pela cola de informações que os mantinha em uma única estrutura. Outros serão desconstruídos ao longo de seus vínculos verticais com fornecedores, clientes e consumidores quando as relações, os grupos fiéis e instáveis e os papéis intermediários são desestabilizados pela abrangência. Outros entenderão a segregação dos fluxos de informação como negócios independentes. Outros ainda desconstruirão suas relações organizacionais através da renegociação de papéis, riscos e recompensas por parte de funcionários, investidores e empresários.

Essas desconstruções podem ser parciais ou abrangentes. Elas não são mutuamente exclusivas. Em geral, são mutuamente independentes. Face à desconstrução, nenhuma estratégia bem-sucedida pode ignorar qualquer um desses padrões.

5. *A estratégia é realmente importante.*

Em um mundo estável, a estratégia é a economia aplicada: aperfeiçoamento da segmentação, desagregação dos custos, otimização dos recursos e outros no gênero. É uma *reação* às realidades de oferta e demanda que existem de forma bastante independente da capacidade que o líder do negócio tem de decifrá-las. Em um mundo em desconstrução, no entanto, a estratégia cria realidades econômicas. Alguns fatores (se um padrão vai ou não atingir a massa crítica, quem se antecipa a quem e quem se alia a quem) determinam não só o caminho da corrida competitiva, mas também o resultado final. A interação das estratégias entre os concorrentes tem um impacto autônomo no que diz respeito a moldar o resultado.

6. *O valor da vitória aumentará, assim como o custo da derrota.*

Como conseqüência da separação dos segmentos, a economia dos negócios após a desconstrução, em geral, será mais simples e, portanto, mais poderosa: a vantagem competitiva e a distribuição de recompensas terão uma inclinação muito maior. Os fluxos de informações, especificamente, tenderão a perder o valor ou a se tornar monopólios, e é *realmente importante* saber o que ocorrerá. Se, dentro de um determinado negócio, houver espaço apenas para um vencedor, usar a estratégia *certa* passa a ser realmente importante: *acertar passa a ser mais importante do que não errar.* Por isso, tome algumas atitudes muito "peculiares" no mundo corporativo: tente, preveja, implemente estratégias contrárias simultaneamente.

7. *Raramente as definições de negócios reconstruídos corresponderão às antigas definições.*

Novos negócios surgirão e se aglomerarão de acordo com uma lógica competitiva própria. Novos negócios de informação irão além das fronteiras dos negócios com presença física que lhes deram origem. Portanto, os concorrentes bem-sucedidos terão que desenvolver ou adquirir capacidades basicamente novas, fazer alianças com empresas de áreas antes isoladas e realizar fusões para atingir uma escala e um escopo preventivos. Subestimar a necessidade de adquirir novas capacidades e superestimar o valor das capacidades atuais são erros comuns.

8. *O passo mais difícil para uma organização tradicional é mentalizar o negócio sob um prisma diferente, desconstruído, e agir com base nisso.*

Desconstruir mentalmente o negócio parece fácil em teoria, mas quando as implicações práticas ficam claras, a reação de todas as organizações é a resistência. A estratégia de "guia" parece ótima até o ponto em que o melhor guia passa a ter que mostrar o caminho para os produtos dos concorrentes. Uma estratégia "preventiva" parece heróica, até que uma sucessão de fracassos prematuros e a diluição dos ganhos corporativos se abatam sobre a demonstração dos resultados. A estratégia de "desintermediação" parece ótima até os revendedores se revoltarem. É *aí* que a empresa tradicional titubeia e a empresa insurgente rouba uma vantagem injusta, porém devastadora.

9. *O perigo mais sutil é o de co-opção e resistência por parte de uma organização cética e preocupada com a autopreservação.*

As organizações têm uma capacidade misteriosa de subverter qualquer prática que abale suas estruturas históricas de poder e recompensa, mesmo que a nova direção seja a estratégia oficial. O Departamento de TI leva anos para criar uma interface para a Web com "força industrial"; a equipe de vendas assume a "transição suave" para o novo canal de distribuição; o espírito empreendedor é recompensado de acordo com as políticas de RH estabelecidas. Muitos erros.

Com o indubitável intuito de alavancar suas competências essenciais, a Westinghouse colocou sob a responsabilidade de sua Divisão de Tubos a Vácuo um novo negócio de "transistores". Conseqüentemente, acabou com um só golpe com a melhor esperança de futuro para a empresa.

10. *Num mundo em desconstrução, de um modo geral, a estratégia tem que ser certa, mas não de uma forma específica, contanto que a organização mantenha a capacidade de aprender com seus erros.*

Num mundo em desconstrução, a estratégia não pode ser planejada como no passado. O planejamento pressupõe a certeza ou pelo menos uma incerteza restrita. Ele pressupõe que seja possível analisar as cifras e identificar as recompensas. Ele concebe metas, orçamentos, fluxos de caixa, responsabilidades. Todo o sistema de planejamento corporativo é concebido para evitar erros. Mas, em condições de grande incerteza, os erros são inevitáveis e as pessoas que não estiverem dispostas a errar vão acertar *tarde demais* para reivindicar qualquer recompensa por serem tão meticulosas. A definição de estratégias tem que ser algo *contínuo*; tem que ser meio que *improvisada*; tem que ser suficientemente flexível para reconhecer os erros, corrigi-los e *seguir em frente*.

11. *O valor dos melhores ativos das empresas tradicionais muitas vezes é destruído pela bagagem organizacional, comportamental e pessoal que elas insistem em levar para o novo empreendimento.*

O pessoal da TI luta contra uma terrível dor de cabeça chamada "sistemas de legado": arquiteturas imensas de informação com diversas camadas de melhorias, extensões e investimentos que acabam sendo muito inferiores a algo simples, limpo e novo. Depois de certo ponto, os problemas relacionados à atualização e à manutenção da compatibilidade tornam-se tão sérios que faz sentido simplesmente se livrar de todo o sistema e começar do zero. Os sistemas de negócios são o software *humano*: eles seguem exatamente a mesma lógica. Existem organizações de legado, mentalidades de legado, competências de legado. E depois de certo ponto é necessário se livrar *disso tudo* e começar de novo.

Os procedimentos corporativos atuais de planejamento possivelmente *subtrairão* valor da maneira como lidam com a desconstrução. Os conhecimentos tradicionais sobre marketing ou desenvolvimento de produtos podem não só ser irrelevantes, mas perigosamente enganosos. Executivos que fizeram suas carreiras dentro de uma empresa podem ter justamente as habilidades e as posturas erradas. A propriedade corporativa pura pode se revelar uma forma insustentável de distribuir responsabilidade e recompensas.

Portanto, a necessidade de novas estratégias envolve a necessidade de novos processos.

12. *Se quiserem, as empresas tradicionais podem ser insurgentes.*

As empresas tradicionais não precisam se ver dessa forma: se o fizerem, estarão acreditando justamente nas definições estáticas de negócios e indústria negadas pela desconstrução. Elas podem pegar alguma de suas capacidades e atingir outro negócio no ponto fraco, *destruindo-o*. É preciso ter clareza de visão e consistência de objetivos. É preciso definir práticas de organização e recompensa diferentes, talvez até mesmo uma propriedade diferente.

O pior de tudo é que, para a maioria das oportunidades de desconstrução que surgiram até hoje, *havia alguma grande corporação muito bem posicionada para explorá-las*. Quase todas, porém, deixaram escapar essas oportunidades e alguns jovens empresários ficaram bilionários por isso. Elas fracassaram porque não conseguiram pensar como empresas insurgentes: não foram suficientemente agressivas; não foram suficientemente *gananciosas*. Ainda estavam estudando a situação.

Liderança

Num mundo em desconstrução, os papéis tradicionais hierárquicos de liderança tornam-se obsoletos. Mas ainda há duas coisas que os líderes, apenas os líderes, podem fazer.

A primeira é estabelecer uma *cultura*. As culturas comuns obviamente surgem a partir dos ambientes de origem da corporação: nacional, regional e profissional. Mas os valores culturais exclusivos estabelecidos por uma corporação são *criações* conscientes e deliberadas. Eles refletem a visão de um líder. Eles são estabelecidos através de incentivos, através da seleção de outros líderes e, acima de tudo, através de *exemplos*.

A definição da cultura e a determinação de como estabelecê-la estão além do escopo deste livro. Mas qualquer que seja a riqueza embutida nessa palavra vaga, porém crucial, aplica-se exclusiva e especificamente dentro dos limites da corporação. Portanto inclui um *trade-off* entre riqueza e abrangência que não pode ser deslocado pela tecnologia e que irá sobreviver, ou melhor, prosperar, na mudança da hierarquia para a flexibilidade, a horizontalização e a confiança. Enquanto fica claro que as outras fontes de estrutura e estabilidade aparente são efêmeras, enquanto os limites do negócio e as estruturas organizacionais chegam ao fim, a cultura rica da organização, se houver, torna-se um ativo valioso. O ativo *mais* valioso. A cultura, não fábricas, marcas, definições de negócios ou padrões de propriedade, define a corporação. E isso é uma criação exclusiva da liderança.

A segunda tarefa da liderança é a *estratégia*. Sempre há pequenas mudanças, experiências, melhorias: aquilo que uma organização com os recursos e a motivação certos fará sozinha. Mas também há as *grandes mudanças*. A desconstrução pede grandes mudanças, assim como livra o estrategista dos limites tradicionais da definição de negócios e da estrutura de propriedade. Nesse ambiente, como em nenhum outro, os inteligentes e audaciosos superarão os lentos e cautelosos. É a habilidade do líder em fazer essas grandes mudanças, que só é menos importante do que sua habilidade em estabelecer a cultura certa, que fará a diferença entre o sucesso e o esquecimento.

Os teóricos já definiram a corporação como um conjunto de ativos físicos, um conjunto de direitos de propriedade ou um grupo de competências essenciais. Tudo isso pode ser desconstruído. O que *resiste* à desconstrução é a idéia da corporação definida por sua cultura e estratégia. A corporação como uma *comunidade com um objetivo*. E se todo o resto desaparecer, talvez a comunidade com um objetivo passe a ser a essência da identidade, da gestão, da liderança. Em um mundo de mudanças técnicas impessoais, é o conceito humano que revigora.

Notas

Capítulo 1

1. Richard A. Melcher, "Dusting Off the Britannica", revista *BusinessWeek*, 20 de outubro de 1997, 143.
2. Ibid.
3. "Slow-to-Adapt Encyclopedia Britannica Is for Sale", jornal *New York Times*, 16 de maio de 1995, 1.
4. As estatísticas do PIB analisadas por economistas não detectaram queda de preços nem mudanças em termos de qualidade na transição do formato impresso para o formato eletrônico das enciclopédias ao longo desse período. Isso ilustra a irrelevância de grande parte dos debates macroeconômicos sobre o impacto ou a inexistência do impacto da tecnologia da informação sobre a "produtividade". Também ilustra a tendência peculiar que os economistas têm de interpretar sua incapacidade de medir algo como uma declaração sobre o mundo, não como uma declaração sobre os economistas (cf. a "hipótese dos mercados eficientes" em finanças). Entretanto, levando-se em conta os argumentos expostos neste livro, não importa se a substituição de enciclopédias impressas por CD-ROMs (ou qualquer outra manifestação da nova economia da informação) é considerada (ou medida como) uma evolução do ponto de vista econômico. Essa substituição tem um impacto significativo sobre a *vantagem competitiva*, e é nisso que nosso argumento se baseia, não no PIB.

Capítulo 2

1. Boston Consulting Group, "Managing for a Wired Health Care Industry", *INVIVO*, julho/agosto de 1996.
2. Um executivo da indústria automotiva apresentou, para um dos autores, uma estimativa de que, em 1999, a GM teria fornecido mais MIPS do que a IBM.
3. O estudo clássico das origens de uma organização de grande escala é de Alfred D. Chandler, Jr., *Strategy and Structure: Chapters in the History of the American Industrial Enterprise* (Cambridge: MIT Press, 1962).

4. As organizações são compostas por mais do que canais de informações: acima de tudo, elas têm poder e assumem riscos. Entretanto, por sua vez, esses itens baseiam-se na lógica das informações. Voltaremos a essa questão no Capítulo 10.
5. O fato de os canais de informações serem uma cola, que permite o vínculo entre cadeias de valores, cadeias de fornecedores, grupos de consumidores fiéis e organizações, não significa que sejam a *única* cola. O posicionamento físico do fornecedor e do cliente, a compatibilidade física entre dois produtos e os custos de mudar de um produto ou serviço para outro também podem funcionar como a cola que une as peças do jogo e nada têm a ver com as informações. Entretanto, com a queda dos custos de transporte, peças intercambiáveis, produção flexível e uma série de outras inovações, a importância da especificidade física está diminuindo. Além disso, em geral esses fatores físicos só explicam a integração vertical em "pequena escala". Os vínculos de grande escala que chamamos de cadeias de valores e fornecedores têm maiores probabilidades de se formarem através de informações. Em outras palavras, a especificidade física pode explicar por que uma ferramenta e uma matriz são possuídas e operadas em conjunto, mas não explica, de um modo geral, por que uma montadora de carros também é capaz de fabricar componentes.
6. Dado o fato de que o SABRE agora constitui uma empresa separada, podemos comparar diretamente os valores dos ativos intangíveis (informações) e dos ativos tangíveis (físicos) de uma empresa. Quando estávamos escrevendo esta nota, o valor de mercado do SABRE era de US$7,8 bilhões e o valor de mercado da AMR (empresa controladora da American Airlines) era de US$11 bilhões. Como a AMR é proprietária de 82% do SABRE, o valor implícito da American Airlines (em conjunto com sua operadora de táxi aéreo, a American Eagle) seria de US$4,6 bilhões. O SABRE, que atua na área da informação e foi criado para oferecer suporte a uma companhia aérea, vale quase o *dobro* dessa companhia. Para dar um exemplo ainda mais extremo, tomemos o Priceline.com, um mercado virtual da Internet que vende passagens aéreas. O site apresenta um prejuízo três vezes maior que sua receita, mas foi avaliado em US$10 bilhões na oferta pública realizada em abril de 1999. Certo ou errado, esse valor é mais alto do que a soma dos valores das companhias aéreas United, Northwest e Continental.
7. Consulte George Stalk, Philip Evans e Lawrence E. Shulman. "Competing on Capabilities: The New Rules of Corporate Strategy", *Harvard Business Review*, março-abril de 1992.
8. "Corre a boca pequena que um alto executivo da Coca-Cola declarou que a empresa sobreviveria mesmo que perdesse todas as suas fábricas, seu capital, seus funcionários e o acesso a matérias-primas, contanto que o logotipo da Coca-Cola continuasse em seu poder. Com ele, seria possível entrar em um banco e conseguir crédito suficiente para substituir toda a infra-estrutura global." Patrick Parrinder, em crítica sobre o livro *The Cultural Life of Intellectual Properties*, por Rosemary J. Coombe, no suplemento literário do jornal *The Times*, 12 de março de 1999, p. 11.
9. Censo realizado em 1998 pela IDC/LINK, pp. 1, 29.
10. Linda Himelstein, Heather Green, Richard Siklos e Catherine Yang, "Yahoo! The Company, The Strategy, The Stock", revista *BusinessWeek*, 7 de setembro de 1998, p. 66. O programa de televisão em questão era *ER (Plantão Médico)*.
11. Site da International Data Corporation na Web: <www.idc.com>.
12. Christopher Mines, "Broadband Hits Home", relatório da *Forrester Research*, 2 de agosto de 1998.
13. Site da International Data Corporation na Web: <www.idc.com>.
14. *Global Market Forecast for Internet Usage and Commerce*, International Data Corporation, julho de 1999.
15. *The Emerging Digital Economy*, Ministério do Comércio dos EUA, 1998, p. 7.
16. *Internet Usage and Commerce in Western Europe, 1997-2002*. Relatório da IDC, 1998.
17. Gordon Moore demonstra certa relutância em prorrogar sua "lei" além de 2010, porque nessa época as tecnologias atuais atingirão os limites ditados pelo tamanho do elétron (consulte Moore, "Nanometers and Gigabucks — Moore on Moore's Law", *UVC Distinguished Lecture*, 1996). Nesse ponto, a previsão da Semetech National Semiconductor Roadmap (1994) diz que haverá uma quantidade 450 vezes maior de transistores em um chip do que em 1997. Entretanto, muitos observadores acreditam que outras tecnologias, como a computação óptica, prorrogarão a "lei" por muito mais tempo.

18. Gordon Bell e James N. Gray, "The Revolution Yet to Happen" em *Beyond Calculation: The Next Fifty Years in Computing*, editado por Peter J. Denning e Robert M. Metcalfe (Nova York: Copernicus Books, 1997), pp. 5-32.
19. Segundo dois observadores qualificados: "Daqui a quinze anos, os computadores serão tão comuns e baratos quanto clipes de papel hoje em dia; e a importância que daremos aos computadores será a mesma que damos aos clipes." Peter J. Denning e Robert M. Metcalfe, "The Coming Revolution", em Denning e Metcalfe, ibid.
20. George Gilder: "Fiber Keeps its Promise", *Forbes ASAP*, fevereiro de 1997. A previsão de que a largura de banda total triplicará a cada ano durante os próximos 25 anos é conhecida como a "Lei de Gilder".
21. Neste contexto, quando nos referimos a um "objeto", estamos nos referindo a objetos físicos, inclusive pessoas. O termo "informações" inclui projetos e trabalhos criativos, não apenas dados. Vários autores já abordaram a diferença entre a economia dos objetos e a economia das informações, entre eles Nicholas Negroponte em seus artigos para a revista *Wired*. (Consulte *Being Digital* [Nova York: Alfred A. Knopf, 1995].) Paul M. Romer desenvolveu um ponto de vista brilhantemente original sobre esse assunto. Leia seus artigos "Endogenous Technical Change", publicado no periódico *Journal of Political Economy* 98, n° 5 (1990), S71-S102, e "Idea Gaps and Object Gaps in Economic Development", publicado no periódico *Journal of Monetary Economics* 32 (1993), 543-573.
22. George Gilder faz uma excelente analogia com a arquitetura em *Life After Television* (Nova York: Norton, 1992).
23. O que não significa que os outros meios tenham se tornado obsoletos, é claro. Hoje em dia, as vendas de livros são muito mais altas do que há um século, e as filas para visitar catedrais podem ser mais longas do que no século XII.
24. Em geral, as livrarias não arcam com o custo do estoque: quem assume esse custo é a editora. Entretanto, isso não afeta a economia do sistema de negócios.
25. Se compararmos os valores das ações da Peapod e da Amazon.com no mercado acionário, poderemos ver essa diferença refletida.

Capítulo 3

1. Este argumento foi apresentado pela primeira vez no artigo "Strategy and the New Economics of Information", de Philip B. Evans e Thomas S. Wurster, publicado na *Harvard Business Review*, setembro-outubro de 1997.
2. Os conceitos de "ruído" e "distorção" da teoria da informação correspondem, em engenharia, ao *trade-off* entre riqueza e abrangência. Consulte Claude E. Shannon, "A Mathematical Theory of Communication", *Bell System Technical Journal*, 1948. É interessante observar (e não há nenhuma coincidência nesse caso) que a estrutura hierárquica de cinco níveis com alternância do sistema da Bell criada nas décadas de 1950 e 1960 reflete a lógica de Shannon, assim como as hierarquias de organização, escolha e relação refletem a lógica da riqueza e da abrangência. Em *An Introduction to Information Theory: Symbols, Signals and Noise* (Nova York: Dover Press, 1980), John R. Pierce apresenta uma pesquisa informal sobre a teoria da informação.
3. Essa estrutura hierárquica das cadeias de fornecedores fica bem clara na indústria automobilística, onde os termos "nível um", "nível dois" e assim por diante são utilizados com freqüência para referir-se aos fabricantes de componentes e subcomponentes. O impacto da nova economia da informação sobre essa estrutura hierárquica será discutido no Capítulo 9.
4. A lógica da conectividade e dos padrões, da riqueza e da abrangência, bem como do derretimento da cola das informações não depende especificamente de computadores ou da Internet. Os "computadores" estão se transformando em dispositivos inteligentes embutidos em tudo (alguns dizem que, no futuro, até mesmo no corpo humano). "Dez anos atrás, a idéia de que todas as portas de um prédio deveriam conter um chip de computador parecia ridícula, mas dificilmente se vê hoje uma porta de hotel sem um chip que pisca e apita." (Kevin Kelly, *New Rules for the New Economy: 10 Radical Strategies for a Connected*

World, Viking Press, 1998.) Essa inteligência será ligada em rede, com base na conectividade e em padrões que poderão ser muito diferentes do TCP/IP. As próprias redes serão ligadas em rede, talvez através de conexões e padrões diferentes. Em algum nível superior, haverá uma rede de todas as redes que provavelmente continuaremos a chamar de "Internet". Mas a lógica da riqueza e da abrangência não se restringirá, de forma alguma, a esse domínio de nível superior.

5. Para uma literatura adicional sobre bitolas ferroviárias e padrões em geral, consulte a excelente discussão sobre o tema escrita por Carl Shapiro e Hal Varian, *Information Rules: A Strategic Guide do the Network Economy* (Boston, Harvard Business School Press, 1999), 208-210.
6. Para conhecer um aspecto fascinante da história dos primórdios da informática, consulte William Aspray, *John von Neumann and the Origins of Modern Computing* (Cambridge, The MIT Press, 1990).
7. Para obter informações sobre os crescentes retornos e o caráter externo das redes, consulte W. Brian Arthur, *Increasing Returns and Path Dependence in the Economy* (Ann Arbor, University of Michigan Press, 1994). Os crescentes retornos são um desafio para a teoria econômica "padrão", o que já foi reconhecido há tempos. Consulte, por exemplo, Alfred Marshall, *Principles of Economics* (8ª edição), p. 459, e o artigo clássico de Piero Sraffa, "The Laws of Returns under Competitive Conditions", *Economic Journal*, vol. 26 (1926).

Capítulo 4

1. Consulte, por exemplo, Roger Fidler, *Mediamorphosis: Understanding New Media* (Thousand Oaks, Califórnia: Pine Forge Press, 1997).
2. O protótipo do jornal eletrônico personalizado foi desenvolvido pelo Laboratório de Mídia do MIT e denominado "Fishwrap" (papel para embrulhar peixes) em uma alusão ao ditado dos jornalistas que diz que "As notícias de ontem servem para embrulhar o peixe de hoje". Para obter uma descrição detalhada, consulte <http://fishwrap-docs.www.media.mit.edu/docs/dev/CNGlue/cnglue.html>.
3. O segmento mais vulnerável no presente momento é o de classificados de empregos (principalmente no caso de cargos que exigem habilidades específicas), responsáveis por cerca de um terço das receitas dos classificados. A vulnerabilidade dos jornais nas categorias de imóveis e veículos automotivos cresce de acordo com as vulnerabilidades dos corretores de imóveis em relação à desintermediação e as dos revendedores de veículos automotivos em relação à sua própria desconstrução.
4. Os banqueiros também argumentam, com razão, que algumas funções do banco serão sempre físicas, como a distribuição de dinheiro ou os depósitos em dinheiro feitos pelos clientes. Se considerarmos as tecnologias atuais, fica difícil imaginar como essas funções poderiam ser desempenhadas sem algum tipo de infra-estrutura de distribuição. Entretanto, é difícil imaginar como justificar a infra-estrutura de distribuição dos bancos (exceto pelos caixas eletrônicos) dada a economia dessas atividades secundárias (e que muitas vezes causam prejuízos). Em um mundo desconstruído onde cada uma dessas atividades é vista como um negócio distinto, pode haver mais vantagens para outras partes, como os supermercados.
5. Se o destino dos bancos é a desconstrução, como se explica o frenesi atual das megafusões? Há três respostas: em primeiro lugar, a economia tradicional voltada para a distribuição ainda conta muito, e as fusões são uma forma de reduzir a capacidade e aumentar ao máximo as economias físicas de escala. Em segundo lugar, mesmo em uma indústria desconstruída, pode ser que as grandes corporações sobrevivam, contanto que sejam administradas como federações flexíveis de unidades de negócios essencialmente autônomas (essa é a estrutura atual dos serviços bancários para grandes clientes); o porte da empresa pode não significar muito, o que não quer dizer que seja irrelevante. Em terceiro lugar, quando a fonte secar, os maiores dinossauros sobreviverão por mais tempo; investir no porte é uma estratégia inteligente, *contanto que* você seja um dinossauro.
6. Web site da CarMax: <www.carmax.com>.
7. Web site da Amazon.com: <www.amazon.com>.

Capítulo 5

1. A desintermediação tem dois significados. Um diz respeito aos casos em que o fornecedor final de um produto ou serviço evita os intermediários e vende diretamente para o consumidor final. O outro em geral se refere ao surgimento de um novo intermediário que reduz os custos de distribuição de um produto ou serviço para tentar superar os intermediários existentes. Ambos os significados se aplicam aos tipos de desintermediação que abordaremos neste capítulo.
2. Patrick Spain e James Talbot, editores, *Hoover's Handbook of American Companies 1996*, Austin, Texas, Reference Press, 1995, p. 770.
3. Esse padrão da "nova" desintermediação reitera o brilhante relato de Clayton Christensen sobre as dificuldades enfrentadas pelas empresas tradicionais ao lidarem com "tecnologias invasivas". Veja Clayton M. Christensen, *The Innovator's Dilemma: When New Technologies Cause Great Firms to Fail* (Boston: Harvard Business School Press, 1997).
4. Ibid., p. 344.
5. Ibid., p. 344.
6. Ibid., p. 344.
7. Charles Schwab Corporation 10(k), 1995 e 1996, no Relatório Anual 10-K do Formulário de Arquivos da SEC.
8. Matthew Schifrin, "Cyber-Schwab", revista *Forbes*, 5 de maio de 1997, 42.
9. Os números não incluem as negociações de fundos mútuos, que distorcem os resultados segundo a Piper Jaffray. Piper Jaffray, "On-line Financial Services Update", março de 1999.
10. *Statistical Abstract of the United States*, 1997, p. 768.
11. Karen Petska-Juliussen e Dr. Egil Juliussen, *The 8th Annual Computer Industry Almanac*, Austin, Texas, Reference Press, 1996, p. 505.
12. Propagandas da J&R Computer World e PC Mall, revista *PC Magazine*, agosto-dezembro de 1997.
13. Joan Margretta, "The Power of Vertical Integration: An Interview with Dell Computer's Michael Dell", *Harvard Business Review*, março-abril de 1998, 77.
14. Os números referentes aos dias de estoque mudam constantemente. Todos eles são de outubro de 1998. Fontes: revista *Computer Reseller News*, 5 de outubro de 1998 e 19 de outubro de 1998; revista *Money Magazine*, outubro de 1998.
15. Deutsche Morgan Grenfell Technology Group, *The PC Industry* (Deutsche Morgan Grenfell, 1997).
16. Dell 10(k), abril de 1998, e 10(Q) referente ao primeiro, segundo e terceiro trimestres de 1999. Relatório Anual 10-K do Formulário de Arquivos da SEC, Relatório Trimestral 10-Q do Formulário de Arquivos da SEC.
17. Joan Margretta, "The Power of Virtual Integration: An Interview with Dell Computer's Michael Dell", *Harvard Business Review*, março-abril de 1998. Michael Dell, *Direct from Dell* (HarperCollins, 1999), pp. 101-102, 157.
18. Web site da Peapod: <www.peapod.com>.
19. Trade Dimensions, *Retail Tenant Directory* (Stamford: Interactive Market System, 1997).
20. Revista *Forbes ASAP*, 23 de fevereiro de 1998, "Food Fighter", 37.
21. Evan Schwartz, "An Online Grocer Bets Against Bananas and Meat", jornal *New York Times*, 4 de maio de 1998.
22. Relatório do Ministério do Comércio, *The Emerging Digital Economy*, 1998.

Capítulo 6

1. Neste livro, usaremos a palavra "fornecedor" em referência às empresas que fabricam um produto ou prestam um serviço. Muitos fornecedores vendem diretamente para o consumidor; muitos vendem através de revendedores.
2. O conceito de racionalismo restrito e "satisfação" foi introduzido na teoria econômica por Herbert Simon. Consulte Herbert A. Simon, *Models of Man* (Nova York: Garland Publishing, 1957).

3. Os guias têm sete funções básicas: servem como depósito de informações, permitem a comparação e a busca de uma determinada quantidade de informações, validam a precisão das informações, fornecem avaliações e conselhos, autenticam as identidades das partes envolvidas em uma transação, oferecem um sistema de pagamento e garantem o desempenho de uma das partes ou de ambas. A maioria dos intermediários desempenha pelo menos uma dessas funções, por isso são considerados guias. O termo "guia" não é sinônimo de revendedor do produto, mas muitos guias o são.
4. É importante não exagerar na importância deste argumento. Apesar de existirem alguns exemplos de marcas principais que ganharam participação no mercado com o aumento das opções, também há exemplos em que isso não ocorreu. As principais redes de televisão foram perdendo cada vez mais participação com a proliferação dos canais de televisão a cabo. Proporcionalmente, a Amazon.com vende menos best-sellers e mais títulos que não estão entre os mais vendidos do que a indústria de livros como um todo. De qualquer forma, seja a favor ou seja contra, existem fatores especiais que poderiam explicar o fenômeno. A hipótese de que as principais marcas ganham com o aumento das opções é apenas isso: uma hipótese.
5. Estudo da Shop.org em conjunto com o Boston Consulting Group, novembro de 1998.
6. Relatórios trimestrais da Barnes & Noble e da Borders, outubro de 1998; Relatório anual da Books-a-Million de 1998, Relatório Anual 10-K do Formulário de Arquivos da SEC, Relatório Trimestral 10-Q do Formulário de Arquivos da SEC; "Are Independents Making a Comeback? (booksellers)", revista *Publisher's Weekly*, 8 de junho de 1998, 21.
7. O site da Dell na Web oferece ao consumidor opções referentes a sistema, memória, disco rígido, placa de vídeo, adaptador para televisão, unidade de DVD/CD-ROM, placa de som, alto-falantes, modem e unidades de compactação. Os consumidores também podem escolher acessórios, como softwares antivírus, teclado e mouse. Essa comparação é um tanto injusta, já que muitas lojas de produtos de informática estariam dispostas a personalizar a memória e os periféricos conforme o cliente desejasse.
8. Mas é claro que isso não ocorre. A fidelidade a um grupo e a riqueza também são dimensões essenciais de vantagem que serão discutidas nos Capítulos 7 e 8, respectivamente.
9. O termo "Lei de Metcalfe" foi cunhado por George Gilder em 1993 (<http://www.discovery.org/gilder/metcalf.html>), apesar de Bob Metcalfe ter protestado, afirmando que só estava tentando vender a tecnologia Ethernet.
10. O poder da "lei" de Metcalfe é ilustrado pela indústria de publicações científicas, que pode ser um negócio excelente na rede. A assinatura anual da publicação *Atherosclerosis* custa US$2.700. As publicações científicas especializadas obtêm margens comparáveis às dos anúncios em classificados. Os pesquisadores fornecem a matéria-prima *de graça*, pois eles precisam publicar seus ensaios nas publicações mais respeitadas, caso contrário eles não se fazem. Os acadêmicos das áreas sentem-se *honrados* quando são convidados para trabalhar de graça como assessores editoriais. Os pesquisadores *têm que* estar a par das pesquisas mais recentes. Os bibliotecários das universidades *têm que* providenciar as publicações exigidas pelo corpo docente e, portanto, fizeram grandes cortes em termos de compra de monografias para poderem continuar assinando essas publicações. O principal valor agregado pela editora na verdade é negativo: a diagramação e a impressão atrasam a publicação de seis a doze meses, isso em uma indústria em que a divulgação rápida costuma ser essencial. A concorrência entre as editoras é insignificante porque cada publicação é um "mercado" intelectual estabelecido em seu campo: com o aumento do volume de publicação, novas publicações surgem, não como concorrentes, mas com enfoque em especializações subordinadas. Os escritores contribuem porque há muitos leitores, e os assinantes lêem porque os escritores contribuem. Nutre-se uma forte antipatia pelas editoras, mas todos entram na dança *porque os outros também entram*.
As publicações eletrônicas aumentam o espectro óbvio da desintermediação. Os fornecedores, assessores e leitores têm acesso à Net; na verdade, eles são exatamente as mesmas pessoas. Como eles já trabalham de graça mesmo, poderiam desintermediar as editoras e economizar, juntos, cerca de US$2 bilhões por ano em uma indústria que sofre de uma grande escassez de fundos. A publicação poderia ser instantânea. Mas o efeito de rede é tão forte que não houve nenhuma incursão hostil no monopólio da indústria de publicações científicas. Os custos são quase nulos e as margens, quase infinitas.
11. CareerPath.com foi fundada em 1995 através de uma parceria entre os jornais *Boston Globe, Chicago Tribune, Los Angeles Times, New York Times, San Jose Mercury News* e *Washington Post*.

Capítulo 7

1. Os guias pagos pelos vendedores nem sempre têm em mente os interesses dos vendedores. Os guias da Moody e da Standard & Poor classificam os riscos de seus títulos do ponto de vista do investidor, apesar de ser o mutuário que paga por eles. Essa afirmação não implica que os guias fiéis aos vendedores *ignorem* as necessidades ou os interesses dos compradores: a venda se dá justamente com base nisso. O que estamos dizendo é que, por exemplo, não avaliamos um bom vendedor ou uma campanha publicitária bem-sucedida pela forma como ajuda os clientes a satisfazerem suas necessidades, mas pela receita gerada.
2. A especificidade é o principal motivo da integração vertical: quando duas atividades só podem dar certo se houver um alto grau de dependência mútua, é provável que haja uma co-propriedade. A fidelidade a um grupo é uma forma delicada de integração vertical. O conceito de especificidade foi desenvolvido por Oliver Williamson. Veja seu livro *Markets and Hierarchies: Analysis and Antitrust Implications* (Nova York: Free Press, 1975).
3. Os teóricos chamam esse jogo de dilema do prisioneiro.
4. A American Airlines acabou sendo forçada, por pressões da indústria e do governo, a interromper a prática de apresentar as informações de um modo que favorecia seus próprios vôos. Isso eliminou a vantagem competitiva da companhia aérea, mas também eliminou uma *desvantagem* competitiva do SABRE. Como o guia SABRE hoje é uma empresa que vale duas vezes mais do que a American Airlines, os acionistas provavelmente foram beneficiados com essa mudança.
5. Há outro problema. Com o tempo, os navegadores dominantes aprenderão como aceitar lances por distinções com classificações bem definidas para posicionar e apresentar vendedores. O melhor posicionamento será vendido para o vendedor que pagar mais por ele; quem fizer a segunda melhor oferta ocupará uma posição um pouco inferior e assim por diante. Portanto, quem extrairá grande parte do valor do posicionamento nos guias será o *próprio guia*, assim como os detentores dos direitos de transmissão de eventos esportivos extraem dos anunciantes o valor completo da enorme audiência sobre a qual eles têm controle.

Capítulo 8

1. Essa questão não é apenas fundamental para as relações entre fornecedores, revendedores e clientes. A capacidade de acrescentar riqueza também é essencial para o futuro das cadeias de fornecedores e organizações, tópicos que abordaremos nos capítulos posteriores.
2. Boston Consulting Group, "Seeds of Deconstruction", 12 de dezembro de 1998.
3. A tecnologia para rastrear o comportamento dos clientes com o objetivo de definir segmentos de clientes e prever as preferências individuais foi comercializada pela primeira vez por uma empresa denominada Firefly, adquirida pela Microsoft em 1998.
4. Robert D. Hof, Heather Green e Linda Himelstein, "Now It's Your Web", revista *Business Week*, 5 de outubro de 1998.
5. Em breve, os guias ou agentes de software estarão empregando técnicas sofisticadas para *se informar*, através do uso, sobre o comportamento e as preferências daquele que tem o controle sobre eles a partir de técnicas de inteligência artificial. Quanto mais o software souber, melhor atenderá aos diversos interesses. Mas é exatamente por isso que as pessoas terão mais incentivo ainda para *comprar* tais agentes em vez de permitir que terceiros prestem serviços como agentes, adquirindo (e possivelmente explorando de forma inadequada) tais informações preciosas e suscetíveis. Conforme o custo (e, portanto, o limite) da tecnologia subjacente for diminuindo, a escala de desvantagem do consumidor com relação ao intermediário irá diminuindo, ao passo que a lógica de fidelidade por ser o proprietário do agente se tornará ainda mais inegável. Se partes da função do guia são influenciadas por forças distintas, essas diferenças simplesmente encorajarão ainda mais a desconstrução.
6. O valor de um arquivo de informações gerado pelo cliente diminui por ser possível que ele acrescente deliberadamente informações falsas. Entretanto, se esse fosse o único problema, haveria soluções tecnológicas fáceis.

7. O desenvolvimento completo dessa idéia encontra-se em *Net Worth: Shaping Markets When Customers Make the Rules*, de John Hagel III e Marc Singer (Boston: Harvard Business School Press, 1999).
8. Nossos colegas Stuart Scantlebury e David Ritter observaram que a cadeia de valores da própria produção musical vem sendo objeto da desconstrução tecnológica que corresponde exatamente aos padrões observados nos negócios. Como nas outras áreas, é motivada pelo advento da conectividade e dos padrões.

Produzir música é produzir informação. O artista, o instrumento e o som resultante apresentam uma integração vertical tão grande quanto qualquer cadeia de valores do mundo dos negócios. O sintetizador eletrônico, inventado por Robert Moog na década de 1960, utilizava uma tecnologia análoga para sintetizar os sons através da combinação de ondas. O resultado era um sinal elétrico que podia ser enviado diretamente para um *mixer* ou amplificador, desintermediando o microfone. Mas era *apenas mais um instrumento* que tinha sua própria cadeia de valores integrada verticalmente. Como as unidades distintas tinham recursos proprietários distintos, os artistas precisariam transportar, montar e manusear meia dúzia de sintetizadores em uma apresentação. Novos sons, mas a velha economia.

No início da década de 1980, o padrão MIDI (*Musical Instrument Digital Interface*, interface digital de instrumentos musicais) foi desenvolvido para definir as informações musicais. Um teclado (que funcionava como "controlador de MIDI") gerava instruções referentes à altura, à duração e ao tom. Um dispositivo de saída ("instrumento de MIDI") combinava essas instruções com sons reproduzidos para produzir um sinal analógico para o *mixer* ou amplificador. Não havia tanto controle criativo quando com os instrumentos verdadeiros, mas era *suficiente*. Ao conectar um controlador a diversos instrumentos de MIDI, um único artista surtia o efeito de uma banda.

Os controladores de MIDI se proliferaram: guitarras, baterias, até mesmo "vento MIDI". Os dispositivos especializados de saída também se proliferaram: máquinas de percussão, processadores de efeitos, até mesmo módulos de iluminação e fogos de artifício. Um padrão se desenvolvia com base no outro: padrões sucessivos especificavam um esquema de instrumentos, mais efeitos especiais, sincronia absoluta (para filmes) e formatos para copiar sons pela Internet.

Softwares foram desenvolvidos para permitir que os PCs fizessem a conversão do MIDI para a notação musical convencional e vice-versa. Assim, amadores e profissionais passaram a ter recursos variados e simultâneos para compor, gravar, editar e executar qualquer uma das trilhas instrumentais distintas coletivamente.

O impacto sobre a produtividade dos músicos foi surpreendente. Copiadores de músicas e escritores de partituras tornaram-se praticamente extintos. Os músicos podem compor e tocar músicas complexas muito além de seu nível de habilidade em instrumentos em tempo real. Grandes bandas foram substituídas por pequenas bandas com três membros. Cantores e pianistas dispensaram baixistas e bateristas. No início da década de 1990, em Las Vegas e em Nova York, os músicos entraram em greve contra o MIDI sem nenhum êxito.

9. Esta é uma citação literal retirada de um folheto sobre um sistema de alto-falantes estéreo de alta tecnologia.
10. Pode ser que os filósofos façam a distinção entre a "marca como denotação" e a "marca como conotação".
11. Nem mesmo a Sony e a Coca-Cola são casos genuínos. Parte da marca da Sony se deve à sua aura de sofisticação. Parte da marca da Coca-Cola se deve à crença de que ela tem sempre o mesmo sabor.
12. Se ignorarmos questões de patente e direitos autorais.

Capítulo 9

1. As extranets não são diferentes da Internet do ponto de vista técnico. Elas podem ser definidas como redes fechadas (ou seja, que exigem uma senha) que usam protocolos de comunicação da Internet. Elas podem ou não ser executadas através da estrutura física da Internet, mas isto não importa para a nossa discussão.
2. Site da ANX na Web: <www.anxo.com>.
3. Entrevista com Doug Buchanan, gerente de Tecnologia de Negócios da Dofasco Inc.

4. Entrevista com Bryan Whittle na Bellcore, supervisora oficial da ANX.
5. Entrevista com Fred Hakim na Chrysler.
6. Dados baseados na documentação retirada do relatório "Manufacturing Assembly Pilot (MAP) Project Final Report" fornecido pelo Automotive Industry Action Group.
7. Site do CIMSOURCE na Web: <www.cimsource.com>.
8. Para obter mais informações sobre este assunto, consulte Carliss Y. Baldwin e Kim Clark, "Managing in an Age of Modularity", *Harvard Business Review*, setembro-outubro de 1997.
9. Site da RosettaNet na Web: <www.rosettanet.org>.
10. Idem.
11. Boston Consulting Group, "Managing for a Wired Health Care Industry", revista *INVIVO*, julho-agosto de 1996.
12. Segundo uma estimativa, gastam-se anualmente US$276 bilhões em tratamentos desnecessários e duplicados ou através da ineficiência administrativa. Nem toda essa cifra pode ser atribuída a restrições referentes aos fluxos de informação. Veja o relatório de Jay Rosenbuth *et al.*, "Health Care On Line", da Bedrock Capital Partners (fora de catálogo).
13. O site Hepatitis Connections (<http://hepatitis-c.de/linkse.htm>) lista 33 fontes gerais, 14 sites de ajuda, 12 institutos de pesquisas, 6 publicações especializadas, 8 sociedades, 18 organizações, 12 grupos de notícias, 54 recursos estrangeiros e 19 sites para se obter mais informações sobre a hepatite C.
14. Materiais de leitura da Decision Innovations.
15. Cartões inteligentes com as informações sobre o paciente já estão em diversos estágios de implantação na Espanha, França e República Tcheca.
16. Consulte Regina Herzlinger, *Market Driven Health Care: Who Wins, Who Loses in the Transformation of America's Largest Service Industry*, Boston, Harvard Business School Press, 1997. O livro *Demanding Medical Excellence: Doctors and Accountability in the Information Age*, de Michael L. Millenson (Chicago, The University of Chicago Press, 1997), apresenta uma excelente discussão sobre o impacto da tecnologia na indústria de saúde.

Capítulo 10

1. Durante a década de 1980, a corporação japonesa (na verdade, o sistema corporativo japonês) era considerada um modelo superior de gestão. Muitos estudiosos concentravam-se na organização como a chave do sucesso competitivo do Japão e questionaram se a corporação de estilo ocidental estava em forma. (Veja, por exemplo, Ezra F. Vogel, *Japan as Number One* [Cambridge: Harvard University Press, 1979] ou William G. Ouchi, *Theory Z: How American Business Can Meet the Japanese Challenge* [Reading, MA: Addison-Wesley, 1981].) Deu-se importância demais a esse ponto de vista: confundiu-se a excelência de uma pequena quantidade de empresas cujos processos de engenharia apresentavam um alto nível e que eram voltadas para a exportação com a excelência de todo um sistema econômico. Analisando-se por esse prisma, esses estudiosos também não conseguiram ver que, mesmo nessas empresas, seus métodos peculiares de gestão eram adequados para determinadas tarefas e estratégias, mas não para outras. Entretanto, o que ocorreu nos últimos dez anos não foi o fato de que os méritos identificados por esses estudiosos mostraram ser falsos ou efêmeros, foi a macroeconomia que mudou. O que ocorreu foi que esses setores e as estratégias utilizadas nesses setores não são mais suficientes para a competitividade global. Mas os méritos ainda existem. Tanto o exagero da década de 1980 quanto a desvalorização da década de 1990 não se justificam.
2. As variações culturais em termos de riqueza e abrangência, suas implicações para as estruturas sociais e as possibilidades de desconstrução segundo a nova economia da informação mereceriam ser enfocadas em um novo livro.
3. No ponto mais alto da explosão imobiliária do Japão, esses bairros eram conhecidos por terem passado por uma valorização imobiliária maior do que a da Califórnia. Determinar se os preços altos das terras são uma *causa* ou uma *conseqüência* da aparente preferência dos japoneses por uma colocação mais íntima de seu quadro gestor é uma questão interessante para debate, mas não tem nada a ver com o nosso

argumento central. Considerando-se que os métodos japoneses de gestão se baseiam no "caráter" nacional (o que é ilustrado por Ruth Benedict no famoso *The Chrysanthemum and the Sword*) e que o caráter nacional tem origem na necessidade de cooperação no cultivo de arroz em vilas autônomas, tudo se explica pela "terra".

4. Thomas P. Rohlen, um grande antropólogo, em *For Harmony and Strength: Japanese White-Collar Organization in Anthropological Perspective* (Berkeley, CA: University of California Press, 1974), oferece uma descrição excelente desse e de outros aspectos da corporação tradicional japonesa do pós-guerra.
5. Esse ponto de vista foi abordado de maneira clássica por Adolf A. Berle e Gardiner C. Means em *Modern Corporation and Private Property* (Nova York: Harcourt, Brace & World, 1968).
6. A inovação e o sucesso tão comentados da Thermo Electron (ao menos até pouco tempo) contrastam com uma curiosa falta de seguidores. A revista *The Economist* de 12 de abril de 1997, no artigo "Spinning It Out at Thermo Electron", descreve o estilo gerencial da empresa (que é um misto de firma de capital de investimento e conglomerado).
7. Pamela Mendels P. Entiz, "Now That's Casting a Wide Net", revista *BusinessWeek*, 25 de maio de 1998.
8. Thomas W. Malone e Robert J. Laubacher abordam o tema da desconstrução dos mercados de trabalho no artigo "The Dawn of the E-Lance Economy", *Harvard Business Review*, setembro-outubro de 1998.
9. James Kirk, "2 Game Plans in MJ's Nike Deal with Jordan Line", jornal *Chicago Tribune*, 10 de setembro de 1997.
10. Os sistemas gerenciais de contabilidade e controle pressupõem que a principal fonte de criação de valor é o capital, não a mão-de-obra. Conforme demonstrado por nosso colega Felix Barber em livro ainda não publicado, a premissa de que a *mão-de-obra* é o fator principal e restringente da produção faz com que passemos a medir o desempenho e a distribuição de recursos de forma fundamentalmente diferente.
11. Analee Saxenian, *Regional Advantage: Culture and Competition in Silicon Valley and Route 128* (Cambridge: Harvard University Press, 1994), p. 35.
12. Idem, p. 36.
13. A utilização recente de analogias entre a biologia e o capitalismo é enfatizada por uma série de escritores, entre eles Michael Rothschild, *Bionomics: The Inevitability of Capitalism* (Nova York: Henry Holt and Company, 1995) e Kevin Kelly, *Out of Control: The Rise of Neo-Biological Civilization* (Reading, Massachussetts: Addison-Wesley, 1994).
14. Consulte Frances Cairncross, *The Death of Distance* (Boston: Harvard Business School Press, 1997).
15. Consulte, por exemplo, Jessica Lipnack e Jeffrey Stamps, *Virtual Teams: Reaching Across Space, Time and Organizations with Technology* (Nova York, John Wiley, 1997).
16. Para obter mais informações, consulte a excelente abordagem de Jonathan D. Day e James C. Wendler, "The New Economics of Organization", publicada na *McKinsey Quarterly*, nº 1 (1998).
17. A gestão de valor para os acionistas é discutida por James A. Knight em *Value Based Management: Developing a Systematic Approach to Creating Shareholder Value* (Nova York: McGraw-Hill, 1997) e pelo Boston Consulting Group, "Shareholder Value Management — Shareholder Value Metrics", 1996.
18. A analogia implícita entre organização e software vai muito mais fundo e se estende a muitas tecnologias da informação. Nós descrevemos, no contexto dos negócios, a lógica da desconstrução e a substituição de hierarquias controladas de forma central por sistemas modulares que se auto-organizam. Aplicamos isso a cadeias de valores, cadeias de fornecedores, buscas efetuadas pelo consumidor (e portanto a grupos fiéis e marcas), à relação entre a corporação e as partes interessadas, bem como aos padrões de colaboração dentro das corporações e entre elas. A mesma lógica se aplica a tecnologias. As redes de telecomunicação com comutação de pacotes são um substituto "desconstruído" das redes hierárquicas com comutação de circuitos desenvolvidas pela AT&T na década de 1950. As técnicas de programação voltadas para objetos são um substituto desconstruído dos métodos hierárquicos de programação empregados na década de 1970. Navegadores e bancos de dados, clientes e servidores, que colaboram de diversas formas através da Internet usando Java, Jini ou ActiveX, são um substituto desconstruído do ambiente tradicional de computação em que todas as tarefas são desempenhadas em uma máquina dentro da hierarquia de softwares em camadas definidas por um sistema operacional convencional. Redes inteligentes e sem núcleo de dispositivos inteligentes para o lar (conforme previsto pela arquite-

tura HAVI e pelo sistema operacional Aperios da Sony) são o substituto desconstruído da rede caseira centralizada no PC defendida pela Microsoft e pela Intel. Os ditos softwares de componentes (objetos inteligentes de software que podem ser copiados conforme necessário, como miniaplicativos em Java) são o substituto desconstruído dos pacotes compactos de US$300.

Em todos os casos, a arquitetura hierárquica antiga é mais "eficiente" do ponto de vista estático. Em todos os casos, a tecnologia tornou a eficiência estática menos importante. Ela também tornou a adaptabilidade, o equilíbrio e a tolerância às falhas *mais* importantes. As principais vantagens dos sistemas modulares (tecnológicos e humanos) que se auto-organizam são justamente a adaptabilidade, o equilíbrio e a tolerância às falhas.

19. A lógica paralela da "desconstrução" nos cenários social e político foi traçada por Francis Fukuyama em *Trust: The Social Virtues and the Creation of Prosperity* (Nova York: Free Press, 1995). Veja também o ensaio clássico de Albert O. Hirschman intitulado *Exit, Voice and Loyalty: Responses to Decline in Firms, Organizations and States* (Boston: Harvard University Press, 1970).

Os Autores

Philip Evans é vice-presidente sênior do escritório de Boston do The Boston Consulting Group e um dos líderes da áera especializada em *Media and Convergence* do BCG. Sua experiência na área de consultoria se concentra em estratégias para clientes das indústrias de meios de comunicação, de serviços financeiros e de bens de consumo. Ele é co-autor de três artigos publicados na *Harvard Business Review*, entre eles "Strategy and the New Economics of Information" (Estratégia e a nova economia da informação). Também já fez várias palestras sobre a nova economia da informação. Antes de entrar para o BCG, formou-se com louvor em economia pela Universidade de Cambridge. Posteriormente, foi bolsista Harkness Fellow no Departamento de Economia da Universidade de Harvard e recebeu seu MBA da Faculdade de Administração de Harvard. Ele pode ser contactado pelo endereço evans.philip@bcg.com.

Thomas S. Wurster é vice-presidente do The Boston Consulting Group, sendo responsável pelo escritório de Los Angeles. Ele também é um dos líderes da área de *Media and Convergence*. Sua experiência em consultoria se concentra no trabalho com grandes empresas de meios de comunicação, de produtos de consumo e de comércio eletrônico. Ele produz textos sobre meios de comunicação e estratégia e é co-autor de dois artigos publicados na *Harvard Business Review*, entre eles o premiado "Strategy and the New Economics of Information" (Estratégia e a nova economia da informação). Formou-se com louvor Bacharel em Economia e Matemática pela Universidade de Cornell. Na Universidade de Chicago, obteve seu MBA com louvor e, na Universidade de Yale, obteve seu Ph.D. em economia. Ele pode ser contactado pelo endereço wurster.tom@bcg.com.

Índice

"Core Competence of the Corporation, The", 66
"Ekins", 117
1-800-FLOWERS, 140

Abrangência, 71-72, 174
   concorrência por, 101-106
   da informação, 32, 34, 36, 43-44
   e especificidade, 119-120
   e fidelidade, 124
   e valor, 122
   explosão da, 101, 138-139
   importância da, 95-96
   sem navegação, 101-102, 109
Access Health, 165
Adesão, navegação e, 101
Air Jordan, 185
Alianças, 125, 192
Alice no País das Maravilhas, 143
Amazon.com, 65, 88, 104, 105-106, 108, 109, 128, 129
American Airlines, 130
   gestão das informações e, 23-24
American Express, 137
ANX (Automotive Network Exchange), 38, 156-160
   efeitos da, 158
   influência da, 160-161
Apple Computer, revendedores da, 117
Arquitetos, como navegadores, 119
Assimetrias de informações, 37-38, 175
Auto Trader, 60, 61, 106, 139
Autobytel, 59, 61
Auto-organização descentralizada, 171

Autoridade, o novo aspecto da, 183-184
AutoVantage, 59

Barnes & Noble, 65
   Barnesandnoble.com, 105
Benton Foundation, 15, 17
Benton, William, 15
Bertelsmann, 105
Best Buy, vendas de computadores na, 81
BestCalls.com, 76
Bonecas Barbie, 149
Books Online, 105
Britannica, 67-68, 92
   derrocada da, 16-18
   equipe de vendas da, 17, 19
   história da, 15-16
   ressurgimento da, 19-20

Cadeias de fornecedores, 22
   conectividade e, 153-154
   desconstrução das, 153-172
   escopo da escala nas, 154-156
   OEMs em, 160-161
Cadeias de valor, 22
Caixas eletrônicos, 72
Capitalismo de investimento, 182
   no Vale do Silício, 187-188
CareerPath.com, 107
Careers.com, 183
Carfax, 61
CarMax, 61
Carnegie, Andrew, 22

CarPoint, 59, 60-61, 106, 139
Cash Management Account, 73, 75-76
CDNOW, 88, 105, 140, 141
CD-ROM, 18
    enciclopédias em, 16-17
CheckFree, 50
Chicago, Universidade de, 15
CIMSOURCE, 158
Citibank, negociação de moedas pelo, 35
Coca-Cola, 147
    gestão das informações na, 23-24
Colaboração, 175, 192
Comércio on-line, 75-77
Companhias aéreas
    personalização por parte de, 137
    sistema de reservas (CRS), 130-131, 146
Competências essenciais, 22
Competências, 66-67
    essenciais, 22
Competitive Strategy, 66
CompUSA, 81
Computadores
    onipresença dos, 24
    reações perante, 18
Comunicação em banda larga, 24, 189
Comunicação via radiotransmissão, 27
Comunicação
    eletrônica, 24-25
    em banda larga, 24, 189
    padrões de conteúdo e, 40-41
    por correio eletrônico, 38
    por radiotransmissão, 27
Concorrência
    aumento da, 63, 64-65
    forças que determinam a, 67-68
    novas dimensões da, 108-112
Conectividade, 24-25
    desconstrução da, 169-171
    e a padronização universal, 39-40
    e cadeias de fornecedores, 153-154
    e liquidez, 182
    efeitos da, 38-40
    menor denominador comum e, 39-40
Confiabilidade, 34
Confiança, em sociedades desconstruídas, 193
Consultores financeiros, 121
Consumer Reports, 59, 146
    avaliações dos planos de saúde, 164
    independência da publicação, 118-119
Cookies, 140, 141
Correio de voz, 72
Correio eletrônico, 38
Corretoras de seguros, como navegadoras, 73
Corretoras on-line, 75-80
Corrida (concorrência)
    por abrangência, 104-106
    por fidelidade, 116-134
    por massa crítica, 107
    por riqueza, 135-152

CPFR, 162
Críticos de cinema, 150
Cultura, formação de, 202

Decision Innovations, 165
Dell Computer Corporation
    configurações para os clientes, 81, 140-141, 143
    presença on-line da, 82-84, 104
    produção *just-in-time* por parte da, 81-82
    vendas de computadores na, 81
Dell, Michael, 82, 83
Departamentos de compras, como navegadores, 119
Desconstrução
    características da, 63-65, 169-172, 196
    causas da, 46
    conseqüências da resistência à, 188-199
    custos e benefícios da, 199-200
    da indústria automotiva, 156-163
    da indústria bancária, 53-55, 128-129
    da indústria eletrônica, 186-189
    da indústria de jornais, 46-50
    da indústria varejista de produtos automotivos, 58-62
    da posse da empresa, 180-183
    da tolerância aos riscos, 182-183
    das cadeias de fornecedores, 153-172
    das informações sobre o cliente, 144-145
    das organizações de negócios, 173-195
    definição, 44
    do controle corporativo, 181-182
    do emprego, 182-186
    do setor de planos de saúde, 163-169
    e estratégia competitiva, 66-67
    e estratégia, 196-197, 198-199
    e o intercâmbio entre riqueza e abrangência, 135
    e vantagem competitiva, 62-67
    guias e, 128
    implicações da, 188-190, 191-194
    princípios para a sobrevivência, 197-202
    reação da organização à, 189-191
    reação do encarregado à, 68
    vulnerabilidade à, 66
Desintermediação
    condições para, 70, 89-90
    da cadeia de fornecedores, 66
    efeitos do, 79-80, 89-90, 91-92
    limites do, 84-89
    na indústria bancária, 71, 72-73, 121
    na indústria de artigos de mercearia, 85, 87-88
    na indústria de seguros, 71-73
    na indústria varejista de informática, 80-84
    nas corretoras, 72-80
    nas vendas a varejo através de catálogos, 88-89
    perigos e oportunidades decorrentes do, 86-87, 89-90
    tipos de, 70-72
Diretriz Européia de Proteção dos Dados, 142
Dispositivos de informação, 23-25
Dívida da empresa, evolução da, 181-195

E*Trade, 75, 80
e.Schwab, 75-76
Economia da informação, 17-18
   e a desintermediação, 90
   futuro da, 197
   mutante, 28
   versus a economia dos objetos, 26-27
Emprego remoto, 183
Emprego
   baseado no mercado, 183
   desconstrução do, 182-186
   Internet e, 182-183
Empresas farmacêuticas, programas de pesquisa das, 163, 188-189
Empurroterapia, 100
Encarta, 16, 17, 18
Equipamentos de áudio, 146
Equipe de vendas, evolução da, 43-44
Equipes virtuais, 189
Especificidade, e fidelidade, 119-120
Estoque, 28-29
Estratégia
   baseada na riqueza, 136-138
   dos guias, 126-133
   e desconstrução, 196, 197, 198, 199
   liderança e, 197
eToys, 149
Excite, abrangência do, 105
Extranets, 39, 156-160, 189

Fairchild Semiconductor, 187
Federal Express, 64, 87, 92
Fibra óptica, avanço da, 25
Fichas médicas, padronização de, 166-169, 169
Fidelidade, 116-118
   definição, 118
   especificidade e, 119-120
   intercâmbio entre riqueza/abrangência e, 123-124
   objetivo, 119-120
   tipos de, 118-119
   voltada para o consumidor, 127-129, 129-132
Flexibilidade, 192-193
Floricultura, on-line, 140
Ford, Henry, 22
Formação de consenso, 177-178
Fornecedores
   abrangência, 109-110
   credibilidade dos, 147, 148
   impactos da desintermediação sobre, 86-87
   impactos do comércio eletrônico sobre, 108, 109-110
   impactos dos navegadores sobre, 110, 116, 126, 129
   relação com os revendedores, 96-97, 117, 118
   riqueza e, 149
Franquia, 95
Freqüência, das informações, 34
Fundos do mercado monetário, 71
Funk & Wagnalls, 16

GE Information Services, 161
Gestão da Qualidade Total, 23-24
Gestão
   desconstrução e, 196-197
   na hierarquia, 192-194
   visão tradicional da, 174-175
Guias e navegação, 67, 137-140
   bidirecionais, 105-106
   compradores e, 116-117
   co-opção de, 132
   custo, 121-122
   desimpedidos por riqueza e abrangência, 103, 108, 110
   estratégias de, 126-133
   estratégias para, 128-129
   evolução, 127-130
   fatores que afetam, 112-113
   fidelidade, 118-120, 129-132
   gestão das informações de, 145-148
   nova geração de, 101-104
   tipos de, 100
   vantagem competitiva de, 122-133
   vendedores e, 100-101, 117-118, 132-133

Hamel, Gary, 66
HealthPartners, 165
Hierarquia
   características da, 173-176
   da escolha, 137
   da informação, 99-100
   dinamização, 192-193
   e colaboração, 175
   gestão em, 192-194
   navegação da, 99-100
   riqueza, abrangência e, 174-175
   versus mercados, 175-176
Hollywood, mercado de trabalho em, 184
Home banking eletrônico, 50-51, 54
Horizontalização, 193
HTML (*hypertext markup language*, linguagem de marcação de hipertexto), 40
HTTP, 41

IBM, mudanças na filosofia da, 63, 84
Incumbência
   desconstrução e, 199-201
   efeitos da tecnologia sobre, 16-20
   oportunidades para, 201
Indústria automotiva
   desconstrução das cadeias de fornecedores na, 156-161
   migração dos padrões na, 161-163
   padrões de comunicação na, 38-39
Indústria bancária
   desconstrução da, 53-55
   desintermediação na, 70-71, 72-73, 121
   eletrônica, 50-54
   futuro da, 55-56
   no Japão, 179

personalização na, 137
sites na Web da, 51
tradicional, 50
Indústria cinematográfica, 149-151, 184
Indústria da informação
relação com o estabelecimento físico, 63-64
vantagem competitiva na, 64
Indústria de artigos de mercearia, 92
on-line, 85, 86-87
Indústria de corretagem, 92
comércio on-line e, 75-77, 79
desintermediação na, 73-75
desregulamentação da, 73
tradicional, 73
transformação da, 77-80
Indústria de eletrodomésticos, padrões de conteúdo na, 41
Indústria de eletrônica, desconstrução na, 186-188
Indústria de enciclopédias, derrocada da, 15-20, 127
Indústria de esportes, 185
Indústria de ferramentas de corte, intercâmbio de dados na, 158
Indústria de jornais
anúncios em classificados e, 48
desconstrução da, 47-50
eletrônicos, 47-49
tradicional, 46-47
Indústria de seguros, desintermediação na, 71-72
Indústria ferroviária, padrões de conteúdo da, 40
Indústria hoteleira, personalização na, 137
Indústria varejista de informática, 92
crescimento da, 80-81
presença do fabricante na, 81-82
presença on-line da, 82-84
primórdios da, 80
Indústria varejista de produtos automotivos
desconstrução da, 58-61
efeitos da informação sobre a, 59-61
estrutura da, 57-58
financiamento ao consumidor por parte da, 59
marcas na, 148
padrões na, 61
serviço de garantia da, 58, 60
tradicional, 57
Informação
aspectos da, 22-23
assimetrias da, 37-38
assimetrias na organização tradicional, 175
canais de, 33-35
características da, 23, 24-25
confiabilidade da, 34
economia da, 17-18, 26-28, 90, 197
específica sobre o cliente, 139-145
específica sobre o produto, 145-151
estrutura hierárquica da, 96-97, 99
importância para a economia, 26-30
importância para os negócios, 28-29, 68
intercâmbio eletrônico de, 37-41
oportuna, 34, 43

personalização da, 33, 43-44
qualidade *versus* distribuição da, 32-36, 43, 45
segurança da, 33-34
Informações específicas sobre o cliente, 139-145
Informações específicas sobre o produto, 145-147
marcas como, 147-151
Informações financeiras, padrões, 43, 51-52
Ingram, 65
Iniciativa, 176
recompensas pela, 195
Integração horizontal, 22
Integração inversa, 142, 144
Integração vertical, 22
Integrion, 50
Interatividade, 33, 44
Intercâmbio eletrônico de dados (EDI, *electronic data interchange*), 22, 35, 154
sistemas proprietários *versus* sistemas-padrão de, 38-39
Intermediários, 70
destruição dos. *Veja* Desintermediação
guias e, 67. *Veja também* Navegadores e navegação
Internet
avanço da, 24
base de usuários da, 24
correio eletrônico, 38
e mercados de trabalho, 182
protocolos da, 38-39, 41
Intranets, 38-39
IP (*Internet protocol*, protocolo da Internet), 41

J.D. Power, 37, 59, 61
Jaguar XK8, 148
Japão
bancos no, 179
estrutura organizacional no, 176-179
formação de consenso no, 177-178
lealdade à empresa no, 178
produção *just-in-time* no, 35, 84
relações entre investidores no, 178-179
Jordan, Michael, 185
Justiça, 175
Just-in-time, produção, 35, 84

Kanban, método de produção, 84
Kelly Blue Book, 37
Knight Ridder, 190
Kodak, reação à revolução da informação, 190

Largura de banda, 40
definição, 34
Lei das grandes quantidades, 63
Lei de Conformidade e Responsabilidade dos Planos de Saúde (HIPAA, *Health Insurance Portability and Accountability Act*), 169
Lei de Metcalfe, 106, 123
Lei de Moore, 25, 40, 42, 45, 79, 121, 126, 143, 182
Liderança

desconstrução e, 197
estabelecimento de cultura pela, 202
estabelecimento de estratégia pela, 202
na hierarquia, 193
LINUX, 190
Lipper, presença na Internet da, 76
Liquidez, de mercados de capital, 182

Marcas
 como informações específicas sobre o produto, 147-151
 e abrangência, 137-138
 posição das, 139
 reconhecimento das, 95, 98, 101, 137-138
Market making, 170
Massa crítica
 concorrência por, 107-108
 enfraquecimento da, 128-129
 importância da, 108, 109-112
 negação da, 107, 127-129
Mattel, 149
Mecanismos de busca, 105, 127-128
Mercados de títulos e valores mobiliários, 70-71, 182, 184
Mercados de trabalho
 desconstrução dos, 182-186
 Internet e, 182
Merrill Lynch, 73, 78
Metcalfe, Bob, 106
Microsoft, 109, 124
 produto *Encarta* da, 16, 18
 produto *Money* da, 50
 vulnerabilidade da, 190
Midas Muffler, 61
Mídia impressa, como navegadora, 118-119
Ministério da Indústria e do Comércio Internacional (Japão), 178-179
Ministério das Finanças (Japão), 178
Moore, Gordon, 25
Morningstar, presença na Internet da, 76
Motley Fool, 76

Negociação de moedas, 35
Negócio de empréstimos, desconstrução do, 181
Nemawashi, 177
Net Perceptions, 140
NetGrocer, 85, 87
Netscape, 76
Neumann, John von, 41
Nike, 185
 equipe de vendas da, 117
 gestão das informações na, 23
Novatos, efeitos da desintermediação sobre, 86-87

OASIS, 162
OEMs, futuro dos, 160-161
Office Depot, vendas de computadores na, 81
OFX, 43, 51, 77, 162
Open Software Alliance, 190

Organização
 confiança na, 193-194
 dentro de empresas e entre elas, 192,194
 desafios à, 190-191
 desconstruída, 185-195
 estrutura da, 22, 23
 evolução da, 192-194
 flexibilidade da, 192-193
 fronteiras porosas da, 191
 hierarquia clássica da, 173
 horizontalização da, 193
 importância da informação para, 21-23
 japonesa, 176-179
 objetivo da, 202
 porte da, 195
 posse da, 180-182
 reação à desconstrução, 192-194
 tradicional, 173-176
 voltada para objetos, 191
 vulnerabilidade da, 191

Padrão HL7 de informações para o setor de planos de saúde, 41, 162
Padrão KONA para o setor de planos de saúde, 162
Padrões de criptografia, 51
Padrões
 estabelecimento de, 38-40, 41-43
 migração de, 161-163
 no contexto industrial, 153-154
 técnicos e de conteúdo, 40-42
Páginas Amarelas, 121
Peapod, 85, 87
Piper Jaffray, 77
Pointcast, 76
Porter, Michael, 66
Posse, da informação *versus* da propriedade, 108, 110-111
Prahalad, C.K., 66
Privacidade
 atividades específicas do consumidor e, 141-142, 143
 códigos de, 142
Processadores de texto, evolução da indústria de, 39
Processo de interface entre parceiros (PIP, *Partner Interface Process*), 161
Produção
 desconstrução em, 169-170
 padrões em, 153-154
 tecnologia da informação e, 28
Projeto do computador EDVAC, 41
Propaganda em classificados, 48-49
 anúncios de empregos, 183
 eletrônicos, 106

Quicken (Intuit), 50, 51, 59
 College Planner, 76

Racionalismo restrito, 99
Rede, valor da, 106

221

Relação, 95
Reputação, risco para a, 193
Revendedores de roupas, on-line, 124
Revendedores
　abrangência e, 109-110, 110-112, 136
　efeitos da desintermediação sobre, 86, 89-93
　efeitos do comércio eletrônico sobre, 108-112
　efeitos dos navegadores sobre, 117-119, 126
　relação com fornecedores, 96-97, 117-118
　riqueza e, 149-151
　"varejista de massa", 109-110, 126, 149
Ringi-seido, 178
Riqueza, 71-72, 174
　características da, 149-150
　concorrência por, 135-152
　da informação, 32, 34, 35-36, 43-44
　e fidelidade, 126-127, 132-133
　estratégias relacionadas à, 137
　informações específicas sobre o consumidor, 140-145
　informações específicas sobre o produto, 145-151
　intensificação da, 132-133
　nas sociedades japonesas, 176-179
Risco, para a reputação, 193
RosettaNet, 161, 162
SABRE, 23, 130, 146
Safra, Jacob, 17
Schwab, corretoras, 79, 92
　e.Schwab, 75-76
　　Schwab One, 78
Sears, Roebuck and Co., 15, 72
Securitização, 181
Segmento individualizado, 137, 138-139
　tecnologia e, 139-145
Segurança
　das informações, 34
　na Web, 51
Seguros de vida, desintermediação em, 72
Serviço de auxílio à lista, 121
Serviços on-line, 38
Setor de planos de saúde
　aspecto de informação do, 21, 163
　canais de comunicação no, 163
　desconstrução do, 163-168, 169
　distribuição de riscos no, 163-164, 167
　fichas médicas no, 166-168, 169
　na Europa, 169
　presença na Web do, 164
Sinergias, 22
Sistema de reservas (CRS), companhias aéreas, 130
Sloan, Alfred P., 22
Sociedades anônimas. *Veja* Organização
Software de gestão financeira, 51, 75-76, 142-143
Sony, 148
Spam, Internet, 142
Standard & Poor's, presença na Internet da, 76
Streamline, 85, 87-88

TCP/IP, 41
Teclado da máquina de escrever, 42
Tecnologia Junglee, 128, 141, 143
Tecnologia
　desintermediação através da, 74
　digital, 37-38, 41-42
　e desconstrução, 65, 66-67
　evolução da, 24-25
　impacto sobre encarregados, 16-20
Tecnologias analógicas *versus* tecnologias digitais, 37-38
Tecnologias digitais, 37-38, 41-42
Terceirização, 170, 172
Thermo-Electron, 181
Tolerância aos riscos
　evolução da, 180-151
　pessoal, 192
Toyota
　canais de informação na, 35
　gestão das informações na, 23-24
　produção *just-in-time* na, 84
　produto Corolla da, 148
Toys "R" Us, presença on-line da, 149
Trabalho autônomo, 183
Trust-e, 142

United Parcel Service (UPS), 64

Vale do Silício, desconstrução no, 186-189
Valor, criação de, 66, 185-186
Vantagem competitiva
　desconstrução e, 62-66
　"desproporcionalização" da, 61-62
　dos guias, 122-133
Vendas a varejo através de catálogos, 92
　desintermediação eletrônica nas, 88-89
　personalização nas, 137
　tradicional, 89
Vendas de livros, 104-106, 137. *Veja também* Amazon.com

Wal-Mart, 92, 117
　canais de informação no, 35
　fidelidade, 123-124
　gestão das informações no, 23-24
Westinghouse, 200
Whirlpool, 141

XML (eXtensible Markup Language), 41, 169

Yahoo!, 48
　abrangência do, 105
　base de usuários do, 24
　concorrência contra, 127-128
　serviços financeiros do, 76

RECEBA INFORMAÇÕES NA VELOCIDADE DA LUZ.

A partir do momento em que você se cadastra no nosso site passa a receber, se quiser, informações sobre os lançamentos e novidades da Editora Campus, dentro dos assuntos do seu interesse. É rápido.
E você ainda encontra catálogo completo on-line, para consultas e compras, com as mais importantes publicações sobre Administração Negócios, Informática, Economia, Divulgação Científica, Qualidade de Vida, Ciências Humanas e Interesse Geral. Além disso tem Promoções e Sala de Professores, tudo ao seu alcance, 24 horas por dia. Clique **www.campus.com.br** e fique sempre bem informado.

www.campus.com.br É RÁPIDO E FÁCIL. CADASTRE-SE AGORA.

OUTRAS MANEIRAS FÁCEIS DE RECEBER INFORMAÇÕES SOBRE NOSSOS LANÇAMENTOS E FICAR ATUALIZADO.

Editora Campus

- ☎ ligue grátis: **0800-265340** (2ª a 6ª feira, das 9:00 h às 18:00 h)
- ✉ envie o cupom preenchido pelos correios (o selo será pago pela editora)
- 📠 passe o cupom pelo fax: **(0xx21) 507-1991**
- @ ou mande um e-mail para: **info@campus.com.br**

Nome: _____

Escolaridade: _____ ☐ Masc ☐ Fem Nasc: ___/___/___

Endereço residencial: _____

Bairro: _____ Cidade: _____ Estado: _____

CEP: _____ Tel.: _____ Fax: _____

Empresa: _____

Costuma comprar livros através de: ☐ Livrarias ☐ Feiras e eventos ☐ Mala direta ☐ Internet

Sua área de interesse é:

☐ NEGÓCIOS
- ☐ Biografias e Casos Empresariais
- ☐ Economia
- ☐ Estratégia e Mudança
- ☐ Finanças e Contabilidade
- ☐ Gestão de Pessoas
- ☐ Gestão Empresarial
- ☐ Liderança
- ☐ Marketing e Vendas
- ☐ Não-Ficção
- ☐ Produção
- ☐ Qualidade
- ☐ Reengenharia
- ☐ Serviços

☐ INFORMÁTICA
- ☐ Hardware
- ☐ Redes e Conectividade
- ☐ Programação e Linguagem
- ☐ Análise de Sistemas
- ☐ Sistemas Operacionais
- ☐ Aplicativos Gráficos
- ☐ Planilhas
- ☐ Processadores de Textos
- ☐ Banco de Dados
- ☐ Multimídia
- ☐ Internet

☐ INTERESSE GERAL
☐ QUALIDADE DE VIDA
☐ LIVROS-TEXTO

Nível: ☐ Iniciante ☐ Intermediário ☐ Avançado

20299-999 - Rio de Janeiro - RJ

O selo será pago por: Editora Campus

CARTÃO RESPOSTA
Não é necessário selar

Editora Campus

ISR-52-0085/86
UP-ACPRES.VARGAS
DR/RJ

Impressão e acabamento: GRÁFICA PAYM
Tel. (011) 4392-3344